100

| 한국장로교총회창립 100주년기념 표준주석 |

디모데전·후서 디도서

박종기 지음

대한예수교장로회총회교육자원부 편

한국장로교출판사

발간사

본 주석서는 대한예수교장로회총회의 신앙과 신학 이념을 따라 평신도와 신학생, 목회자와 신학 교수들이 성경을 바르게 이해하도록 도움을 주는 데 그 목적이 있다.

대한예수교장로회 교단은 1934년 희년에 즈음하여 성경전서 주석의 간행을 총회에서 결의한 바 있다. 그리하여 1937년부터 총회표준주석(1937년, 「욥기」, 「시편」, 「잠언」, 「전도서」, 「아가」; 1939년, 「로마서」, 「고린도전 · 후서」, 「갈라디아서」)이 간행되기 시작하였다. 그러나 제2차 세계대전의 발발과 일제강점기의 한국교회 탄압으로 주석 발간 사업은 일시 중단되었다. 1945년, 해방은 되었으나 38선으로 남북이 분열되고, 1950년 6 · 25한국전쟁의 비극을 겪어야 했다. 1953년, 휴전된 후 총회표준주석 사업이 재개되어 1954~1957년(1954년, 「이사야」; 1955년, 「요한복음」; 1956년, 「창세기」; 1957년, 「레위기」, 「민수기」)에 출판이 있었으나, 1959년에 교단의 분열로 오늘에 이르기까지 총회표준주석 사업은 불가한 형편이었다.

대한예수교장로회 제90회기(2005) 총회는 총회창립 100주년(2012)기념 사업의 일환으로 교단 신학의 정체성 확립과 한국장로교회의 신학적 표준을 제시할 총회표준주석을 출판하기로 결의하고, 총회 산하 신구약성경 신학자들에게 집필을 위촉하게 되었다.

2005년 12월 한국장로교총회창립 100주년기념 표준주석편찬위원회가 조직된 후 집필 원칙을 정하고 집필자를 선정하여, 그 원칙에 충실할 것을 서약하게 하였다. 지난 7년 동안 집필자들의 깊은 기도와 연구의 산고 끝에 이제 그 실체가 드러나 장로교 총회표준주석이 출판되었다. 편찬위원회는 수차례 모임을 갖고 50여 명에 이르는 많은 집필자들을 격려하고 집필 목적과 방향 제시를 수시로 하여 주석서의 통일성과 진정성을 유지하게 하였다. 집필된 원고가 제출된 경우, 검독위원회가 총회의 신학과 신앙에 맞는 주석을 출판하기 위해 내용을 수정 또는 추가할 것을 요청하기도 하였다.

이 주석서가 빛을 보기까지 집필자는 물론이고, 총회교육자원부 김치성 총무와 한국장로교출판사의 수고가 있었고, 전국 교회들의 기도 지원이 있었다. 무엇보다도 출판비 및 연구비 전액을 이름 없이 지원해 준 교회가 있었다. 이에 독자 여러분과 함께 하나님께 찬양을 드리며, 이 일에 헌신하신 분들께 감사를 드린다.

유사 이래 성경보다 더 긴 세월 동안 연구되고 읽혀진 책은 없다. 그렇기 때문에 해석 방법도 시대와 지역에 따라 다양하게 나타났다. 에스라 시대까지 거슬러 올라가서 사용된 미드라쉬(Midrash) 주해 방법부터 시작하여 중세의 종교개혁자들과 현대 비평주의자들의 해석 방법 등 수많은 해석학적 이해가 있어 왔고, 여러 언어로 번역되어 하나님의 말씀인 성경은 읽혀졌다. 그러나 하나님의 말씀은 (해석자들이나 번역자들에게) 매이지 않는다(딤후 2 : 9). 성경 주석가와 번역자들은 자기 시대와 문화 속에서 어떤 전제(presupposition)를 갖고 성경을 읽기 때문에 언제나 해석의 한계가 있음을 인정할 수밖에 없다. 그런 의미에서 본 주석서도 예외는 아닐 것이다. 그럼에도 불구하고 본서는 그 한계를 최소화시키기 위해 다양한 신학적 입장, 다른 해석들, 교회사적 해석들, 지리적 상황을 포함하려고 노력했다.

우리의 전제는 신구약성경 66권이 하나님의 영감으로 특별 계시된 말씀이라는 대한예수교장로회의 신앙고백을 준거(準據)로 했다. 그러므로 본서는 집필자 자신의 신앙고백과 신학도 내포되었지만, 그보다 총회의 신앙과 신학의 표준적 입장에서 성경을 주석한 것이다. 즉, 사도신경, 웨스트민스터신앙고백서, 장로교신앙고백을 따르는 개혁주의 신학과 신앙 전통을 따른 것이다.

집필을 하는 데 있어서 학문적 깊이를 외면할 수는 없으나 목회자나 평신도가 성경을 이해하는 데 도움을 주기 위해 설교를 위한 묵상을 삽입하기도 하였다. 그러나 각 권의 기록자, 기록 연대, 문학적 특징, 책의 목적 등을 설명하는 개론적 연구를 할 때에는 그것이 학문적 연구에 꼭 필요하다고 여겨지는 경우에 한하여 최근 많은 성경학자들이 사용하는 비평적 방법도 가설(假說)로는 소개하였으나 결론은 따르지 않았다. 그것이 교회의 신앙적 지도를 위한 적절한 방법은 아니기 때문이다.

영감으로 된 하나님의 말씀인 성경의 해석은 성령의 조명이 가장 중요한 조건이다. 따라서 본서의 집필자들은 종교개혁자들이 채택했던 문법적, 역사적, 신학적 원리를 주된 해석 방법으로 채택하고, 기도하면서 하나님의 계시된 말씀의 원의를 알기 쉽게 해석하려고 힘썼다. 외래어 사용은 가급적 줄이되 히브리어나 헬라어와 같은 원어를 반드시 읽어야 할 경우에는 음역화해서 누구나 원어의 발음으로 읽게 했다. 각주(脚註)도 가급적 줄이되 문장 뒤에 참고로 넣었다. 또한 각 절이 아닌 단락별로 주해를 하여 전체적 파악을 도왔다.

주석 앞에는 대한성서공회가 출판한 개역개정 성경(4판)을 단락별로 제시했다. 히브리어 성경은 BHS(Biblia Hebraica Stuttgartensia)를, 헬라어 성경은 United Bible Societies가 출판한 The Greek New Testament(4^{th}ed)를 각각 원문으로 채택하여 사용하였다. 특히 개역개정 성경의 번역에 대한 문제가 있다는 의견을 총회가 받아들여 본 편찬위원회에 수정 의뢰를 하였고,

집필자들이 원문을 바로 번역하여 대한성서공회에 제시함으로 수시 교정 제도를 따라 수정하도록 했다.

우리의 생명이시며 찬양의 대상이 되신 우리 주 예수 그리스도를 계시하시고, 하나님의 공의와 사랑을 그의 십자가를 통하여 실현시켜 우리를 구원하신 하나님의 깊은 뜻을 알게 해 주는 신구약성경을 더 많은 사람들이 더 깊이, 더 분명하게 이해하고, 믿게 하기 위하여 대한예수교장로회총회 창립 100주년을 기하여 한국 교회와 세계 교회 앞에 겸손한 자세로 이 주석을 내어 놓는다.

"내가 온 것은 양으로 생명을 얻게 하고 더 풍성히 얻게 하려는 것이라" (요 10 : 10b).

Soli Deo Gloria!

한국장로교총회창립 100주년기념
표준주석편찬위원회
위원장 이 종 윤

추천사 1

할렐루야! 2012년은 대한예수교장로회(통합)총회가 창립 100주년을 맞이하는 해입니다. 총회가 창립된 이후 1세기가 지난 지금까지 우리 한국 교회를 세계가 주목할 만큼 눈부시게 성장할 수 있도록 도와주신 에벤에셀의 하나님께 모든 찬송과 영광과 감사를 드립니다.

이와 같은 한국 교회의 놀라운 부흥 가운데서도 마음 한구석에 늘 안타까움이 자리하고 있었는데, 그것은 바로 우리 한국 교회만의 권위 있는 주석이 없다는 사실이었습니다. 현재 목회현장에서 사용되는 우리말 주석들은 대부분 오래되었거나 현대의 한국 교회 상황에 맞지 않는 서구 교회의 해석, 또는 성서학 전문가들의 주석이 아닌 짜깁기식 주석이 대다수를 차지합니다.

이러한 현실 가운데 이번 총회창립 100주년기념사업의 일환으로 본 교단에서 「한국장로교총회창립 100주년기념 표준주석」을 출간하기로 결의하고, 주석서를 출간하게 된 것은 대단히 자랑스럽고 의미 있는 일이 아닐 수 없습니다.

이번 「표준주석」의 출판으로 한국 교회는 이전보다 더욱 '개혁주의 신학과 신앙 전통'을 따르는 성경 해석의 기초를 확립하게 될 것이며, 많은 목회자들이 이 주석서를 통해 하나님의 말씀에 중심을 둔 목회를 실천할 수 있을 것으로 기대합니다. 더 나아가 이 「표준주석」은 한국 교회의 신앙을 더욱 견고히 하는 성경 해석의 표본이 될 것입니다.

아무쪼록 이번 「표준주석」 출간을 계기로 우리 한국 교회가 당면한 갖가지 위기를 극복하고 더욱 하나님 말씀으로 충만하여, 평화통일은 물론 주님의 지상명령인 땅끝까지 복음을 전하는 사명을 보다 잘 감당하는 교회로 거듭나게 되기를 기대하며, 한국의 모든 교회와 성도님들께 자랑스럽게 이 주석서를 추천하는 바입니다. 샬롬!

장로회신학대학교
전 총장 장 영 일

추천사 2

「한국장로교총회창립 100주년기념 표준주석」의 발간을 축하합니다. 한국 교회 역사에서 중요한 자리를 차지하고 있는 「총회표준주석」은 한국 교회에 큰 영향을 끼친 박윤선 박사님께서 박형룡 박사님을 도와 「표준주석」의 고린도후서 주석 집필에 참여하면서 평생을 주석 집필에 헌신하게 했던 뜻깊은 주석이었습니다.

그러나 그동안 중단되었던 표준주석 사업을 재개함에 있어 편집위원장 이종윤 목사님이 밝힌 대로 성경이 성령으로 영감된 정확 무오한 하나님의 말씀이라는 분명한 신앙고백 위에 집필하도록 하였다는 편집 원칙을 통해 「표준주석」의 맥을 잇고자 하는 의지를 보여 줍니다.

이런 맥락에서 비평적 성서연구가 교회의 신앙적 지도에 적합하지 않다는 인식을 가지고 전통적인 개혁주의 해석 방법을 채택할 뿐만 아니라 복음적이고 목회적인 관심을 드러낸 점도 환영할 만한 일입니다. 또한 성경 자체에 대한 전문적인 지식뿐만 아니라 한국 교회와 성도를 체험적으로 알고 있는 성경학자들이 오랜 기도와 연구 끝에 발간하였다는 점도 높이 사고 싶습니다.

아무쪼록 본서가 많은 이들에게 풍성하고 깊이 있는 신학적 성찰을 제공하는 귀한 책이 되길 소망합니다.

합동신학대학원대학교
전 총장 성 주 진

디모데전·후서/디도서
차 례

발간사 _ 3　　추천사 1 _ 7　　추천사 2 _ 9　　약어표 _ 14

서 론 ······ 15

A. '목회서신'이란 명칭 ······ 16

B. 저자 ······ 17

C. 수신자 ······ 23

D. 기록 목적 ······ 25

E. 기록 시기 및 장소 ······ 26

F. 내용 개관 ······ 27

G. 주요 주제들 ······ 29

:: 디모데전서 ::

제Ⅰ부 인사(1 : 1–2) ······ 37

제Ⅱ부 거짓 교사와 거짓 가르침에 대하여(1 : 3–20) ······ 43

A. 거짓 교훈을 막아라(1 : 3–11) ······ 44

B. 은혜와 긍휼에 대한 감사(1 : 12–17) ······ 51

C. 디모데에의 임무에 대한 반복적 권고(1 : 18–20) ······ 57

제Ⅲ부 교회의 규례들에 대한 교훈(2 : 1–3 : 16) ······ 61
A. 모든 사람을 위한 기도(2 : 1–7) ······ 63
B. 교회에서 남자와 여자가 취할 자세(2 : 8–15) ······ 70
C. 감독과 집사의 자격(3 : 1–13) ······ 78
D. 서신의 기록 목적(3 : 14–16) ······ 91
제Ⅳ부 거짓 교훈과 디모데의 책무(4 : 1–16) ······ 97
A. 거짓 교훈의 출현(4 : 1–5) ······ 98
B. 교사로서의 디모데에게 주는 개인적 권면(4 : 6–16) ······ 104
제Ⅴ부 교회 내 여러 부류의 사람들에 관한 교훈(5 : 1–6 : 2) · 113
A. 연령과 성(性)에 따른 다양한 그룹들에 대하여(5 : 1–2) ······ 114
B. 과부에 대하여(5 : 3–16) ······ 117
C. 장로에 대하여(5 : 17–25) ······ 127
D. 종에 대하여(6 : 1–2) ······ 135
제Ⅵ부 마지막 교훈들(6 : 3–19) ······ 141
A. 거짓 교사들과 재물에 대한 욕망(6 : 3–10) ······ 142
B. 디모데의 책무와 태도(6 : 11–16) ······ 148
C. 부자에 대한 권고(6 : 17–19) ······ 154
제Ⅶ부 서신의 끝맺음(6 : 20–21) ······ 159

:: 디모데후서 ::

제Ⅰ부 인사(1 : 1–2) ······ 165
제Ⅱ부 감사(1 : 3–5) ······ 169
제Ⅲ부 디모데에 대한 격려와 권고(1 : 6–2 : 13) ······ 175
A. 복음을 위한 고난과 사명(1 : 6–14) ······ 176

B. 본보기들(1 : 15–18) 185
C. 복음을 위한 고난과 신실함(2 : 1–13) 191

제Ⅳ부 거짓 교사들의 문제와 디모데에 대한 권고(2 : 14–3 : 17)·203
A. 거짓 교사들의 문제와 디모데가 취해야 할 자세(2 : 14–26) 204
B. 마지막 때의 특성과 거짓 교사들(3 : 1–9) 215
C. 디모데가 본받아야 할 삶(3 : 10–17) 222

제Ⅴ부 마지막 권고(4 : 1–8) 229

제Ⅵ부 바울의 상황과 개인적 부탁(4 : 9–18) 239

제Ⅶ부 서신의 끝맺음(4 : 19–22) 249

:: 디도서 ::

제Ⅰ부 인사(1 : 1–4) 257

제Ⅱ부 장로/감독의 선정과 거짓 교사들에 대한 대응(1 : 5–16)·265
A. 장로의 선정과 자질(1 : 5–9) 266
B. 거짓 교사들과 그들에 대한 대처(1 : 10–16) 272

제Ⅲ부 그리스도인의 삶과 대도(2 : 1–3 : 11) 279
A. 믿는 자들의 다양한 그룹에 대한 교훈(2 : 1–10) 280
B. 그리스도인의 경건한 삶의 기초(2 : 11–15) 288
C. 세상을 향한 그리스도인의 삶(3 : 1–8) 293
D. 거짓 교사들에 대한 태도(3 : 9–11) 301

제Ⅳ부 서신의 끝맺음(3 : 12–15) 305

참고문헌 / 311

약어표

개역개정	개역성경 개정판
공역개정	공동번역 개정판
새번역	표준새번역 개정판
ANF	Ante-Nicene Fathers
BDAG	W. Bauer, F. W. Danker, W. F. Arndt, F. W. Gingrich, *A Greek-English Lexicon of the New Testament and other Early Christian Literature*(3rd ed.)
CEV	Contemporary English Version
JBL	*Journal of Biblical Literature*
JSNT	*Journal for the Study of the New Testament*
JSNTSup	Journal for the Study of the New Testament Supplement Series
JSOT Press	Journal for Study of the Old Testament Press
KJV	King James Version
LSJM	Liddell, H. G. and R. Scott. *A Greek-English Lexicon*, rev. and augmented by H. S. Jones and R. McKenzie, with a revised Supplement(1996)
NA^{27}	Nestle-Aland, *Novum Testamentum Graece*, 27th ed.
NASB	New American Standard Bible
NEB	New English Bible
NIV	New International Version
NJB	New Jerusalem Bible
NKJV	New King James Version
NPNF	Nicene and Post-Nicene Fathers
NRSV	New Revised Standard Version
NTS	*New Testament Studies*
REB	Revised English Bible
RSV	Revised Standard Version
TEV	Today's English Version
TCGNT	*A Textual Commentary on the Greek New Testament*(2nd ed.)
TDNT	*Theological Dictionary of the New Testament*
TNIV	Today's New International Version
UBS^4	United Bible Societies, *The Greek New Testament*, 4th ed. (UBS^3, 3rd ed.)

디모데전·후서/디도서

서 론

A. '목회서신'이란 명칭
B. 저자
C. 수신자
D. 기록 목적
E. 기록 시기 및 장소
F. 내용 개관
G. 수요 주제들

서 론

A. '목회서신'이란 명칭

1726년 안톤(Paul Anton)이 디모데와 디도에게 보내는 세 개의 편지(디모데전서, 디모데후서, 디도서)를 '목회서신'이라 칭한 이후 이 명칭은 널리 사용되어 오늘날 세 서신에 대한 일반적인 명칭이 되었다. 이 명칭의 적합성 여부에 대해서는 논란의 여지가 있는 것이 사실이다. 그러나 이 편지들은 목회의 직무를 가진 사람에게 그 직무를 수행하는 데 필요한 교훈과 경고를 담고 있기 때문에 이 명칭은 세 서신들의 특성을 잘 표현해 준다고 할 수 있다(Lohse, 116). 물론 목회와 직접적으로 관련된 내용의 분량과 그 관련성의 강도는 서신에 따라 차이가 있다. 디모데전서는 '목회서신'으로서의 성격이 가장 강한 반면, 디모데후서는 다른 두 서신에 비해 개인적 성격이 강하게 나타난다(Lock, xiii). 그러나 디모데후서조차도 목회의 사명을 수행하고 있는 사람에게 그가 속한 공동체를 염두에 두고 필요한 교훈을 주고 있다는 점에서 '목회서신'으로 지칭하기에 무리가 없다.

B. 저 자

그리스도 교회는 신약의 서신들 중 발신인으로 바울의 이름이 기록된 13권의 책을 '바울서신'이라 일컫는다. 그러나 현대의 많은 학자들은 이 13권을 모두 바울이 직접 쓰거나 대필자를 통해 썼다고 보지 않는다. 그들은 대체로 로마서, 고린도전·후서, 갈라디아서, 빌립보서, 데살로니가전서, 빌레몬서 7권을 바울이 쓴 것으로 인정한다. 여기에 속하지 않은 데살로니가후서, 에베소서, 골로새서, 디모데전·후서, 디도서는 바울 이후 세대의 그리스도인들이 바울 전승을 교회의 새로운 역사적 상황에 부합하도록 해석한 문서들로 간주하고, 그것들을 '제2 바울서신' 또는 '후기 바울서신'이라 일컫는다.

초기 그리스도교 저술가들이 인정했던 목회서신의 진정성(authenticity)에 대해 의문이 제기되고 논쟁이 가열된 것은 19세기 초로 거슬러 올라간다. 1804년 슈미트(J. E. C. Schmidt)는 디모데전서의 진정성에 대해 의문을 제기하였으며, 1807년 슐라이어마허(F. Schleiermacher)는 사용된 언어와 바울의 개인적, 전기적 언급들을 근거로 디모데전서의 진정성을 부인했다. 1812년 아이크혼(J. G. Eichhorn)은 진정성 문제를 목회서신 전체로 확대하여 문체상의 특징과 목회서신에 전제된 상황 등을 근거로 세 서신의 진정성을 부인했다. 1835년 바우르(F. C. Baur)는 목회서신이 2세기의 영지주의를 반박하기 위해 쓰인 것이라고 주장함으로써 목회서신의 진정성 논란에 큰 영향을 미쳤다. 1880년 홀츠만(H. J. Holtzmann)은 그동안 제기되었던 목회서신의 진정성을 부인하는 근거들을 종합적으로 제시했으며, 그 이후 학계에서는 목회서신의 진정성을 부인하는 견해가 일반화되기 시작했다. 오늘날 학자들이 목회서신의 진정성을 부인하는 근거들은 다음과 같다.

1. 목회서신은 언어와 문체에서 진정성이 인정되는 바울의 서신들과 다르다. 목회서신에는 바울의 다른 서신들에 사용되지 않는 단어가 상당수 나온다. 그리고 다른 바울서신에 나오는 단어라 할지라도 상이한 개념으로 사용되는 경우가 있다. 예를 들면 목회서신에 나오는 '믿음'이나 '의'라는 용어는 다른 바울서신에서와는 다소 다른 개념으로 사용된다. '믿음'은 확신과 신뢰보다는 하나님의 뜻에 대한 순종에 초점을 두고 있으며, '의'의 개념도 하나님의 선물로서 주어진 의보다는 '정의'라는 희랍 사상에 가깝다. 또한 목회서신에서 '구주'는 하나님과 그리스도를 가리키는 명칭으로 자주 사용되고 있지만, 진정성을 인정받는 바울서신에서는 그리스도에게 단 한 번 사용되었을 뿐이다(빌 3 : 20〈개역개정 '구원하는 자'〉; 참조. 엡 5 : 23). 바울서신에 자주 나타나는 19개의 불변화사, 접속사, 부사는 목회서신에 나타나지 않는다(Achtemeier 외, 562).

2. 목회서신에 전제된 역사적 상황은 진정성을 인정받는 바울서신이나 사도행전 등을 토대로 재구성한 바울의 생애와 부합한다고 보기 어렵다. 디모데전서에는 바울이 마게도냐로 가면서 디모데를 에베소에 머물게 한 것으로 되어 있지만(딤전 1 : 3) 이러한 내용은 바울서신이나 사도행전에 나타나지 않는다. 디모데후서 4 : 10 이하의 내용도 알려진 바울의 생애와 잘 부합되지 않는다. 디도서에는 바울이 그레데를 떠나면서 디도를 그곳에 남겨 두고 사역을 계속하도록 한 것으로 나오지만(딛 1 : 5), 바울과 관련되어 그레데가 언급된 곳은 사도행전 27장이 유일하며, 그 내용은 디도서에서 말하는 것과는 아무런 관련이 없다. 또한 바울은 디도에게 니고볼리로 와서 자신을 만나도록 요청하고 있지만(딛 3 : 12), 바울이 니고볼리에 간 적이 있음을 알려 주는 단서는 어디서도 찾을 수 없다.

3. 목회서신에 나오는 거짓 교사들은 영지주의와 관련이 있는 것으로 보인다. 그들은 '지식'(딤전 6 : 20)을 강조하며, 결혼을 반대하고(딤전 4 : 3 ; 참

조. 딤전 2 : 15 ; 5 : 14), 족보와 신화와 '허탄한 이야기'에 몰두하며(딤전 1 : 4 ; 4 : 7 ; 딤후 4 : 4 ; 딛 1 : 14 ; 3 : 9), 부활이 이미 일어났다고 주장한다(딤후 2 : 18). 이러한 요소들은 거짓 교사들이 영지주의자들이었음을 보여주며, 영지주의의 발전 시기를 생각할 때 바울이 목회서신을 썼다고 보기 어렵다.

4. 목회서신에 나오는 교회의 조직 및 질서는 바울 이후의 상황을 반영한다. 목회서신에는 감독, 장로, 집사, 과부들의 선정과 역할이 중요한 문제로 다루어진다. 그러나 진정성이 인정되는 바울서신에서는 이와 같은 교회의 조직에 대한 언급을 찾기 어렵다. 바울이 감독과 집사를 언급하기는 하지만(빌 1 : 1) 그 성격이나 의무에 대한 설명은 없다. 또한 바울은 교회 지도자로서의 장로나 직제로서의 과부에 대해서도 언급하지 않는다. 목회서신에 나오는 여러 공적 지도자들의 존재와 기능에 관한 논의는 바울 생존 시보다는 바울 사후의 교회 상황과 어울린다. 사실 디다케(Didache)나 이그나티우스의 서신 등 교회의 조직과 지도자들의 기능을 다룬 문헌들은 바울 이후의 시대에 쓰인 것이다.

5. 목회서신은 신학적 측면에서 진정성을 인정받는 바울서신과 차이가 있다. 목회서신의 그리스도론에는 십자가에 관한 언급이나 '하나님의 아들'이라는 칭호가 나타나지 않으며, 교회론에는 '그리스도의 몸' 개념이 나타나지 않는다. 또한 구원사에서 바울이 강조하였던 이스라엘의 지위 문제나 율법의 역할 등에 대한 언급도 찾아볼 수 없다. 특히 바울서신에 일반적으로 두드러지게 나타나는 강한 종말론적 기대가 사라지고, 대신 이 세상에서 가져야 할 삶의 방식에 대한 관심이 강하게 나타난다.

이상의 근거로 대부분의 학자들은 목회서신이 바울의 순교 이후 오랜 세월이 지난 뒤 기록된 것으로 본다. 브라운(Brown)은 현대 학자들의 약 80~90퍼센트가 이러한 견해에 동의한다고 말한다(941-942). 물론 브라운이 제시한 수치는 어떤 객관적인 조사를 통해 나온 것으로 생각되지는 않는다. 그러한 수치는 '현대 학자'의 범위를 어떻게 규정하는지에 따라 달리 나올 수밖에 없다. 그러나 목회서신은 바울 이후 상당한 기간이 경과한 후에 기록된 것이라는 견해가 현시점에서 주류를 이루고 있다는 점은 누구도 부인할 수 없다.

그렇다면 목회서신의 진정성을 부인하는 근거들은 논박 불가능한 것이라 할 수 있을까? 확실한 것은, 많은 학자들이 목회서신의 진정성을 부인하는 근거들에 대해 설득력 있는 반론을 제기하고 있다는 점이다. 특히 20세기 후반 이래로 목회서신의 진정성을 주장하는 학자들이 많이 나타나고 있다는 것은 주목할 만하다(Guthrie, Jeremias, Knight, Mounce, Oden 등). 이들이 제기하는 반론은 크게 다음과 같다.

1. 목회서신의 언어와 문체가 진정성을 인정받는 바울서신과 다르다고 하지만, 언어와 문체는 서신의 내용과 논증의 방식에 따라 달라질 수 있다. 진정성을 인정받는 서신들이라고 해서 그 안에 '율법', '의', '육체', '십자가' 등 바울의 핵심용어로 간주되는 어휘들이 항상 나타나는 것은 아니다(참조. Johnson, 69-71). 사실 로마서와 갈라디아서를 한 그룹으로 간주하고 다른 바울의 서신들과 비교한다면, 두 서신에서 언어와 문체상 특이한 점들을 많이 발견할 수 있을 것이다(참조. Johnson, 72). 또한 서신의 언어와 문체는 내용과 논증방식뿐만 아니라 수신자에 의해서도 영향을 받는다. 목회서신의 수신자인 디모데와 디도는 헬라 문화 속에서 성장하였으며 교회 내에서 교사로서의 역할을 수행하는 사람들이다.

2. 목회서신에 전제된 역사적 상황이 바울의 다른 서신이나 사도행전의 내용에 부합되기 어려운 것은 사실이다. 그러나 사도행전이나 바울의 다른 서신들을 통해서 얻는 바울의 생애에 대한 정보는 단편적일 수밖에 없다. 따라서 그 단편적인 정보만으로 목회서신에 전제된 역사적 상황이 사실이 아니라고 단정하기는 어렵다. 진정성을 인정받는 바울의 서신들에도 다른 곳에서는 발견되지 않는 바울의 상황에 대한 내용이 나온다(롬 15 : 19 ; 고후 11 : 23-25 등). 그러한 내용이 바울의 상황에 대한 중요한 정보를 제공해 주는

것이 사실이라면, 목회서신에 나오는 내용들도 다른 곳에서는 얻을 수 없는 바울의 선교 상황에 대한 정보를 제공해 준다고 볼 수 있을 것이다(Johnson, 68). 또한 바울이 로마에서의 1차 투옥(참조. 행 28장)에서 풀려나 다시 선교 활동을 하다가 2차로 투옥되고 처형을 당했다는 전승도 있다. 그 전승을 뒷받침해 줄 만한 확실한 증거가 없을지라도 만일 그 전승이 사실이라면 목회서신에서 전제된 역사적 상황은 1차 투옥에서 석방된 이후에 있었던 것으로 볼 수도 있다.

3. 목회서신에 언급된 거짓 교사들의 가르침이 바울 이후 영지주의와 연관이 있다는 주장에도 무리가 있다. 디모데전서 6 : 20에 나오는 '지식'(γνῶσις, '그노시스')이란 단어에서(딤후 3 : 7 ; 딛 1 : 1에서 '지식'으로 번역된 단어는 ἐπίγνωσις, '에피그노시스'임.) 영지주의와의 관련성을 찾기도 하지만, 이 구절이 영지주의적 함의를 지닌 것으로 볼 필요가 없다(딤전 6 : 20 주해 참조). 사실 바울의 저작으로 인정받는 서신에서도 '지식'이란 단어가 종종 사용된다(롬 2 : 20 ; 11 : 33 ; 고전 1 : 5 ; 8 : 1 ; 고후 6 : 6 등). 부활이 지나갔다는 주장(딤후 2 : 17–18), 혼인에 대한 금지(딤전 4 : 3), 신화와 허탄한 이야기(딤전 1 : 4 ; 4 : 7) 등에 대한 비판도 진정성을 인정받는 바울의 서신들에서 발견된다(고전 15 : 17–19 ; 고전 7 : 1–2 ; 갈 4 : 8–10).

4. 목회서신이 교회의 유기체적 의미보다 하나의 조직체로서의 의미를 강조하고 감독, 장로, 집사의 위계조직과 여집사와 과부의 소식에 관심을 갖는 등 바울 사후의 교회 상황을 보여 주고 있다는 주장은 사실과 다를 수 있다. 목회서신의 저자는 교회의 조직과 상하 질서에 대해 설명하려 하기보다는 이미 존재하고 있는 직책을 전제로 직책을 맡은 자들의 자질에 초점을 두고 말한다. 바울이 쓴 편지로 인정받고 있는 서신들에서도 감독, 집사(빌 1 : 1), 여집사(롬 16 : 1, 개역개정 '일꾼') 등의 칭호와 교회를 위해 일하는 사람들의 권위를 인정하는 언급이 나타난다(고전 16 : 15–17 ; 갈 6 : 6 ; 살전 5 : 12). 과부에 대한 교훈(딤전 5 : 3–16)은 직제로서의 과부를 다루는 것으로 볼 필요가

없다(딤전 5 : 9 주해 참조). 목회서신이 다른 바울서신에 비해 교회의 조직에 보다 큰 관심을 보이는 것은 사실이지만 이는 목회서신이 교회를 돌보고 지도하는 지위에 있는 사람에게 보내는 서신이기 때문이라 할 수 있다.

5. 목회서신의 신학이 다른 바울서신의 신학과 다르다는 점은 서신의 목적이 다른 데 기인한 것으로 볼 수 있다. 목회서신은 거짓 교사의 잘못된 삶의 방식으로 인해 위기에 처해 있는 교회의 상황을 배경으로 쓴 것이다. 따라서 목회서신은 그리스도인의 윤리적 삶을 강조하는 데 초점을 두고 있다. 사실 목회서신과 진정성을 인정받는 바울서신 사이에는 많은 신학적 공통점이 있음을 부인할 수 없다. 물론 목회서신에는 새로운 신학적 관점도 나타나지만 그것은 다양한 상황에 대처하면서 나타나는 변화의 결과로 이해될 수 있다. 바울의 신학이 매우 고정화되어 어떤 중대한 변화도 허용하지 않는다는 가정은 분명 잘못된 것이다(Mounce, xcii).

이와 같은 반론은 목회서신의 진정성을 부인하는 근거들이 결정적이라고 보기 어려움을 말해 준다. 목회서신은 바울이 직접 기록한 편지가 아니라고 생각하는 존슨(Johnson)도 목회서신의 진정성을 부인하는 근거의 신빙성을 의심한다(「최신 신약개론」, 523). 저자가 동일하다 할지라도 서신의 내용은 주제, 수신인, 저자가 채용한 전승, 상황에 의해 요구되는 문학 양식 등에 영향을 받을 수밖에 없다. 따라서 저자 문제를 다룰 때 서신의 개별적인 차이에 지나치게 의존하는 것은 바람직하지 않다(참조. Johnson 1996, 18). 또한 진정성을 인정받는 바울의 서신들과 목회서신 간의 차이는 대필자에게서 비롯된 것일 수도 있다(Fee, 26).

한편 목회서신의 진정성을 간접적 또는 부분적으로 인정하는 학자들도 있다. 마샬(Marshall)과 타우너(Towner 1995)는 바울의 제자나 추종자들이 바울 사후 오래되지 않은 시기에 그의 기록과 가르침을 편집하고 정리했을 가능성을 제시한다. 해리슨(Harrison)이나 밀러(Miller)와 같은 학자들은 목회서신이 바울에게서 온 단편들을 포함하고 있다고 주장하기도 한다. 또 학자에 따라서는 목회서신 가운데 디모데후서는 바울의 저작일 가능성이 높다고 보기도 한다(Johnson, Murphy-O'Connor, Prior).

이상에서 살핀 대로 목회서신의 실제 저자가 바울인지의 여부를 확정하기는 쉽지 않다. 목회서신의 저자 문제에 대한 다양한 견해들은 모두 나름대로의 타당성을 가지고 있다. 그러나 이 책에서는 바울을 목회서신의 저자로 전제하고 주석을 할 것이다. 초대교회에서 바울의 이름과 관련된 여러 문서들(*3 Corithians, the Letter to the Laodiceans, Letters of Paul and Seneca* 등)의 진정성이 거부되던 시기에도 목회서신의 진정성은 널리 인정되었다. 초대교회의 교부들은 우리가 가진 정보보다 더 중요한 정보를 근거로 목회서신의 진정성을 인정했을지도 모른다.

C. 수신자

디모데전 · 후서는 바울이 에베소에서 사역하고 있는 디모데에게(딤전 1 : 3), 그리고 디도서는 그레데에서 사역하고 있는 디도에게(딛 1 : 5) 보낸 것이다. 디모데후서에서 디모데가 사역하고 있는 곳에 대한 명확한 언급은 없지만 '아시아'에 대한 언급(1 : 15), 디모데가 로마로 가는 길에 드로아를 지나게 된다는 짐(4 : 13), 브리스가와 아굴라에 대한 문안(4 : 19 ; 에베소에서 쓴 고전 16 : 19 참조)은 디모데가 에베소에 있음을 암시한다.

1. 디모데

디모데는 사도행전과 거의 모든 바울서신 그리고 히브리서(13 : 23)에서 언급되는 바울의 중요한 동역자이다. 디모데후서에 의하면 디모데의 어머니 이름은 유니게이며, 외조모의 이름은 로이스이다(1 : 5). 사도행전의 저자는 디모데의 어머니가 유대인이었으며 그의 아버지는 헬라인이었다고 말한다(16 : 1). 따라서 그는 헬라 교육을 잘 받았을 것으로 추정된다. 디모데전·후서에서 그는 젊은이로 묘사되고 있는데(딤전 4 : 12 ; 딤후 2 : 22), 이것으로는 디모데의 나이를 알기 어렵다. 디모데의 나이에 대해서는 다양한 추측이 있지만 다수의 학자들은 30대였을 것으로 본다(딤전 4 : 12 주해 참조).

사도행전에서 디모데는 바울의 동료로 묘사되며(행 17 : 14-15 ; 18 : 5 ; 19 : 22 ; 20 : 4) 바울서신에서 바울은 그를 '동역자'(롬 16 : 21), '형제'(고후 1 : 1 ; 골 1 : 1, 몬 1절), '아들'(고전 4 : 17 ; 딤전 1 : 2, 18 ; 딤후 1 : 2), '하나님의 일꾼'(살전 3 : 2)으로 지칭한다. 그는 교회에 보내는 다섯 개 서신의 공동 발신인이기도 하다(고후 1 : 1 ; 빌 1 : 1 ; 골 1 : 1 ; 살전 1 : 1 ; 살후 1 : 1 ; 참조. 몬 1절). 그는 바울의 파송을 받아 고린도교회(고전 4 : 17 ; 16 : 10), 빌립보교회(빌 2 : 19, 23), 데살로니가교회(살전 3 : 2) 등에서 임무를 수행하기도 했다(참조. 행 17 : 14-15 ; 18 : 5 ; 19 : 22). 디모데전서 1 : 3에 의하면 그가 에베소교회에 머물러 활동하게 된 것도 바울의 요청에 따른 것이다.

2. 디 도

디도는 사도행전에 나오지 않는다. 바울서신에서 디도에 대한 기록은 고린도후서와 갈라디아서에 집중적으로 나온다. 그는 헬라인으로(갈 2 : 3) 바울이 자신의 복음을 설명하기 위해 예루살렘을 방문했을 때 바울과 동행하였으나(갈 2 : 1-2) 할례를 강요받지는 않았다(갈 2 : 3). 그는 바울이 고린도교회에 쓴 소위 '눈물의 편지'(고후 2 : 4 ; 7 : 8)를 전달한 것으로 추정되며, 바울과 고린도교회 사이의 중재 역할을 훌륭히 수행했다(고후 7 : 6-16). 그는 고린도교회에서 예루살렘의 가난한 자를 위해 헌금을 거두는 일에도 관여했다(고후 8 : 16-24). 고린도후서 8 : 23에서 바울은 그를 '동료'와 '동역자'로 일컫는다.

디도에 대한 기록이 사도행전에 나오지 않는다는 것은 다소 의외이다. 디도가 사도행전 18 : 7에 등장하는 디도 유스도와 동일인일 것으로 추측하기도 하지만(Johnson, 「최신신약개론」, 535) 가능성은 크지 않다. 갈라디아서와 고린도후서를 제외하고 디도가 언급된 곳은 오직 디모데후서(4 : 10)와 디도서(1 : 4)뿐이다. 그는 디모데만큼 바울과 친밀한 관계에 있는 것으로는 보이지 않는다. 디도서 1 : 4에서 그는 바울의 '참 아들'로 지칭되기도 하지만 디도서에서는 디모데전 · 후서에서 볼 수 있는 것만큼 송 · 수신자 간의 친밀감에 대한 표현을 찾기 어렵다(Johnson, 「최신신약개론」, 536).

D. 기록 목적

목회서신을 기록한 주된 목적은 거짓 교사로 인하여 어려움에 처해 있는 교회를 돌보는 데 필요한 교훈을 주는 데 있다. 물론 거짓 교사들에 대한 경고와 그들에 대한 대응 수위는 각각의 서신에 다르게 나타난다. 또한 디모데후서의 경우 거짓 교사의 문제가 디모데전서에서만큼 전면에 나타나지는 않는다.

거짓 교사들은 그들의 가르침과 잘못된 삶의 방식으로 교회공동체를 위험에 빠뜨리고 있다. 그러므로 목회서신은 그리스도인이 추구해야 할 바른 교훈과 경건한 삶을 강조하며, 거짓 교사들과는 구별되는 자질을 갖춘 교회의 지도자들을 세울 필요가 있다고 말한다. 디모데전 · 후서에 나타나는 에베소교회의 거짓 교사는 사도행전 20 : 17~38에 나오는 바울의 말을 떠올리게 한다. 바울은 후메내오, 알렉산더, 빌레도 등 거짓 교사 몇 사람의 이름을 밝히기도 한다(딤전 1 : 19-20 ; 딤후 2 : 17 ; 4 : 14-15). 거짓 교사들은 상당한 추종자를 얻는 데 성공하였으며(딤후 2 : 17), 특히 여인들 가운데서 많은 추종자를 얻었던 것으로 보인다(딤후 3 : 6-7). 바울이 에베소에 디모데를 남겨 둔 것은 거짓 교사들로 인해 위기에 처한 교회를 바로 인도하도록 하기 위한 것이다. 바울은 디모데에게 이 사명을 잘 수행하여 교회가 진리 위에 굳게 서도록 최선을 다할 것을 요청한다. 디도서는 그레데에서 사역하는 디도에게 필요한 교훈을 준다. 당시 거짓 교사들의 존재는 아직 충분히 성숙하지 않았던 그레데의 교회에 큰 문제가 되었던 것으로 보인다(딛 1 : 10-16).

E. 기록 시기 및 장소

1. 시 기

목회서신의 기록 연대는 저자 문제와 연결될 수밖에 없다. 이 서신을 바울이 썼는지의 여부, 바울이 로마에서 석방되어 다시 선교활동을 했는지의 여부, 목회서신에 나오는 거짓 교사들의 정체에 따라 목회서신의 기록 시기는 달리 추정될 수밖에 없다. 학자들은 대체로 사도행전 28장에 나오는 바울의 로마 투옥 시기를 60년 전후로 보며, 바울의 순교는 68년까지 로마를 통치했던 네로 시대에 있었던 것으로 본다(참조. *1 Clement* 5 : 7, 6 : 1). 따라서 만일 목회서신을 바울이 쓴 것으로 본다면 이 서신들은 60년대에 기록된 것으로 보아야 한다. 목회서신이 바울에 의해 쓰인 것이 아니라고 보는 학자들의 대다수는 80년에서 110년 사이에 기록되었을 가능성이 높다고 주장한다. 학자에 따라서는 2세기 중엽에 쓰인 것으로 보기도 하나 이는 소수의 의견에 그친다.

2. 장 소

목회서신에는 각 서신이 쓰인 장소에 대한 분명한 언급이 없다. 다만 디모데후서의 경우 1 : 17을 근거로 그 장소를 로마로 추정할 수 있다. 디도서의 경우 바울이 니고볼리에서 디도를 만나려는 계획을 가지고 있었던 것으로 미루어(3 : 12) 아가야나 마게도냐 지방에서 쓰였을 것으로 추측할 수 있다. 디모데전서의 경우 1 : 3을 근거로 마게도냐에서 기록된 것으로 추정하기도 하지만 확실치 않다. 목회서신의 진정성을 부인할 경우, 이상에서 언급한 구절들에 근거하여 목회서신의 기록장소를 추정하기는 어렵다.

F. 내용 개관

목회서신 세 권의 기록된 순서를 정확히 말하기는 매우 어렵다. 현재 성경에 나오는 순서는 분량을 기준으로 한 것으로, 기록된 순서와는 무관하다. 만일 목회서신 세 권을 모두 바울이 쓴 것으로 추정한다면 바울이 죽음을 앞두고 쓴 디모데후서가 가장 나중에 쓰였다고 할 수 있다. 본 주석에서는 성경에 배열된 순서에 따라 디모데전서, 디모데후서, 디도서의 순서로 살필 것이다.

1. 디모데전서

디모데전서는 다른 바울서신처럼 인사로 시작한다(1 : 1-2). 그러나 바울서신에서 일반적으로 나타나는 감사의 부분이 없이 곧바로 본론이 시작된다(1 : 3-6 : 19). 서신 본론은 체계화되어 있지 않아 내용의 정확한 구분이 쉽지 않지만 크게 다섯 부분으로 나눌 수 있다. 1) 첫 부분(1 : 3-20)에서 바울은 자신이 디모데를 에베소에 남겨 두었던 이유를 상기시키며, 복음의 진리를 왜곡하는 거짓 교사들의 잘못된 가르침을 막으라고 권고한다. 2) 둘째 부분(2 : 1-3 : 16)은 교회의 몇몇 규례들에 대한 교훈을 담고 있다. 여기서는 모든 사람을 위한 기도(2 : 1-7), 교회에서 남자와 여자가 취할 자세(2 : 8-15), 감독과 집사의 자격(3 : 1-13) 등에 대해 설명하고 이러한 교훈을 주는 목적을 말한다(3 : 14-16). 3) 셋째 부분(4 : 1-16)에서 바울은 거짓 교훈의 출현과 디모데의 책무에 대해 말한다. 바울은 거짓 교사와 거짓 교훈의 성격을 설명하고 디모데가 어떻게 행동해야 할 것인지에 대한 지침을 준다. 4) 넷째 부분(5 : 1-6 : 2)은 교회 내 여러 부류의 사람들에 관한 교훈을 담고 있다. 여기서 교훈이 주어지는 대상은 나이 많은 남녀와 젊은 남녀(5 : 1-2), 과부(5 : 3-16), 장로(5 : 17-25), 종(6 : 1-2) 등이다. 5) 마지막 부분(6 : 3-19)은 편지를 맺기 전에 주는 몇 가지 교훈을 담고 있다. 여기서는 거짓 교사들의 재물에 대한 욕망(3-10절), 디모데의 책무와 태도(11-16절), 재물에 대한 바른 자세(17-19절)를 다룬다. 서신의 끝맺음(6 : 20-21)에서 바울은 디모데의 책무에 대해 다시 한번 강조한다(20-21a절). 디모데전서는 바울서신에서 흔히 나타나는 문안 부분 없이 간단한 축원(21b절)으로 끝난다.

2. 디모데후서

디모데후서도 인사로 시작된다(1 : 1-2). 이 인사는 디모데전서에 나오는 인사와 거의 동일한 형태로 나타난다. 그러나 디모데전서와는 달리 인사 다음에 감사의 말이 나온다(1 : 3-5). 서신의 본론(1 : 6-4 : 18)은 네 부분으로 나눌 수 있다. 1) 첫 부분(1 : 6-2 : 13)은 디모데에 대한 격려와 권고를 담고 있다. 고난을 각오하고 복음을 위한 사명을 다하라는 권고(1 : 6-14), 바울을 버린 사람과 격려한 사람의 본보기(1 : 15-18), 고난을 참으며 사명의 수행에 최선을 다하라는 격려(2 : 1-13) 등이다. 2) 둘째 부분(2 : 14-3 : 17)에서는 거짓 교사와 관련된 교훈을 준다. 여기서 바울은 거짓 교사의 문제와 디모데의 자세(2 : 14-26), 마지막 때의 특성(3 : 1-9), 디모데가 본받아야 할 삶(3 : 10-17)에 대해 기술한다. 3) 셋째 부분(4 : 1-8)은 마지막 권고로 죽음을 앞둔 바울이 디모데에게 자신의 사역을 계승하도록 엄중히 명령한다. 4) 마지막 부분(4 : 9-18)은 바울 자신의 상황에 대한 설명과 디모데를 향한 바울의 개인적 요청을 담고 있다. 9절에 나오는 "속히 내게로 오라"는 요청은 이 부분의 내용 전체를 지배한다. 본론이 끝난 후 서신은 끝인사(4 : 19-22)로 마무리된다. 바울서신에 일반적으로 나타나는 문안과 축원이 나오는 이 부분에서도 "어서 오라"는 요청(21a절)이 나온다.

3. 디도서

디도서 역시 다른 바울서신처럼 인사로 시작된다(1 : 1-4). 인사 후 감사의 부분 없이 곧바로 본론(1 : 5-3 : 11)이 시작되는 것은 디모데전서와 같다. 서신의 본론은 두 부분으로 나뉜다. 1) 첫 부분(1 : 5-16)은 장로/감독을 선정할 때 고려해야 할 자질(1 : 5-9)과 거짓 교사들에 대한 대응 문제(1 : 10-16)를 다룬다. 장로/감독의 선정은 거짓 교사에 대한 대응과도 관련이 있다. 2) 둘째 부분(2 : 1-3 : 11)에서는 그리스도인의 삶과 태도를 다룬다. 여기서 바울은 교회 내 다양한 그룹들의 처신(2 : 1-10)과 그러한 처신에 대한 신학적 근거(2 : 11-15), 세상을 향한 그리스도인의 삶(3 : 1-8), 거짓 교사들에 대한 태도(3 : 9-11)에 대해 교훈한다. 본론에 이어 바울은 디도에 대한 개인적 교훈, 문안, 축원으로(3 : 12-15) 서신을 끝맺는다.

G. 주요 주제들

1. 거짓 교사들과 그들에 대한 대응

목회서신은 거짓 교사들의 활동에 대처하기 위한 교훈을 전면에 내세운다. 거짓 교사들에 대한 묘사는 그들이 강한 유대적 색채를 가지고 있음을 보여 준다(Fee, Guthrie, Kelly, Lock, Scott, Spicq). 거짓 교사에 대한 비판에 나오는 '율법의 선생'(딤전 1 : 7), '할례파'(딛 1 : 10)라는 용어뿐만 아니라 율법의 적용(딤전 1 : 8-11)이나 율법에 대한 다툼(딛 3 : 9)에 대한 언급도 거짓 교사들의 유대적 성격을 드러낸다. '신화'와 '족보'(딤전 1 : 4 ; 참조. 딛 3 : 9), 특정 음식에 대한 금지(딤전 4 : 3) 등도 구약의 내용이나 해석과 연관된 것으로 보인다. 한편 거짓 교사의 가르침에는 영지주의적인 요소도 가미되어 있다고 볼 수도 있다(Brox, Dibelius-Conzelmann, Hanson). '거짓된 지식'이란 표현(딤전 6 : 20), 금욕주의적 성격, 물질적이고 육신적인 것에 대한 천시, 윤리적 방종 등은 영지주의적 요소로 간주할 수 있다. 그러나 이러한 내용들은 굳이 영지주의와 관련시키지 않더라도 유대적 요소나 헬라적 요소로도 설명이 가능하다.

목회서신에는 거짓 교사의 문제에 어떻게 대처할 것인지에 대한 많은 교훈을 담고 있다. 먼저 바울은 복음의 진리를 수호하여야 함을 강조한다. 교회 지도자들은 말씀을 잘 가르쳐야 하며(딤전 3 : 2 ; 5 : 17 ; 딤후 2 : 24 ; 딛 1 : 9), 복음으로 양육을 받고(딤전 4 : 6), 그것을 지키며(딤전 6 : 20, 딤후 1 : 14), 그 안에 거해야 한다(딤후 3 : 14). 복음의 수호에는 교리적인 면뿐만 아니라 복음에 적합한 행동이 포함된다(딛 1 : 16 ; 참조. 딛 2 : 11-14 ; 3 : 4-7). 사실 목회서신에서 거짓 교사에 대한 바울의 비판은 그들의 신학적 오류보다 행동에 초점을 맞추고 있다. 바울이 디모데와 디도의 모범적인 삶을 강조하는 것은 부도덕한 삶을 살고 있는 거짓 교사에 대한 대처와도 관련이 있다(참조. 조경철, 62-67). 목회서신에서 교회 지도자의 선정과 자질에 대한 문제도 디도서 1 : 9에 잘 나타나듯이 거짓 교사의 문제와 관련이 있다. 바울은 거짓 교사들과 그들을 추종하는 자들을 책망하고 교회를 바로 인도하기 위해서 자질 있는 지도자들이 필요하다고 주장한다.

2. 복 음

바울이 쓴 서신에는 일반적으로 '복음'이라는 주제가 나타난다. 복음은 하나님이 아들 예수 그리스도의 죽음과 부활을 통하여 인간을 죄와 죽음에서 구원했다는 기쁜 소식이다. 인간이 하나님에게 불순종한 죄인임에도 불구하고 하나님이 구원을 베푼 것은 오직 은혜에 기인한 것이다. 이 은혜에 대하여 인간은 믿음으로 응답해야 하며, 믿음을 통하여 의롭다 함을 받게 된다. 그리고 의롭다 함을 받은 사람은 성령에 이끌려 영원한 나라에 대한 소망 가운데서 하나님의 뜻에 순종하는 삶을 살게 된다. 이것이 바울이 말하는 복음의 요약이다.

목회서신에는 복음에 대한 체계적이고 상세한 서술이 나오지 않는다. 이는 목회서신은 교회에 보낸 편지와는 달리 이미 복음에 대해 잘 알고 있는 개인(디모데, 디도)에게 보내는 서신이기 때문이다. 그러나 목회서신이 담고 있는 교훈에는 복음에 대한 사상이 그 바탕에 깔려 있다. 목회서신에는 '복음'이라는 용어가 나타날 뿐만 아니라(딤전 1 : 11 ; 딤후 1 : 8, 10 ; 2 : 8) '믿음'(딤전 1 : 19 ; 3 : 9 ; 4 : 1 ; 딤후 3 : 8 ; 4 : 7 ; 딛 1 : 13 등), '진리'(딤전 2 : 4 ; 4 : 3 ; 딤후 2 : 25 ; 3 : 7 ; 딛 1 : 1 등), '네게 부탁한 것'(딤전 6 : 20 ; 딤후 1 : 14), '바른 교훈(말)'(딤전 1 : 10 ; 6 : 3 ; 딤후 1 : 13 ; 4 : 3 ; 딛 1 : 9 ; 2 : 1 등) 등의 표현이 복음과 밀접히 연관되어 사용된다.

뿐만 아니라 바울의 복음에 있어서 핵심을 이루고 있는 요소들도 반복적으로 나타난다. 하나님 앞에서 불순종한 죄인으로서의 인간(딛 3 : 3 ; 참조. 딤후 3 : 2-5), 하나님의 은혜와 자비에 의한 구원(딤전 1 : 13-16 ; 딤후 1 : 9-10 ; 딛 3 : 3-7), 예수 그리스도의 죽음을 통한 대속(딤전 2 : 5-6 ; 딛 2 : 14)과 의롭다 하심(딛 3 : 7), 성령에 의해 지배되는 삶(딤후 1 : 6-7, 14 ; 딛 3 : 5-6), 하나님의 은혜에 대한 응답으로서의 사랑과 선한 일(딤전 4 : 10 ; 6 : 12 ; 딛 2 : 14 ; 3 : 8), 영생에 대한 소망(딤전 1 : 16 ; 4 : 8 ; 딤후 1 : 12 ;

4 : 18 ; 딛 1 : 2 ; 3 : 7) 등이 그 좋은 예라 할 수 있다.

3. 윤리적 삶

목회서신이 특히 강조하는 하나의 요소는 그리스도인의 윤리적 삶이다. 목회서신은 하나님의 은혜에 대한 응답으로서 그리스도인이 마땅히 갖추어야 할 삶의 방식에 교훈의 초점을 두고 있다. 여기서 주목해야 할 것은, 그리스도인이 갖추어야 할 미덕이나 삶의 방식을 설명함에 있어서, 그레코-로만 세계에서 일반적으로 강조되었던 여러 덕목이나 용어들이 빈번히 사용되고 있다는 점이다. 이는 목회서신이 교회에 대한 외부세계의 평판을 중시한 점과 무관하지 않은 것으로 보인다. 외부인에게서 좋은 평판을 얻는 것은 그리스도인들이 평화로운 삶을 사는 데 도움이 될 뿐만 아니라 외부인이 그리스도교 진리에 대해 호감을 갖도록 함으로써 복음에 대한 접근을 보다 용이하게 해 줄 수 있었기 때문이다.

특히 주목할 것은 목회서신에서 선한 삶을 구원의 필연적인 결과로 강조한다는 점이다(딤후 2 : 19 ; 딛 2 : 11-14 ; 3 : 3-9). 선행이 구원의 조건은 아니지만(딤후 1 : 9 ; 딛 3 : 5) 구원의 필연적인 결과로 하나님의 구원 계획 속에 포함된 것임을 바울은 강조한다(딛 2 : 14). 믿음과 행위의 이분법적 사고는 목회서신에 들어설 여지가 없다. 순종하는 삶이 구원의 필연적인 결과라는 것은 바울의 다른 서신들에서도 나타나지만 목회서신에서 특히 분명히 표현된다.

4. 교회의 직책들

디모데전서 3장과 디도서 1장은 교회 지도자의 선정과 자질에 대한 문제를 다룬다. 직접적인 언급은 없지만 디모데후서에도 그러한 문제가 암시되어 있다(예. 2 : 2). 목회서신은 '장로', '감독', '집사' 등 교회의 몇몇 직책에 대해 언급한다. 하지만 교훈의 초점은 교회의 조직에 대한 구체적인 지침을 주는 데 있는 것이 아니라 직책을 맡을 자의 자질에 있다. 따라서 목회서신을 통해 당시 교회 내에 있었던 각 직책의 정확한 임무와 직책 간의 상호관계를 살피는 것은 불가능하다.

장로들은 교회를 돌보고 다스리는 역할을 했던 것으로 보인다(딤전 5 : 17, 참조. 딤전 3 : 4–5). 장로와 감독의 관계는 분명치 않으나 동의어로 사용되었을 가능성, 또는 감독은 장로들의 그룹 중에서 특히 가르치는 사역을 담당했던 사람일 가능성이 있다(딤전 3 : 2 ; 5 : 17 ; 딛 1 : 9). 한 지역교회에 얼마나 많은 감독이나 장로 또는 집사가 있었는지에 대해서는 정확히 알 수 없다. 한 지역교회에 한 명의 감독이 있었을 것으로 추정하기도 하지만, 목회서신의 본문내용(딤전 3 : 1–2 ; 딛 1 : 5–7)은 그러한 추정을 뒷받침해 주지 않는다. '장로'는 디모데전서 5 : 17과 디도서 1 : 5에서 각각 복수로 나타나는 것으로 보아 지역교회에 복수의 장로가 있었음이 거의 확실하다. 집사는 장로나 감독의 아래에 있었던 것으로 보인다.

교회를 돌보는 지위에 여성이 포함되어 있음도 주목할 만하다. 집사에는 여성들이 포함되어 있다(딤전 3 : 11). 디모데전서 3 : 11에 나오는 '여자들'을 '집사의 아내'보다는 '여자 집사'로 보는 것이 보다 설득력이 있다(딤전 3 : 11 주해 참조). 디모데전서 5 : 9에 나오는 명부에 올릴 과부에 대한 언급이 교회 직제로서의 과부를 말하고 있는 것으로 보아야 할 확실한 근거는 없다(딤전 5 : 9 주해 참조).

디모데전서

제 I 부

인 사

디모데전서 1 : 1-2

| 디모데전서 1 : 1-2 |

인 사

바울 당시 서신은 각각 그 목적에 따라 다양한 형식으로 쓰였다. 그러나 어떤 경우든 공통적으로 나타나는 한 요소는 서신 첫 부분에 나오는 인사이다. 바울도 디모데전서를 인사로 시작한다.

> 1우리 구주 하나님과 우리의 소망이신 그리스도 예수의 명령을 따라 그리스
> 도 예수의 사도 된 바울은 2믿음 안에서 참 아들 된 디모데에게 편지하노니
> 하나님 아버지와 그리스도 예수 우리 주께로부터 은혜와 긍휼과 평강이 네게
> 있을지어다

1. 개관 및 구조

그레코-로만 시대의 서신에서 인사는 발신자의 이름, 수신자의 이름, 인

사말의 순서로 구성된다. 원래 짧고 단순한 형태였던 인사는 이후 발신자, 수신자, 인사말에 각각 부가적인 설명이 첨가되면서 점차 길어지게 되었다. 본문에 나오는 인사도 각각의 구성요소에 부가적인 진술이 첨가된 형태로 나타난다.

2. 본문 분석

[1 : 1] 바울은 자신을 하나님과 그리스도 예수의 명령을 따라 사도가 된 자로 소개한다. '사도'는 '(특별한 사명을 띠고) 보냄을 받은 자'라는 의미이다. 바울은 자신이 사도가 된 것은 하나님과 예수 그리스도의 '명령'에 따른 것이라고 말한다. 여기서 사용된 단어 '명령'(ἐπιταγή, '에피타게')은 절대적 권위를 가진 명령을 의미한다. 명령자인 '하나님'과 '그리스도 예수'는 각각 '구주'와 '우리의 소망'이라는 말로 수식된다. '구주'라는 칭호는 목회서신에서 하나님(딤전 2 : 3 ; 4 : 10 ; 딛 1 : 3 ; 2 : 10 ; 3 : 4)이나 예수 그리스도(딤후 1 : 10 ; 딛 3 : 6)에게 종종 사용된다. 하나님을 '구주'라고 지칭함으로써 바울은 하나님이 구원의 근원임을 강조하며, 예수 그리스도를 '우리의 소망'으로 지칭함으로써 예수 그리스도 안에서 성취되는 하나님의 구원계획은 그의 재림으로 완성될 것임을 강조한다(참조. Fee, 32).

[1 : 2] 바울은 수신자 디모데를 '믿음 안에서 참 아들 된' 자, 즉 자신의 영적 아들로 일컫는다(2a절). '참 아들'이란 적법한 아들임을 가리킬 때 흔히 사용되는 용어로(F. Büchsel, *TDNT* I, 727), 바울은 이 용어를 통하여 친애의 감정을 표현하는 동시에 디모데에게 권위를 부여한다. 디모데가 바울을 통해 개종했는지의 여부는 분명하지 않다(참조. 행 16 : 1–3). 이는 이 용어가 자신을 통해 개종한 자뿐만 아니라 개종 이후 자신이 양육한 자 또는 자기보다 어린 그리스도인에게도 사용할 수 있기 때문이다.

바울은 디모데에게 '은혜와 긍휼과 평강'이 있기를 기원한다(2b절). 그는 서신을 쓸 때 헬라인들이 일반적으로 사용하는 '문안하다'라는 용어 대신 '은혜와 평강'을 사용하는 것이 일반적이지만(롬 1 : 7 ; 고전 1 : 3 ; 고후 1 : 2 ; 갈 1 : 3 ; 엡 1 : 2 등) 여기서는 '긍휼'을 첨가한다(참조. 갈 6 : 16). '은혜'는 바울이 애용하는 용어로, 바울은 이 용어를 통해 죄인 된 인간에 대한 하나님의 구원이 값없는 선물로 주어진 사실을 강조한다. 그런데 이 하나님의 구속의 은혜는 하나님의 '긍휼'의 결과이다. 목회서신에서 자주 나타나는 '긍휼'(딤전 1 : 13, 16 ; 딤후 1 : 2, 16, 18 ; 딛 3 : 5)은 단순히 내면적인 감정을 의미하는 것이 아니라 동정과 도움의 행위를 가리킨다. '평강'도 '긍휼'과 마찬가지로 감정이나 느낌보다는 실재적인 것을 말한다. 그것은 단순히 심리적인 평정이나 다툼 없는 공존을 의미하는 것이 아니라 하나님의 구속을 통한 하나님과 이웃과의 화해 상태를 의미한다. 따라서 '은혜와 긍휼과 평강'은 모두 '하나님 아버지와 그리스도 예수'로부터 오는 것이다.

설교를 위한 묵상

바울의 인사를 자칫 상투적인 문구로 보기 쉽다. 그러나 그의 인사는 관습에 따른 상투적 문구의 나열이 아니다. 그의 인사에는 1) 자신에 대한 의식 2) 수신자에 대한 인식 3) 수신자에 대한 간절한 기원이 표현되어 있다.

1) 그는 하나님과 예수 그리스도의 명령에 의해 사도가 되었음을 깊이 의식하고 있으며, 그 명령의 목적, 그리고 명령을 통해 자신에게 주어진 사명이 무엇인지를 잘 인식하고 있다.

2) 그는 수신자 디모데를 '참 아들'이라고 부르며, 깊은 애정과 관심을 표현한다. 디모데에 대한 바울의 애정과 관심은 앞으로 기록될 서신의 내용이 수신자인 디모데에게 효과적으로 전달되는 밑받침이 될 것이다.

3) 바울은 '은혜와 긍휼과 평강'이 디모데에게 있기를 기원한다. 바울은 자신의 삶 속에서 하나님과 그리스도 예수로부터 오는 '은혜와 긍휼과 평강'을 철저히 경험하

였다. 바울은 자신이 하나님에게서 받은 최상의 복이 수신자에게도 있기를 간절히 기원한다.

그리스도인의 인사는 형식적이고 상투적인 것이 아니라 항상 마음 깊은 곳에서 우러나오는 축복의 말이 되어야 한다. 바울의 인사는 특히 목회자들에게 큰 교훈을 준다. 하나님으로부터 받은 자기 사명에 대한 인식, 신도들에 대한 친애, 신도들이 하나님의 복을 받기를 비는 마음이야말로 목회자들에게 반드시 있어야 할 것들이 아닐까?

제 Ⅱ 부

거짓 교사와 거짓 가르침에 대하여

디모데전서 1 : 3-20

A. 거짓 교훈을 막아라(1 : 3-11)

B. 은혜와 긍휼에 대한 감사(1 : 12-17)

C. 디모데에의 임무에 대한 반복적 권고(1 : 18-20)

| 디모데전서 1 : 3-20 |

거짓 교사와 거짓 가르침에 대하여

바울은 자신이 쓴 대부분의 서신에서와는 달리 감사의 부분을 생략한 채 바로 서신의 본론(1 : 3-6 : 19)을 시작한다. 감사의 생략은 에베소 교회가 처한 위기의 심각성과 디모데를 향해 바울이 주는 권고의 긴박성을 느끼게 한다. 본론의 첫 부분(1 : 3-20)은 디모데에게 거짓 교사와 맞서 싸워 그들의 잘못된 가르침을 막으라는 당부를 담고 있다. 바울은 먼저 거짓 교사의 잘못을 설명하고 복음의 진리를 왜곡하는 거짓 교사들을 막으라고 권고한다(3-11절). 이어서 복음을 위한 자신의 직분과 자신에게 베풀어진 긍휼과 은혜에 대해 감사를 표하고(12-17절), 마지막으로 거짓 교사와 싸워야 할 당위성을 다시 한 번 강조한다(18-20절).

A. 거짓 교훈을 막아라(1 : 3-11)

3내가 마게도냐로 갈 때에 너를 권하여 에베소에 머물라 한 것은 어떤 사람들
을 명하여 다른 교훈을 가르치지 말며 4신화와 끝없는 족보에 몰두하지 말게
하려 함이라 이런 것은 믿음 안에 있는 하나님의 경륜을 이룸보다 도리어 변
론을 내는 것이라 5이 교훈의 목적은 청결한 마음과 선한 양심과 거짓이 없는
믿음에서 나오는 사랑이거늘 6사람들이 이에서 벗어나 헛된 말에 빠져 7율법
의 선생이 되려 하나 자기가 말하는 것이나 자기가 확증하는 것도 깨닫지 못
하는도다 8그러나 율법은 사람이 그것을 적법하게만 쓰면 선한 것임을 우리
는 아노라 9알 것은 이것이니 율법은 옳은 사람을 위하여 세운 것이 아니요
오직 불법한 자와 복종하지 아니하는 자와 경건하지 아니한 자와 죄인과 거
룩하지 아니한 자와 망령된 자와 아버지를 죽이는 자와 어머니를 죽이는 자
와 살인하는 자며 10음행하는 자와 남색하는 자와 인신매매를 하는 자와 거짓
말하는 자와 거짓맹세하는 자와 기타 바른 교훈을 거스르는 자를 위함이니
11이 교훈은 내게 맡기신 바 복되신 하나님의 영광의 복음을 따름이니라

1. 개관 및 구조

서신을 쓴 동기와 목적을 뚜렷이 보여 주는 본문은 크게 두 부분(3-7절, 8-11절)으로 나누어진다. 3~7절은 디모데전서 전체의 내용을 시사하는 핵심적인 부분으로(참조. Fee, 39), 여기서 바울은 디모데에게 거짓 교사들에 맞서 싸울 것을 명령한다. 거짓 교사들은 자신들이 율법을 가르칠 자격이 있다고 생각하지만 실상은 율법을 왜곡하여 그리스도인들을 미혹하는 자들이다. 바울은 거짓 교훈과 참 교훈을 비교하며 주로 윤리적 측면에서 거짓 교훈을 공박한다. 8~11절에서는 거짓 교훈의 비윤리성과 관련하여 율법의 유용성과 복음과의 관계를 설명한다.

2. 본문 분석

[1 : 3-4] 3절에서 바울은 과거 자신이 에베소에서 마게도냐로 갈 때에 디모데를 에베소에 머물도록 하였던 사실을 회상시킨다. 에베소는 아시아 지방의 수도로 바울이 3차 전도 여행 시 선교활동을 한 곳이기도 하다(행 19 : 1-20). 그러나 바울의 요청에 따른 디모데의 에베소 체류는 사도행전이나 바울의 다른 서신에서 전혀 언급되지 않기 때문에 그 역사적 정황을 정확히 알기는 불가능하다. 바울은 자신이 디모데를 에베소에 머물도록 한 이유가 거짓 교사들을 '명하여' '다른 교훈'을 금지하고 '신화와 끝없는 족보'에 몰두하는 것을 막기 위함이었다고 말한다(3b-4a절). '명하다'(παραγγέλλω, '파랑겔로')라는 단어는 군사나 법률에서 흔히 사용되는 용어로, 디모데가 엄중하고 권위 있게 거짓 교사의 문제에 대처해야 함을 나타낸다. 거짓 교사들이 갈라디아교회의 경우와 같이 공동체 외부의 사람들이었다는 암시는 디모데전서에서 찾아볼 수 없다. 디모데전서의 내용(특히 1 : 7, 19-20 ; 5 : 17)은 그들이 교회 내부의 사람들, 특히 교회 지도자의 위치에 있던 사람들이었음을 보여 준다(Fee, 40).

거짓 교사들은 '다른' 교훈을 가르치는 것으로 묘사되는데, 이것은 그들이 복음의 진리를 왜곡하고 있음을 말한다. 바울은 갈라디아서에서 "우리가 너희에게 전한 복음 외에 다른 복음을 전하면 저주를 받을지어다."라고 선언한 바 있다(갈 1 : 8).

거짓 교사들은 또한 '신화'와 '족보'에 몰두하고 있다(4a절). '신화'와 '족보'에 대한 언급을 두고 학자들은 거짓 교사들이 영지주의의 성격을 가진 자들이라고 추측하기도 한다(박익수, 74). 6 : 20에 나오는 '거짓된 지식의 반론'이란 표현, 그리고 4 : 3에 나오는 그들의 금욕주의적 성격은 이들의 영지주의적 성격을 뒷받침한다고 볼 수 있다. 그러나 헬라시대에 '신화'라는 용어는 역사적 진실과 대조되는 가공적 이야기를 지칭할 때 흔히 사용되었다. 철학자들은 상대를 공격할 때 이 용어를 사용하기도 했다(Bassler, 39). 신약에서 이 용어는 항상 부정적으로 사용되며 흔히 거짓됨과 모순됨, 악영향을 강조할 때 등장한다. '족보'는 혈통이나 가계도에 대한 기록을 말하며 구약에도 이와 관련된 기록들이 자주 나온다. 아마 여기서는 구약, 특히 창세기에 기록된 족보나 인물에 대한 기록을 기반으로 만들어 낸 공허한 주장들을 지칭할 가능성이 높다. 족보를 수식하고 있는 '끝없는'이란 형용사는 양을 표현한다기보다는 '무의미한', '결론 없는'의 의미로 사용되었을 가능성도 있다. 그렇다면 '신화'도 구약에 나오는 내용을 기반으로 만들어진 것일 가능성이 있다. 특히 7절에서 거짓 교사들을 '율법의 선생'이 되려 하는 자들로 표현한 점을 볼 때 그 가능성은 더욱 커진다(Marshall, 365-366). 따라서 '신화'나 '족보'라는 용어를 반드시 영지주의와 관련하여 해석할 필요는 없다.

4b절에서 바울은 신화와 족보 이야기를 막으려는 이유를 말한다. 그러한 것들은 '변론' 곧 논쟁만을 유발할 뿐 '하나님의 경륜'을 이루는 데에는 아무런 도움이 되지 못한다는 것이다. '경륜'(οἰκονομία, '오이코노미아')은 '가정에 대한 관리', '임무', '책무', '계획' 등을 뜻하며, 여기서 '하나님의 경륜'은 '하나님의 계획(plan)'(공역개정, TEV, REB, NJB), '하나님의 일(work)'(NIV, TNIV), '하나님의 경영(administration)'(NASB) 등을 뜻한다. 우리말 '경륜'(經綸)에는 '계획'의 개념과 '다스림'의 개념이 있기 때문에 개역개정의 '하나님의 경륜'(참조. 새번역)이란 번역은 보다 포괄적인 의미를 담고 있다.

[1 : 5-7] 5절에서 바울은 신화와 족보 등을 금하라는 교훈의 궁극적인 목적을 말한다. 그것은 바로 '사랑'이다. 바울의 교훈은 거짓 교사들에 의한 가르침의 결과인 '변론'과는 달리 '사랑'을 목표로 한다. 그런데 그 사랑은 '청결한 마음과 선한 양심과 거짓이 없는 믿음에서' 나온다. '청결한 마음'은 유대의 인간론에서, '선한 양심'은 헬라의 도덕 철학에서, '거짓이 없는 믿음'은 그리스도교 신앙에서 흔히 사용되는 표현이다(Collins, 27-28). 이 세 가지 표현은 모두 인간 내면의 성향을 중시하는 것으로(Johnson, 175), 이를 통하여 바울은 순전하고 온전한 마음에서 나오는 사랑을 강조한다. 특히 여기서 '믿음'

과 '사랑'이란 용어가 함께 등장하는 것은 주목할 만하다. 목회서신에서 믿음과 사랑은 종종 함께 나타나(딤전 1 : 14 ; 2 : 15 ; 4 : 12 ; 6 : 11 ; 딤후 1 : 13 ; 2 : 22 ; 3 : 10 ; 딛 2 : 2), 믿음은 사랑에서 나온 행위와 무관하지 않음을 강조한다.

그런데 거짓 교사들의 교훈은 사랑이란 목표에서 벗어나 '헛된 말'에 빠질 뿐이다(6절). 그리고 그들은 '율법의 선생'이 되려 하나, 사실상 그들 자신도 스스로의 주장에 대해 정확히 알지 못하고 있다(7절). 여기서 거짓 교사들이 율법의 선생이 되려 한다는 표현은 경멸이나 조롱의 의미로 사용된 것인지, 아니면 그들이 실제로 율법을 가르치는 지위에 오르기를 열망하고 있음을 나타내는지는 확실하지 않다.

[1 : 8–11] 바울은 거짓 교사들에 대한 직접적인 비판에서 다소 벗어나 율법에 대한 자신의 관점을 제시한다. 율법은 적법하게 사용하면 선한 것이다(8절 ; 참조. 롬 7 : 12–13, 16). 그런데 '적법하게만 쓰면'이란 단서는 율법이 쉽게 오용될 수 있음을 암시한다. 사실 바울은 그의 서신들에서 율법의 준수를 하나님으로부터 의를 얻는 수단으로 여기는 것과 같은 율법의 오용에 대하여 강하게 비판한다. 9a절에서 바울은 에베소의 상황과 관련하여 율법의 한 측면을 서술한다. 그것은 율법은 원래 악한 인간의 행위들로 인하여 제정된 것이지 '옳은 사람'을 위해 제정된 것이 아니라는 점이다. 여기서 '옳은'(δίκαιος, '디카이오스') 사람은 윤리적으로 바른 삶을 사는 사람을 가리킬 수도 있지만(Calvin, Ellicott) 그리스도를 통하여 의롭게 된 그리스도인을 가리키는 것으로 보인다(Fee, Jeremias, Kelly, Spicq, Towner).

9b~10절에는 인간의 악행에 대한 목록이 나온다. 악의 목록은 바울의 다른 서신에서도 발견된다(롬 1 : 29–31 ; 고전 5 : 10–11 ; 6 : 9–10 ; 갈 5 : 19–21 ; 딤후 3 : 2–5). 여기에 나오는 악의 목록은 두 부분으로 나눌 수 있다. 먼저 바울은 '불법한 자'에서 '망령된 자'까지 여섯 가지 악을 열거한다. 이 악의 목록에서 '불법한 자'가 처음에 위치하고 있음은 눈여겨볼 만하다. 바울

의 다른 서신에서 악의 목록에 포함되지 않은 이 '불법한 자'는 율법을 지키지 않는 사람을 의미한다. 거짓 교사들을 향해 율법을 왜곡하는 자들이라 비난한 바울이 '불법한 자'를 악의 목록 처음에 위치시킨 것은 결코 우연이 아니다. 여기에 언급된 여섯 가지 악은 두 개씩 짝을 이루고 있다. '불법한 자'와 '복종하지 아니하는 자', '경건하지 아니한 자'와 '죄인', '거룩하지 아니한 자'와 '망령된 자'(βέβηλος, '베벨로스', 대부분의 성경에서 '속된 자'로 번역됨). 이 여섯 가지 목록은 하나님 앞에서 가져야 할 인간의 태도에 중점을 두고 있기 때문에 바울이 십계명의 첫째 돌판에 기록된 내용을 염두에 두고 있을 가능성도 있다(Collins, 32 ; Oden, 76–77). 나이트(Knight)는 여섯 가지 악의 목록을 십계명의 첫째 돌판에 나오는 서문 및 첫 네 계명의 내용과 연결하기도 하지만(84–85), 바울이 그러한 연결까지 의도하였는지는 분명하지 않다.

뒤이어 나오는 악의 목록은 이웃을 향한 태도에 관한 것으로, 십계명의 5계명에서 9계명의 순서에 따라 기록한 것이 분명해 보인다. '아버지를 죽이는 자와 어머니를 죽이는 자'는 5계명, '살인하는 자'는 6계명, '음행하는 자와 남색(男色)하는 자'는 7계명, '인신매매를 하는 자'(새번역, '사람을 유괴하는 자' ; Harrill, 102–103 참조)는 8계명, '거짓말하는 자와 거짓맹세하는 자'는 9계명과 각각 연관된다. 마지막으로 나오는 '기타 바른 교훈을 거스르는 자'는 지금까지 언급되지 아니한 모든 죄악을 포괄한다. 여기서 '바른'(ὑγιαίνω, '휘기아이노'의 분사형)은 '건전한'의 의미로(공역개정, 새번역) 신약에서 목회서신에만 나온다(딤전 6 : 3 ; 딤후 1 : 13 ; 4 : 3 ; 딛 1 : 9, 13 ; 2 : 2, 8).

11절에서 바울은 '이 교훈', 즉 '바른 교훈'의 기준에 대해 언급한다. 그것은 '복되신 하나님의 영광의 복음'과 합치되어야 한다. '복되신 하나님'은 모든 복이 하나님께 있고 하나님으로부터 온다는 것을 의미할 수도 있지만(Fee, 47), 하나님의 만족과 불멸의 측면을 강조한 하나님의 속성에 대한 표현으로 이해하는 것이(Collins, 34 ; Marshall, 383) 더 타당해 보인다. '영광의 복음'은 복음의 성격을 의미하기보다는 복음의 내용을 의미한다. 다시 말하면 복음은 하나님의 영광을 나타내고 있다(공역개정, REB ; Fee, Mounce). 바울은 바로 이 복음이 자신에게 맡겨졌다고 말한다. 그는 다른 서신에서도 복음을 위한 자신의 직책을 강조하고 있으며(고전 9 : 17 ; 갈 2 : 7 ; 살전 2 : 4), 이 편지의 첫인사에서도(1 : 1) 자신이 받은 사도직의 신적 기원을 강조한 바 있다.

설교를 위한 묵상

바울이 디모데를 에베소에 머물도록 한 이유는 거짓 교사들 때문이다. 거짓 교사들은 공동체 외부에서 온 사람들이 아니라 내부의 사람들로 복음의 진리를 왜곡하는 자들이다. 그들은 구원 사역의 도구로 사용되어야 할 교회를 허탄한 논쟁에 빠지게 하고 있다. 그들의 교훈은 진실함을 바탕으로 한 사랑의 실천과는 전혀 관련이 없다. 그들은 율법의 선생이 되려 하지만 율법에 대하여 알지 못하며 심지어 그들 자신이 주장하는 바도 정확히 알지 못한다. 디모데의 사명은 그들과 그들의 잘못된 가르침을 막고 영광의 복음을 지키는 것이다.

본문은 오늘날의 교회의 구성원, 특히 교회 지도자들에게 중요한 교훈을 준다. 교회 지도자는 교회가 하나님의 구원사역을 위한 도구로서의 사명이 있음을 항상 인식해야 한다. 그리고 이 사명의 인식과 수행에 방해가 되는 허탄한 논쟁과 분쟁을 삼가야 한다. 본문은 사랑을 목표로 하는 참 교훈과 변론만을 일으키는 거짓 교훈을 대조하고 있다. 교회 지도자는 성경에 대한 가르침이 한낱 지식의 전달이나 신학적 논쟁에 대한 소개에 그치고 있는 것은 아닌지 생각해 볼 필요가 있다. 그리고 성경을 단순히 흥미 있는 이야깃거리를 제공하는 수단으로 여기고 있지 않은지 깊이 생각해 보아야 한다.

바른 교훈은 사랑의 실천으로 나타나야 함을 본문은 강조한다. 사랑은 율법의 완성이기도 하다(롬 13 : 10 ; 갈 5 : 14 ; 참조. 마 22 : 34-40). 그렇다면 성경공부의 결과는 마땅히 사랑의 실천으로 나타나야 한다. 한국교회의 자랑스러운 점 중의 하나는 성도들이 열심히 성경을 읽고 성경공부에 참여하고 있다는 점이다. 그러나 한국교회는 끊임없는 논쟁과 분열로 병들어 가고 있으며, 한국교회 그리스도인들의 삶은 사랑의 실천과 거리가 멀다는 비난에 직면해 있다. 이러한 현상을 어떻게 설명할 수 있을까? 8~11절에서 바울은 율법과 복음에 대해 말한다. 율법은 원래 하나님이 의도한 바를 벗어나 오용되어서는 안 된다. 본문에서 오용의 사례를 말하고 있지는 않지만 바울은 율법을 의롭게 되려는 수단으로 사용하는 것은 오용의 대표적인 사례로 인식하고 있음이 분명하다. 바울은 율법이 악행을 행하는 자들을 위해 마련된 것임을 강조하며 예수 그리스도를 통하여 의롭게 된 자들을 위해 있는 것이 아니라고 말한다. 의롭게 된 자들이 율법 아래 있지 않다는 이러한 바울의 말을 오해해서는 안 된다. 이는 율법이 요구하는 선을 행할 책임에서 그리스도인들이 벗어나 있음을 의미하는 것은 결코 아니다. 그것은 그리스도인들이 이제 율법의 지배 아래서가 아니라 그리스도 안에서 성령의 능력으로 새로운 삶을 살아감을 의미한다. 그 새로운 삶은 사랑의 실천으로 나타나게 된다. 은혜의 복음은 윤리적 삶을 면제해 주는 것이 아니라 윤리적 삶을 살 수 있는 힘을 준다. 오늘날 믿음과 행위를 이분법적으로 구분하고 구원은 오직 믿음으로만 얻는 것이라 확신하며 행위에 무관심한 그리스도인들은 목회서신의 교훈에 귀를 기울일 필요가 있다.

B. 은혜와 긍휼에 대한 감사(1 : 12-17)

12나를 능하게 하신 그리스도 예수 우리 주께 내가 감사함은 나를 충성되이
여겨 내게 직분을 맡기심이니 13내가 전에는 비방자요 박해자요 폭행자였으
나 도리어 긍휼을 입은 것은 내가 믿지 아니할 때에 알지 못하고 행하였음이
라 14우리 주의 은혜가 그리스도 예수 안에 있는 믿음과 사랑과 함께 넘치도
록 풍성하였도다 15미쁘다 모든 사람이 받을 만한 이 말이여 그리스도 예수께
서 죄인을 구원하시려고 세상에 임하셨다 하였도다 죄인 중에 내가 괴수니라
16그러나 내가 긍휼을 입은 까닭은 예수 그리스도께서 내게 먼저 일체 오래

참으심을 보이사 후에 주를 믿어 영생 얻는 자들에게 본이 되게 하려 하심이라 [17]영원하신 왕 곧 썩지 아니하고 보이지 아니하고 홀로 하나이신 하나님께 존귀와 영광이 영원무궁하도록 있을지어다 아멘

1. 개관 및 구조

자신에게 맡겨진 영광의 '복음'에 대한 언급(11절)은 바울로 하여금 자신에게 내린 하나님의 은혜를 돌이켜 보게 한다(12-17절). 하나님의 은혜에 대한 회상이 담긴 이 단락은 세 부분으로 나눌 수 있다. 12~14절에는 하나님을 반역하던 자신을 불러 직분을 맡겨 준 하나님의 은혜에 대한 감사가 나온다. 그리고 15~16절에는 죄인을 구원하는 하나님이 자비를 베풀어 바울을 구원한 목적이 나오고, 마지막 17절에는 하나님의 역사를 찬양하는 송영이 나온다. 이 단락의 내용은 지금까지 바울이 말한 주제에서 다소 이탈하고 있지만 간접적으로 거짓 교사에 대한 비판의 역할을 하기도 한다. 하나님의 은혜와 긍휼을 바탕으로 한 복음의 강조는 거짓 교사들의 가르침과 구별된다.

2. 본문 분석

[1 : 12] 11절에 나온 '복음'에 대한 언급은 바울로 하여금 감사가 일어나게 한다(12절). '복되신 하나님의 영광의 복음'이란 말이 죄인의 괴수인 자신에게 넘치도록 주어졌던 은혜와 긍휼을 회상하게 한 것으로 보인다. 대부분의 경우 바울의 감사는 하나님을 향하지만 여기서는 그리스도 예수를 향하고 있다. 그 예수는 바울을 '능하게' 하였다. 능하게 함이란 자신에게 맡겨진 임무(참조. 11절)를 감당할 수 있는 능력을 준 것을 의미한다(공역개정, "내가 맡은 일을 감당할 수 있도록 힘을 주신"). 바울은 자신을 충성스럽게 여겨 직분을 맡겨 준 그리스도 예수에게 감사한다. 바울을 충성스럽게 여겼다는 것은 그리스도

를 믿기 전 바울이 그리스도로부터 높은 평가를 받았다는 것은 아니다. 예수 그리스도의 택함은 자격에 있는 것이 아니라 은혜에 있다(참조. 13-14절). 직분을 맡는 데는 충성이 요구되기 때문에 바울은 그리스도가 자신을 충성스럽게 여겼다고 표현한 것으로 보인다.

[1 : 13-14] 13~14절에서 바울은 자신의 과거의 모습을 회상하며 자신을 향한 하나님의 은혜와 긍휼이 얼마나 큰지를 강조한다. 그는 자신이 과거 '비방자요 박해자요 폭행자'였다고 말한다. 사람들은 흔히 이 말을 회심하기 전 바울의 삶에 대한 일반적인 표현으로 오해하기도 한다. 그리하여 그들은 바울을 성격이 포악하고 언동이 몹시 막된 사람이었던 것으로 생각한다. 그러나 바울은 결코 그러한 사람이 아니었다. 바울은 자신에 대해 '육체를 신뢰할 만하며', '히브리인 중의 히브리인이요', '율법으로는 바리새인이요', '율법의 의로는 흠이 없는 자'였다고 말한다(빌 3 : 4-6). 본문에서 바울은 교회를 박해하던 자신의 행위에 초점을 두고 말하고 있다(참조. 행 8 : 3 ; 9 : 1-2). '비방자'와 '폭행자'는 자신의 박해에 대해 설명하는 역할을 한다. 교회에 대한 자신의 박해는 하나님에 대한 비방이요 하나님의 백성에 대한 폭행이었다(Collins, 37). 예수를 믿기 전 교회를 핍박하던 일을 하나님을 향한 열심의 표지(標識)로 삼았던 바울은(빌 3 : 6) 그것이 하나님을 향한 큰 악행이었음을 고백하고 있다.

바울은 자신이 하나님의 긍휼을 입은 것은 자신이 알지 못하고 행했기 때문이라고 말한다. 이 말은 무지로 행한 것은 하나님의 긍휼을 입을 요건이 된다거나 하나님의 긍휼을 요구할 수 있는 근거가 된다는 것이 아니다. 바울은 무지로 행했다고 해서 모든 것이 용서되지는 않음을 확신한다(롬 1 : 20-21). 바울은 여기서 그의 무지를 최종적인 변명으로 삼으려는 것이 아니라, 다만 진리를 알고도 고의적으로 대적한 것이 아님을 말하려는 것뿐이다. 구약에도 고의로 범한 죄와 부지중에 범한 죄에 대해 처벌을 달리하는 규정이 나온다(민 15 : 22-31 ; 참조. 레 22 : 14). 이러한 바울의 고백은 거짓 교사들이 매우 위험한 상황에 있음을 보여 준다. 왜냐하면 그들은 알고 있으면서도 하나님을 모독하고 있기 때문이다(Fiore, 49).

바울은 자신이 현재의 모습에 이르게 된 것은 넘치는 주의 은혜에 기인한 것이라고 말한다. '넘치도록 풍성하다'(ὑπερπλεονάζω, '휘페르플레오나조')란 단어는 신약에서 단 한 번밖에 사용되지 않은 용어로, 그릇에 물이 넘쳐흐르듯 극도로 풍성한 상태를 나타낸다(BDAG, 1034). 주의 은혜는 인간의 모든 계산과 기대를 초월하여 측량할 수 없다(박익수, 84). 그것은 인간의 행위에 대한 보상으로 오는 것이 아니라 하나님의 긍휼에서 온다. 바울은 이러한 하나님의 은혜는 그리스도 예수를 믿는 자들에게 '믿음과 사랑'을 불러일으킨다고 말한다. 그는 이미 '믿음에서 나오는 사랑'을 강조하였으며(5절) 거짓 교사들은 이것을 벗어나 헛된 말에 빠져 있다고 비판하였다(6절).

[1 : 15-16] 15절은 목회서신에서 자주 나타나는 '미쁘다 이 말이여'(딤전 3 : 1 ; 4 : 9 ; 딤후 2 : 11 ; 딛 3 : 8)란 말로 시작된다. 특별히 본문과 4 : 9에서는 '모든 사람이 받을 만한'이란 말이 첨가되어 있다(헬라어에서 본 절과 4 : 9에 나오는 표현은 정확히 일치함). 그런데 여기서 '모든 사람'으로 번역된 헬라어(πᾶς, '파스')는 정도('온전히')를 나타내기도 하고 범위('모든'〈사람〉)를 나타내기도 하기 때문에 그 의미를 확정하기가 쉽지 않다. 우리말 성경(개역, 공역개정, 새번역)은 후자로 번역하고 있으나, NIV, TEV, NASB, NRSV, REB 등에서는 전자로 번역하고 있다.

모든 사람들이 받을 만한 말은 "그리스도 예수께서 죄인을 구원하시려고 세상에 임하셨다"라는 것이다. 여기서 '죄인'이란 특정한 사람들을 가리키는 것이 아니라 모든 사람을 지칭한다. 바울은 유대인이든 헬라인이든 모두 하나님 앞에서 죄인임을 확신한다(롬 3 : 9-20, 23). 그는 죄인들 가운데서 자신이 '괴수'라고 말한다. '괴수'로 번역된 헬라어(πρῶτος, '프로토스')는 문자적으로 '첫째'의 의미이다. 바울이 자신을 죄인의 괴수라고 하는 것은 그가 하나님 앞에서 얼마나 큰 죄인으로 자신을 인식하고 있는지를 보여 준다. 그것은 또한 그가 그만큼 큰 하나님의 은혜를 경험했다는 뜻이기도 하다. 그는 죄인으로서의 자신의 모습을 보게 되자 자신보다 더 악한 자가 있다고 생각할 수 없었다. "이것은 성령에 의해 양심이 일깨워지고 책망받게 된 모든 죄인의 공통적인 고백이다"(Stott 1998, 65). 여기서 바울이 '내가 죄인의 괴수였다'라는 과거형으로 말하지 않고 '내가 죄인의 괴수이다'라는 현재형으로 말하고 있는 점에 주목할 필요가 있다(박수암, 273 ; Fee, 53). 바울은 항상 자신이 하나님의 은혜로 구원받은 죄인이라는 의식을 가지고 있다.

바울은 16절에서 하나님이 죄인의 괴수인 자신에게 긍휼을 베풀어 준 것은 이를 하나님의 자비에 대한 본보기로 삼기 위함이라고 말한다. 즉, 자신과 같은 죄인에게 자비를 베풀어 주었다면 다른 사람들은 더욱 하나님의 자비와 은혜를 받을 소망이 있다는 것이다(참조. 박창환 2001, 23). 바울은 하나님의 긍휼에 힘입어 주를 믿는 사람은 '영생'(永生)을 소유한다고 말한다. '영생'이란 용어는 목회서신에서 자주 사용되며(딤전 6 : 12 ; 딛 1 : 2 ; 3 : 7 ; 참조. 딤전 6 : 19 ; 딤후 1 : 1, 10), 단순히 계속 살아 있는 상태를 가리키는 것이 아니라 질적으로 전혀 다른 차원의 생명을 가리킨다. 영생을 얻은 자는 종말에 받을 생명을 기대하며 지금 여기서 종말론적 시대에 참여하게 된다(Mounce, 59).

[1 : 17] 12절에서 시작된 바울의 감사는 이제 송영으로 끝난다. 신약에 나오는 전형적인 송영은 1) 찬양의 대상 2) 찬양의 표현 3) 시간에 대한 언급 4) 확인(반응)이라는 네 개의 요소로 구성된다(Collins, 45 ; "Wandering Doxology", 297-298). 17절의 송영도 동일한 양식을 따르고 있다.

1) 찬양의 대상은 '영원한 왕'이신 하나님이다. 하나님의 영원하심과 왕되심은 구약의 핵심 사상이다. 그 하나님은 '썩지 아니하고 보이지 아니하고 홀로 하나이신' 존재이다. '썩지 아니함'은 '불멸'을 의미하며 육에 속하지 않았음을 의미하기도 한다. 보이지 않는 하나님 개념은 유대교의 중심 사상이며(출 33 : 20 ; 요 1 : 18 ; 딤전 6 : 16), 홀로 하나인 하나님 개념도 쉐마에 나타나듯(신 6 : 4) 유대교의 핵심 신앙이다.

2) 바울은 이 하나님에게 '존귀와 영광'을 돌린다.

3) '영원무궁하도록'은 시간적으로 끝이 없음을 강조하는 표현으로 신약에서 요한계시록에 가장 빈번히 나타나며, 계시록 외에서는 주로 송영에 나타난다(롬 16 : 27 ; 갈 1 : 5 ; 빌 4 : 20 ; 딤후 4 : 18 ; 히 13 : 21 ; 벧전 4 : 11 ; 5 : 11 등).

4) 다른 신약의 송영에서처럼 17절의 송영도 '아멘'으로 끝난다. '아멘'은 '그렇게 되기를!', '진실로'란 의미로 회당에서 널리 사용되었으며, 그리스도교 교회에서도 청중의 화답으로 사용되었다(참조. 고전 14 : 16).

설교를 위한 묵상

바울은 과거를 회상하며 자신에게 베풀어진 하나님의 은혜에 감격하고 있다. 그는 교회를 핍박하던 자신이 '비방자요 박해자요 폭행자'였음을 고백한다. 회심 이전의 바울이 교회에 대한 핍박을 자신의 '열심'의 발로로 여겼다는 사실(빌 3 : 6a)과 비교하면 이는 놀라운 고백이다. 바울은 또한 자신이 '죄인의 괴수'라고 말한다. 그는 회심 이전 스스로를 '율법의 의로는 흠이 없는 자'라고 생각하였던 자이다(빌 3 : 6b). 무엇이 바울의 관점을 그렇게도 철저히 변하게 만들었는가? 그것은 자신에 대한 하나님의 '넘치도록 풍성한' 은혜와 긍휼에 대한 체험이었다. 존슨(Johnson)이 말한 대로 기독교 신앙은 단순히 신념의 종합이나 행동규정집이 아니라 하나님의 자비에 대한 인간의 응답이 되어야 한다(「디모데전 · 후서, 디도서」, 105).

흔히 본문에 나오는 바울의 고백을 오해하여 회심 이전의 바울을 악독하고 포악했던 자로 생각하기도 한다. 그래서 성품이 악하고 언행이 망나니와 같았던 사람이 회심 후 변화된 모습을 보일 때 '사울이 변화되어 바울이 된 것처럼'이란 표현을 사용하기도 한다. 그러나 그것은 회심 이전의 바울에 대한 오해이다. 바울은 회심 이전 사람들로부터 좋은 평판을 들었던 바리새인에 속했으며 율법을 지키기 위해 최선을 다해 살았던 사람이었다. 바울이 자신을 '죄인의 괴수'라고 하는 것은 그가 모든 사람들 중 가장 악독한 사람이었음을 보여 주는 것이 아니라 자신의 죄에 대해 누구보다 깊이 인식하고 있음을 보여 주는 것이다. 본문은 바로 그러한 바울의 인식이 하나님의 은혜에 대한 깊은 감사로 연결되고 있음을 보여 준다. 많이 탕감함을 받은 자가 더 많이 사랑하게 되기 때문이다(눅 7 : 41-43).

오늘날 교회와 그리스도인에게는 이러한 죄의 고백과 죄에 대한 인식이 필요하다. 교회는 회개 없는 구원을 선포하고 죄에 대한 인식과 고백 없는 세례를 베풀고 있지 않는가를 깊이 생각해 보아야 한다. 버니언(Bunyan)이 회심하기 전의 삶과 회심의 과정, 회심 후의 결단과 시련 등을 기록한 자서전 「죄인 괴수에게 넘치는 은혜」는 회개 없는 구원, 다시 말해서, 은혜의 참된 체험이 함께하지 못하는 믿음에 대해 많은 것을 생각하게 한다.

오늘날 그리스도인에게서 삶의 변화를 발견하기 어려운 것도 진정한 회개와 죄에 대한 인식이 부족하기 때문이다. 그리스도인으로서의 변화된 삶은 철저한 회개와 죄에 대한 인식을 바탕으로 하기 때문이다. 이 말은 죄의식의 노예가 되어 살아야 한다는 뜻이 아니다. 죄인의 괴수임을 인식하며 살아가는 바울의 삶을 살펴보면, 죄에 대한 그의 인식이 그를 새로운 삶으로 이끌어 주고 있음을 보게 된다. 그리스도인은 죄의식에 사로잡힌 노예로 살아가는 것이 아니라 변화된 자신의 모습을 확인하고 주 예수 그리스도의 은혜 안에 거하는 삶을 살아가게 된다(김도일, 68-69).

C. 디모데에의 임무에 대한 반복적 권고(1 : 18-20)

18아들 디모데야 내가 네게 이 교훈으로써 명하노니 전에 너를 지도한 예언을
따라 그것으로 선한 싸움을 싸우며 19믿음과 착한 양심을 가지라 어떤 이들은
이 양심을 버렸고 그 믿음에 관하여는 파선하였느니라 20그 가운데 후메내오
와 알렉산더가 있으니 내가 사탄에게 내준 것은 그들로 훈계를 받아 신성을
모독하지 못하게 하려 함이라

1. 개관 및 구조

바울은 3~7절에서 거론했던 거짓 교사들을 막아야 할 디모데의 책무를 다시 한번 환기시킨다. 이 단락에는 3~7절에 나왔던 '교훈', '믿음', '착한 양심'이란 단어가 다시 나타난다. 헬라어 본문에서 이 단락은 전치사, 분사, 관계대명사 등으로 연결되는 한 문장으로 이루어져 있지만, 내용상 두 부분으로 나눌 수 있다. 18~19a절에서 바울은 디모데 자신의 경험을 회상시키며 주어진 책무를 수행하도록 권고한다. 19b~20절에서는 거짓 교사들의 상황을 묘사함으로써 디모데가 맡은 책무의 중요성과 긴급성을 강조한다.

2. 본문 분석

[1 : 18–19a] 3~7절에서 다루었던 거짓 교사의 문제에 대한 논의를 재개하는 바울은 18~19a절에서 디모데를 향해 선한 싸움을 싸울 것을 명령한다. 디모데가 싸울 선한 싸움은 단순히 바울 자신의 생각이 아니라 디모데가 전에 받았던 예언에 의한 것이기도 하다. 다시 말하면 이 명령은 바울의 명령이자 하나님의 명령이다(Mounce, 65). 그러나 바울은 이 예언의 내용이 무엇인지 구체적으로 언급하지 않는다. 그 예언은 디모데전서 4 : 14과 디모데후서 1 : 6에서 언급된 내용과 관련이 있는 것으로 보인다. 디모데전서 4 : 14에서 바울은 디모데가 장로의 모임에서 안수받을 때 예언을 통하여 받은 은사에 대하여 언급하며, 디모데후서 1 : 6에서는 바울 자신이 디모데에게 안수할 때 디모데가 받은 은사를 언급한다. 그러나 그 일이 일어난 시기와 정확한 내용에 관해서는 알 수 없다.

바울은 그가 받은 예언에 따라 선한 싸움을 싸우라고 명령한다. 여기서 '싸우다', '싸움'은 모두 군사적인 용어이다. 바울은 흔히 복음의 적대자들이나 영적 세력에 대항하는 싸움에 군사적 은유를 사용한다(예. 고후 10 : 1–6 ;

엡 6 : 10-17, Fee, 58). 바울은 선한 싸움에 대한 요청과 함께 디모데에게 '믿음'과 '착한 양심'을 갖도록 권면한다. 바울은 5절에서도 선한 양심과 거짓 없는 믿음의 중요성을 언급한 바 있다.

[1 : 19b-20] 디모데에게 '믿음'과 '양심'의 중요성을 강조한 바울은 '어떤 이들', 즉 '이 양심을 버렸고 그 믿음에 관해 파선한' 자들에 대해 언급한다. 바울은 이들이 거짓 교사들이라고 확실히 밝히지는 않지만 디모데의 임무에 관한 반복적 권고라는 문맥에 비추어 볼 때 이들은 거짓 교사들임이 분명하다. 특히 바울은 5~6절에서 거짓 교사들을 비판하며 양심과 믿음에서 벗어난 자들이라고 말한 바 있다.

바울은 그들 중 두 명, 후메내오와 알렉산더를 거명한다. 후메내오란 이름은 디모데후서 2 : 17에서 빌레도와 함께 부활을 부인하는 자로 언급된다. 본 절에 나오는 후메내오가 디모데후서에 나오는 후메내오와 동일인일 가능성이 크지만(Calvin, Marshall, Towner) 확언할 수는 없다. 알렉산더는 당시 흔한 이름으로 디모데후서 4 : 14에도 언급되며, 신약의 다른 곳에서도 3회 언급된다(막 15 : 21 ; 행 4 : 6 ; 행 19 : 33). 이 중 마가복음 15 : 21과 사도행전 4 : 6에 언급된 인물은 본문에 나오는 인물과 관련이 없는 것이 분명해 보인다. 그러나 디모데후서 4 : 14에 나오는 구리 세공업자 알렉산더(Lock, 19)나 사도행전 19 : 33에 묘사된 에베소의 수동에서 언급된 알렉산디(Calvin, 203)와 동일인으로 추측하기도 하나 확인할 수 없다. 또한 이 세 알렉산더가 동일인일 가능성도 없지는 않다.

바울은 그들을 '사탄에게 내주었다'고 말한다. 사탄에게 내주었다는 것은 육체적 고통이나 죽음에 내줌을 의미하는 것으로 보기도 하지만 일반적으로 사탄이 지배하는 영역으로 축출함, 즉 출교를 의미하는 것으로 본다. 그들을 출교시킨 사실은 그만큼 그 상황이 심각함을 나타내 준다. 그런데 그들을 출교시킨 목적은 '그들로 훈계를 받아 신성을 모독하지 못하게 하려 함'에 있다. '훈계를 받다'로 번역된 단어(παιδεύω, '파이듀오')는 '교훈하다', '훈련시키다',

‘가르치다’, ‘교정하다’ 등의 의미를 가진 말로 출교의 교육적 측면을 암시해 준다. 특히 ‘사탄에게 내어 주다’라는 표현이 사용된 고린도전서 5 : 5에서도 징계의 교육적 목적을 내포하고 있다. 공동번역은 이를 보다 분명하게 나타낸다. “그들이 다시는 하느님을 모독하지 않도록 훈련을 받게 하였습니다.” 여기서 사용된 수동태를 신적 수동태로 이해한다면 그들을 교육시키고 훈련시키는 것은 인간에 의해서가 아니라 하나님에 의해서 이루어짐을 암시하는 것으로 볼 수 있다(참조. Johnson, 186).

설교를 위한 묵상

바울은 디모데에게 그의 사명을 다시 한번 상기시킨다. 거짓 교사들로 말미암아 야기된 교회의 문제는 매우 심각하여 그들 중 몇 사람을 출교시켰지만 상황은 여전히 위험한 수준에 있다. 그러므로 바울은 군사적 용어를 사용하며 디모데를 향하여 선한 싸움을 싸우라고 명령한다. 그것은 바울의 명령이자 하나님의 명령이기도 하다. 이 선한 싸움을 싸우는 사람에게는 착한 양심과 믿음이 필요하다. 적대자들은 양심을 저버리고 믿음의 길에서 탈선한 자들로, 그들과 전투를 벌이기 위해서는 그들이 갖지 못한 무기가 있어야 한다. 오늘날 그리스도인들도 선한 싸움을 싸우는 자들이다. 본문은 그리스도인들에게 이 싸움에 필요한 선한 양심과 믿음이 있는지를 묻고 있다. 바울은 후메내오와 알렉산더를 출교시켰다. 그러나 출교의 근본적 목적은 그들의 멸망에 있지 않고 그들의 훈련에 있다. 이것은 교회의 권고와 징계에 훌륭한 교훈을 준다. 교회의 권징은 교회의 보호를 위해 필요한 것이다. 교회는 권징을 통하여 그리스도인들이 선한 양심에 따라 살고 믿음의 길을 바로 걷도록 해야 한다. 교회가 각 구성원의 언행에 관하여 방임한다면 그 교회는 더 이상 공동체라 할 수 없다. 그러나 권징에 있어서 반드시 기억해야 할 사실이 있다. 그것은 권징의 목적이 처벌 그 자체에 있지 않고, 치유에 있다는 것이다.

제 Ⅲ 부

교회의 규례들에 대한 교훈

디모데전서 2 : 1–3 : 16

A. 모든 사람을 위한 기도(2 : 1–7)

B. 교회에서 남자와 여자가 취할 자세(2 : 8–15)

C. 감독과 집사의 자격(3 : 1–13)

D. 서신의 기록 목적(3 : 14–16)

| 디모데전서 2 : 1-3 : 16 |

교회의 규례들에 대한 교훈

1장에서 거짓 교사들에 대처해야 하는 디모데의 사명을 말한 바울은 이제 본론의 두 번째 부분에서 교회의 몇몇 규례에 대해 말한다. 많은 학자들(박익수, Bassler, Brox, Roloff, Saarinen)은 2 : 1~3 : 16이 하나의 큰 단락을 이루고 있는 것으로 이해한다. 여기에는 모든 사람을 위한 기도(2 : 1-7), 남자와 여자가 취할 온당한 자세(2 : 8-15), 교회 지도자의 자격(3 : 1-13)에 대한 교훈이 나오며, 마지막 부분(3 : 14-16)에는 이러한 교훈들을 주는 목적이 언급된다. 그 목적은 '하나님의 집에서 어떻게 행하여야 할지를 알게 하려 함'이다(3 : 15). 이 부분에는 거짓 교사에 관한 직접적인 언급이 없기 때문에 이 부분을 1장에 나온 거짓 교사들에 관한 교훈과는 독립된 것으로 이해할 수도 있다. 그러나 1절의 '그러므로'라는 말은 여기에 나오는 교훈이 거짓 교사들에 의해 어지럽혀지는 교회의 질서를 바로 세우기 위한 것임을 암시하는 것으로 볼 수 있다(참조. Fee, 61).

A. 모든 사람을 위한 기도(2 : 1-7)

[1]그러므로 내가 첫째로 권하노니 모든 사람을 위하여 간구와 기도와 도고와 감사를 하되 [2]임금들과 높은 지위에 있는 모든 사람을 위하여 하라 이는 우리가 모든 경건과 단정함으로 고요하고 평안한 생활을 하려 함이라 [3]이것이 우리 구주 하나님 앞에 선하고 받으실 만한 것이니 [4]하나님은 모든 사람이 구원을 받으며 진리를 아는 데에 이르기를 원하시느니라 [5]하나님은 한 분이시요 또 하나님과 사람 사이에 중보자도 한 분이시니 곧 사람이신 그리스도 예수라 [6]그가 모든 사람을 위하여 자기를 대속물로 주셨으니 기약이 이르러 주신 증거니라 [7]이를 위하여 내가 전파하는 자와 사도로 세움을 입은 것은 참말이요 거짓말이 아니니 믿음과 진리 안에서 내가 이방인의 스승이 되었노라

1. 개관 및 구조

바울은 교회의 규례들에 대한 그의 가르침을 기도에 대한 교훈으로 시작한다. 여기서 기도는 개인기도보다는 교회 내에서의 공적 기도에 초점이 맞춰져 있다. 이 단락은 두 부분(1-2, 3-7절)으로 나눌 수 있다. 1~2절은 교회가 다양한 형태의 기도를 통해 '모든 사람'을 위해 기도해야 하며, 특히 왕들과 높은 지위에 있는 사람들을 위해 기도해야 한다고 말한다. 3~7절은 모든 사람을 위해 기도해야 할 이유를 설명한다. 그 이유는 모든 사람이 구원을 받는 것이 하나님이 원하는 바이며 그리스도 사역의 목적이기 때문이다. 바울 자신도 복음이 모든 사람에게 선포될 수 있도록 사도로 세움을 받아 이방인들에게 믿음과 진리를 전하는 사역을 수행하고 있다. 본문에 '모든'이란 단어가 반복적으로 나타나고 있음은 주목할 만하다. 본문에는 '모든 사람'이란 말이 반복될 뿐만 아니라(1, 2, 4, 6절), '모든 것 중 첫째로'(1절, 개역개정에는 '첫째로'로 번역됨.), '모든 경건과 단정함'(2절)이란 어구에서도 '모든'이란 단

어가 나타난다.

본문에서 기도에 대한 언급은 1~2절에만 나오기 때문에 과연 분문의 주제가 기도인가라는 질문이 제기된다. 마운스(Mounce)는 본문의 주제가 모든 사람을 위한 기도라기보다는 모든 사람을 향한 구원이라고 주장한다(75-77). 그러나 3~7절에 나오는 구원이라는 주제는 1~2절에 나오는 모든 사람을 위한 기도에 대한 이유를 설명하는 맥락에서 나온다는 점을 고려할 때 본문을 기도에 대한 교훈으로 보는 것이 타당할 것이다.

2. 본문 분석

[2 : 1] 기도에 대한 교훈에서 바울은 '(모든 것 중) 첫째로' 모든 사람을 위하여 기도하도록 권고한다. 여기서 '첫째로'가 시간적으로 첫째, 즉 여러 항목 중 처음에 언급됨을 의미하는지(Johnson, Knight), 그 중요성에 있어서 첫째라는 의미인지(Fee, Guthrie, Spicq) 논란이 있지만 두 견해가 상치되는 것은 아니다. 여러 항목 중 처음에 언급된 것은 가장 중요하기 때문일 가능성이 높다(Knight, 114).

바울은 다양한 형태의 기도를 언급한다. '간구'(δέησις, '데에시스')와 '기도'(προσευχή, '프로슈케')와 '도고'(ἔντευξις, '엔튜크시스')와 '감사'(εὐχαριστία, '유카리스티아')는 모두 기도를 가리키는 다양한 표현으로 네 용어의 정확한 차이를 구별하기는 어렵다. 신약에서 기도를 나타낼 때 가장 일반적으로 사용되는 단어 '프로슈케'와 자주 사용되는 단어 '데에시스'는 서로 바꾸어 사용할 수 있는 말로 우리말 성경에서 흔히 두 단어 모두 '기도'로 번역된다. '도고'(禱告 / 공역개정, '간청' ; 새번역, '중보기도')로 번역된 '엔튜크시스'는 신약에서 이곳 외에 4 : 5에서만 나타나며, 개역개정, 공역개정, 새번역 등 우리말 성경에서는 '기도'로 번역되었다. 네 번째의 단어 '유카리스티아'는 '감사'의 의미를 가지고 있으며, 본문에서 성찬(Eucharist)을 의미하는 것으로 이해하기도 하지만 문맥으로 볼 때 감사의 기도를 의미하는 것이 분명하다.

일부 학자들은 각 용어의 차이를 통해 기도에 관한 바울의 사상이나 이론을 제시하려 하지만 학계의 주목을 끌지 못하고 있다. 예를 들면 권오현은 이 네 개의 용어가 기도의 단계를 나타낸다고 주장하지만 설득력이 약하다(187-190). 대부분의 학자들은 이 네 기도 형태에 대한 정확한 구분은 저자가 의도한 바가 아니라고 본다. 또한 여기에 언급된 네 기도 형태가 모든 기도의 양식을 포함하고 있는 것으로 볼 필요도 없다. 어떤 개념을 강조하기 위하여 동의어를 나열하는 문학적 기법은 당시 널리 알려져 있었다. 바울은 이 네 용어를 나열함으로써 기도의 다양한 형태에 대해 설명하려 한 것이 아니라 최선의 방식으로 모든 사람을 위해 기도할 필요가 있음을 강조한다.

[2 : 2] 바울은 모든 사람 중 특별히 '임금들과 높은 지위에 있는 모든 사람'을 위해 기도하라고 말한다. 여기서 '임금'(βασιλεύς, '바실류스')이란 용어는 흔히 로마의 황제를 가리키는 데 사용된 단어이다. 따라서 학자들은 이 단어가 로마의 황제를 지칭하는 것으로 보고, 단수가 아닌 복수 '임금들'이 사용된 것에 대해 여러 대(代)의 황제를 가리키거나 복수의 황제가 있었던 특정한 역사적 상황을 배경으로 하고 있다고 설명한다. 당시 황제 숭배의 관습이 있었음을 고려해 볼 때, 이러한 해석은 의미심장하다. 구주는 황제가 아니라 하나님이며, 기도는 황제가 아니라 하나님을 대상으로 하는 것이다(Collins, 51, 53). '임금들'을 로마 황제를 포함하여 통치자들을 포괄적으로 언급하는 것으로 볼 수도 있다. 신약에서 이 용어는 헤롯 안티파스, 헤롯 아그립바 1세, 헤롯 아그립바 2세 등 지역 통치자들을 지칭하는 데도 사용되었다(막 6 : 14 ; 행 12 : 1 ; 25 : 13). '높은 지위에 있는 모든 사람'은 원래 고위직 관리들을 지칭하는 표현이지만 여기서는 보다 포괄적인 의미로 사용되고 있는 것으로 보인다.

바울은 통치자들을 위해 기도해야 하는 목적을 '모든 경건과 단정함으로 고요하고 평안한 생활을 하려 함'이라고 설명한다. 마운스는 이 목적이 통치자들을 위한 기도에 연관되기보다는 모든 사람을 위한 기도에 연관된다고 주장하지만(80–81), 대부분의 학자들은 통치자들을 위한 기도에 연관된다고 본다. 통치자들을 위한 기도는 그들이 바르게 통치함으로써 사회질서가 확립되어 평온한 삶을 살기 위한 것이다. 이 평온한 삶은 '모든 경건과 단정함' 가운데서 이루어진다. '경건'(εὐσέβεια, '유세베이아')은 목회서신의 핵심적인 단어이며(딤전 3 : 16 ; 4 : 7, 8 ; 6 : 3, 5, 6, 11 ; 딤후 3 : 5 ; 딛 1 : 1 ; 참조. 딤전 1 : 9 ; 딤후 2 : 16 ; 3 : 12 ; 딛 2 : 12) '단정함'(σεμνότης, '셈노테스')은 신약에서 목회서신에서만 나타나는 단어이다(딤전 3 : 4 ; 딛 2 : 7 ; 개역개정은 딤전 3 : 4에서 이 단어를 '공손함'으로 번역). '단정함'은 특별한 존경을 드릴 만한 태도나 행동을 가리키는 것으로 대개 사람과 관련하여 품위, 신중함, 정직, 거룩함을 의미한다(BDAG, 919). 본문에서 경건과 단정함이 모두 신앙생활과 관련된 덕목인지(공역개정), 선하고 명예로운 시민생활과 관련된 덕목인지(박익수, 98), 또는 '경선'은 종교적 덕을, '단정함'은 사회적 덕을 요약하고 있는지(Collins, 54)에 대해서는 논란이 있다. 그러나 바울이 본문에서 종교적 영역과 사회적 영역을 엄격히 구분하고 있다고 보기는 어렵다.

[2 : 3–4] 3~7절에서 바울은 모든 사람을 위해 여러 종류의 기도를 드려야 할 이유를 설명한다. 3절에 나오는 첫 단어 '이것'은 통치자를 위한 기도(2a절, Collins, 59)나 고요하고 평안한 생활(2b절)을 가리킬 수도 있으나, 모든 사람을 위한 기도(1절)를 가리키는 것으로 보인다(박수암, 박익수, 이상근, Fee, Guthrie, Jeremias). 바울은 그것이 '구주 하나님 앞에 선하고 받으실 만한 것'이라고 말한다. '구주 하나님'이란 표현은 하나님이 구원사건을 계획하고 주관함을 강조한다. '받으실 만하다'란 기쁘게 받을 만하다는 의미이다. 하나님이 모든 사람을 위한 기도를 기쁘게 받는 것은 그가 '모든 사람이 구원을 받으며 진리를 아는 데에 이르기를 원하시기' 때문이다(4절). 이 말은 예정론과 배치되고 보편구원론을 지지하는 것처럼 보일 수 있다. 그러나 이것은 모든 사람이 구원을 받게 됨을 의미하는 것이 아니라 복음이 미치는 범위를 말하는 것으로, 선교의 대상을 제한시키려는 어떠한 이론이나 시도도 하나님의

뜻이 아님을 강조한다. 여기서 진리에 대한 지식을 강조하는 것은 주목할 만하다. 이것은 거짓 교사들의 잘못된 가르침을 염두에 두고 구원의 인식적 측면을 강조하는 것으로, 믿음의 본질이 지식에 있음을 말하는 것은 아니다.

[2 : 5-6] 바울은 하나님이 모든 사람의 구원을 원한다고 보는 근거를 제시한다(원문에서 5절에 '왜냐하면'을 의미하는 γάρ, '가르'가 나옴). 그 근거는 그리스도 예수의 사역이다. 바울은 먼저 유대인의 기본신앙인(참조. 신 6 : 4) 하나님은 유일한 존재임을 강조한다. 이 하나님은 모든 사람의 구원을 위해 한 중보자 곧 '사람'인 그리스도 예수를 세웠다. '사람'으로서의 예수에 대한 언급은 그의 신성을 부인하는 것이 아니라(참조. 딛 2 : 13) 성육신을 통해 인간의 중보자로서 인간과 동일한 존재가 되었음을 강조한다. 중보자는 쌍방과 교감을 가져야 하기 때문에 하나님과 인간 사이의 중보자는 신성과 인성을 동시에 가져야 한다(Chrysostom, 430).

6a절에서 바울은 그리스도 예수는 자신을 '모든 사람'을 위하여 '대속물'로 주었다고 말한다. 이 말은 마가복음 10 : 45에 나오는 예수의 말씀을 연상하게 한다. '모든 사람'은 예수의 죽음이 미치는 범위가 제한이 없음을 강조하며, 하나님이 모든 사람의 구원을 원한다는 구절(4a절)과 조화를 이룬다. 6b절에 나오는 "기약이 이르러 주신 증거니라"라는 구절은 난해하다. 왜냐하면 원문의 문법적 구조는 이 구절과 앞 내용 간의 관계에 대해 직접적으로 설명해 주지 않기 때문이다. 여러 가지 해석의 가능성이 있지만, 아마도 5~6a절에서 말한 내용, 즉 중보자인 그리스도 예수의 희생적 죽음을 약속의 성취라는 관점에서 이야기하고 있는 것으로 보인다.

[2 : 7] 7절에서 바울은 자신의 사역이 모든 사람을 위한 구원과 관련이 있다고 말한다. 그리스도 예수가 모든 사람을 위해 자신을 대속물로 주었다면, 구원의 메시지는 모든 사람들에게 전해져야 한다. 따라서 바울은(원문에서 '내가'라는 말이 강조되어 있음.) '이를 위하여' '전파하는 자와 사도'로 세움을 입었다.

'전파하는 자'와 '사도'라는 말은 선교 사역자로서의 이미지를 강화한다. '세움을 입었다'라는 수동형 표현은 하나님으로부터 사명을 받았음을 의미한다.

이어서 바울은 "내가 참말을 하고 거짓말을 하는 것이 아니다."라고 말한다. 사본에 따라서는 '그리스도 안에서'라는 어구가 삽입되어 '내가 그리스도 안에서 참말을 하고……'로 나오기도 하지만(א*, Dc, H, K 등) 이는 비슷한 어구가 나오는 로마서 9 : 1 등에 영향을 받은 것으로 보인다. 이 표현은 어떤 말을 매우 강조하기 위해 사용된다(참조. 롬 9 : 1 ; 고후 11 : 31). 문제는 이 말이 강조하는 내용이 앞선 내용인지 뒤따르는 내용인지의 여부다. 개역개정은 앞선 내용과 연결되는 것으로 번역하지만, 이 표현은 일반적으로 뒤따르는 내용과 연결된다(Fee, 67). 즉, 이 표현은 바울이 '믿음과 진리 안에서' 이방인의 스승이 되었다는 것을 강조한다. '믿음과 진리 안에서'란 말은 '믿음과 진리'를 가르친다는 것을 의미할 수도 있으며(공역개정, TEV, CEV ; 박익수, Fee, Mounce) '충실함과 진실함을 가지고' 가르친다는 것을 의미할 수도 있다(새번역 ; Hanson). 그러나 4절의 내용을 고려할 때 전자로 이해하는 것이 더 타당해 보인다. 바울이 모든 사람을 향한 구원과 이방인을 향한 사도로서의 사명을 강조하는 것은 거짓 교사들의 가르침이 본문에서 강조하는 바와는 달랐기 때문이었을 가능성이 있다.

설교를 위한 묵상

바울은 교회가 모든 사람을 위해 최선의 방식으로 기도해야 함을 강조한다. '모든 사람'에는 통치자들과 높은 지위에 있는 사람들도 포함된다. 그들의 판단과 결정은 사회와 국가의 평화에 큰 영향을 미치기 때문에 그들을 위해 기도함으로써 사람들이 조용하고 평온한 생활을 할 수 있도록 해야 한다. 통치자들을 위한 기도는 그들을 신적 존재로 인정하지 않으면서 주어진 정치 질서 속에서 선한 시민으로서 살아가는 유대교와 그리스도교의 방식을 잘 보여 준다(Johnson, 194). 유대교에는 다스리는 지위에 있는 사람들을 위해 기도하는 전통이 있다(스 6 : 9–10 ; 바룩 1 : 11–12 ; 마카비상 7 : 33 등). 초대교회 교부들의 글에도 다스리는 자들을 위한 기도나 그러한 기도에 대한 권고가 종종 발견된다. 로마의 클레멘트는 다스리는 권세가 하나님께로부터 온 것임을 확신하고, 다스리는 자들에게 건강과 평안과 일치와 강인함을 달라고 기원한다(*1 Clement* 61.1–2). 그리고 폴리캅(*Letter to the Philippians* 12.3)과 터툴리안(*Apology* 39.2)은 황제들을 위해 기도하라고 권고한다. 본문에서 주목할 만한 것은 바울은 통치자가 선한 경우라는 조건을 첨가하지 않는다는 점이다. 이것은 설령 통치자가 악할지라도, 심지어 교회를 핍박할지라도 그들을 위하여 기도할 필요가 있다는 것을 암시한다. 실제로 주후 1세기 통치자들은 일반적으로 교회에 대하여 비우호적이었다. 칼뱅은 본문을 주석하면서 우리가 누려야 할 혜택을 주지 못하는 통치자들을 위해서도 기도해야 하며, 하나님이 악한 자들을 선하게 만들어 주도록 기도해야 한다고 말한다(206–207).

핍박하는 자들을 위한 기도는 통치자들에게 국한된 것은 아니다. 본문의 핵심은 '모든 사람'을 위한 기도에 있으며, '모든 사람'에는 원수나 핍박하는 자도 포함된다. 예수도 원수를 사랑하며 박해하는 자를 위해 기도하라고 말했으며(마 5 : 44), 바울도 박해하는 자들을 저주하지 말고 축복하라고 말한다(롬 12 : 14). 결국 모든 사람을 위한 기도의 실천은 사랑의 계명과 깊은 연관이 있다. 사랑하는 마음 없이는 모든 사람을 위해 진심으로 기도할 수 없기 때문이다.

본문은 하나님이 '모든 사람'이 구원받기 원하고 있음을 강조한다. 이러한 하나님의 원함에 부응하여 그리스도 예수는 자신을 모든 사람을 위하여 대속물로 주었다. 그리고 바울은 이러한 그리스도의 사역에 부응하여 이방인을 위한 사도가 되었다. 이방인을 위한 사도가 된 것은 신앙의 관점에서 보면 큰 영광이지만 인간의 관점에서 보면 큰 희생이었다. 그는 자신에게 유익했던 모든 것들을 그리스도를 위해 아낌없이 버렸다(빌 3 : 7–8). 본문은 오늘날의 교회와 그리스도인들이 과연 모든 사람의 구원을 위해서 어떻게 공헌해야 하는지를 생각하도록 한다.

하나님이 '모든' 사람의 구원을 원한다면 '모든' 사람을 위한 기도는 하나님 보기에 선하고 하나님이 기쁘게 받을 만한 것이다. 그리스도인과 교회는 '모든' 사람을 위해 기도해야 한다. 특정 사람이나 집단의 구원을 진정으로 바라기 어려울 때, 그들을 위해 진심으로 기도할 수 없을 때, 우리는 그들도 하나님이 구원받기를 원하는 대상임을 기억해야 한다. 그리고 예수 그리스도가 십자가상에서 고통 가운데 죽은 것은 그들을 위한 것이기도 하다는 것을 기억해야 한다. 오늘날 우리의 기도는 너무 우리 자신을 위한 기도로 가득 차 있다. 본문은 이제 우리가 기도하는 대상의 범위를 넓혀야 한다고 말한다. 모든 사람, 심지어 원수까지도 포함될 수 있도록.

B. 교회에서 남자와 여자가 취할 자세(2 : 8-15)

> 8그러므로 각처에서 남자들이 분노와 다툼이 없이 거룩한 손을 들어 기도하
> 기를 원하노라 9또 이와 같이 여자들도 단정하게 옷을 입으며 소박함과 정절
> 로써 자기를 단장하고 땋은 머리와 금이나 진주나 값진 옷으로 하지 말고
> 10오직 선행으로 하기를 원하노라 이것이 하나님을 경외한다 하는 자들에게
> 마땅한 것이니라 11여자는 일체 순종함으로 조용히 배우라 12여자가 가르치는
> 것과 남자를 주관하는 것을 허락하지 아니하노니 오직 조용할지니라 13이는
> 아담이 먼저 지음을 받고 하와가 그 후며 14아담이 속은 것이 아니고 여자가
> 속아 죄에 빠졌음이라 15그러나 여자들이 만일 정숙함으로써 믿음과 사랑과
> 거룩함에 거하면 그의 해산함으로 구원을 얻으리라

1. 개관 및 구조

기도에 대해 교훈을 준 바울은 이제 남자와 여자가 취해야 할 자세에 대해 말한다. 본문은 교훈의 대상을 기준으로 8절과 9~15절로 나눌 수 있다. 8절이 남자와 관련된 내용인 반면 9~15절은 여자와 관련된 내용이다. 9~15절은 다시 9~10절과 11~15절로 나눌 수 있다. 9~10절은 여자의 옷차림과 단장의 문제를, 11~15절은 여자의 가르침과 권위의 문제를 다룬다.

남자와 관련된 교훈인 8절은 명백히 기도를 주제로 한다. 문제는 여자와

관련된 교훈(9-15절)이 기도의 주제와 어떻게 연결되는가이다. 9~10절에서 기도와 관련된 교훈을 준 후 11~15절에서는 기도라는 주제를 넘어 여자의 가르침과 권위의 문제를 다룬다고 보는 견해가 있지만, 9~10절의 내용이 기도와 관련된 것인지에 대해서는 논란의 여지가 있다.

2. 본문 분석

[2 : 8] 8절에서 바울은 남자들이 '각처에서' 기도할 때 가져야 할 바른 자세를 말한다. '각처'는 에베소의 그리스도인들이 예배를 위해 모이는 에베소의 모든 가정교회를 가리킬 수도 있지만, 여기서는 에베소 지역에 국한하지 않고 그리스도인들이 모여 기도하는 모든 곳을 가리키는 것으로 보인다(참조. 말 1 : 11). 남자들은 각처에서 기도할 때 '분노와 다툼이 없이' 기도해야 한다. 이렇게 권고하는 이유는 그 교회 내에서 남자들이 분노와 다툼으로 기도하는 경우가 많았기 때문일 가능성이 있다. 그리고 이 분노와 다툼은 거짓 교사들로 인하여 야기된 것일 가능성도 배제할 수 없다. 바울은 또한 '거룩한 손을 들어' 기도하라고 한다. 당시 일반적인 기도의 자세는 손을 들고 서서 기도하는 것이었다(참조. 왕상 8 : 22 ; 삼상 1 : 26 ; 시 28 : 2 ; 63 : 4 등). '거룩한 손'은 제의적 정결을 위한 경우처럼(참조. 출 30 : 19-21) 기도하기 전 물로 깨끗이 씻은 손을 의미하는 것으로 볼 수도 있다(Collins, 66). 그러나 손 씻음이 후에 깨끗한 삶에 대한 표현으로 흔히 사용되었다는 점(예. 약 4 : 8)을 고려할 때, '거룩한 손'은 하나님 앞에 선하고 아름다운 삶, 다시 말하면 신앙적으로나 도덕적으로 순결한 삶을 의미한다고 보는 것이 타당하다. 이러한 해석은 '분노와 다툼이 없이'라는 말과도 조화를 이룬다.

[2 : 9-10] 9~15절에서 바울은 교회에서 여자들이 어떻게 처신해야 하는가를 다룬다. 바울은 먼저 9~10절에서 단정한 옷차림과 단장에 대하여 교훈한다. 9~10절에는 문장의 정동사(finite verb)가 나오지 않아 9~10절은 8절의 동사

와 연결되는 것으로 보인다. 그런데 8절의 '원하노라'란 한 단어에 연결되는 것으로 이해할 수도 있고(Johnson, 199) '기도하기를 원하노라'라는 어구에 연결되는 것으로 이해할 수도 있다(Dibelius-Conzelmann, 45). 만일 후자라면 9~10절의 내용은 남자의 경우처럼 기도 시에 취할 여자의 태도를 다루는 것이 되며, 전자라면 9~10절의 내용을 반드시 기도와 관련된 태도로 국한할 필요는 없다.

바울은 옷을 단정하게 입으라고 권고한다. 고대사회에서는 헬라인이나 유대인 모두 옷차림이 여자의 정숙함을 판단하는 데 크게 영향을 미쳤다. 공적인 자리에서 부적절하게 옷을 입으면 부정절한 여자나 순종적이지 않은 여자로 여겨지기 쉬웠다. 바울은 또한 '소박함과 정절로써' 단장하라고 말한다. 개역개정은 '소박함과 정절로써'로 번역함으로써 행동이나 태도와 관련된 교훈으로 이해하지만 단정한 옷차림에 대한 부가적인 설명으로 보는 것이 자연스럽다. 새번역은 "소박하고 정숙하게 단정한 옷차림으로 몸을 꾸미기 바랍니다."라고 번역한다. 바울은 이어서 '땋은 머리와 금이나 진주나 값진 옷으로' 단장하지 말고 '선행'으로 단장하라고 말한다. 이는 여자에게 있어서 중요한 것은 값비싼 치장에 있지 않고 행동에 있다는 것을 가리킨다. 당시 정교하게 '땋은 머리'는 부의 표현으로 여겨졌다. '값진 옷'에서 '값진'으로 번역된 헬라어(πολυτελής, '폴뤼텔레스')는 매우 비싸다는 의미를 가지고 있다(참조. 막 14 : 3). 땋은 머리, 금, 진주, 값진 옷은 함께 매우 사치스런 치장을 연상시킨다. 칼뱅은 에베소라는 부요한 도시의 여인들은 사치스럽게 차려입고자 하는 욕망이 있었을 것으로 추정한다(215-216). 많은 여성들에게 비싼 옷, 보석, 땋은 머리 등은 아름다움을 위한 치장의 차원을 넘어 신분과 영예, 경제적 능력에 대한 표지이기도 하였다(Batten, 487-497). 바울은 하나님의 집인 교회에 나아오는 여자에게 진정으로 중요한 것은 '선행'이라고 말한다. 목회서신에서는 '선행'이 매우 강조되지만(딤전 3 : 1 ; 5 : 10, 25 ; 6 : 18 ; 딤후 2 : 21 ; 딛 2 : 7-14 ; 3 : 1, 8, 14) 행위로 인해 구원을 얻을 수 있다는 것은 아니다. 1 : 12~17에 나타나는 대로 구원은 은혜에 의한 것이며, 인간의 선한 행위는 하나님의 은혜에 대한 응답으로 나타나는 것이다.

[2 : 11–12] 바울은 여성의 가르침과 권위에 관해 교훈한다. 그는 "여자는 일체 순종함으로 조용히 배우라"고 말한다(11절). 일부 학자들은 이 말의 초점을 '배우다'에 두고, 남자들만이 배움의 대상이 되던 시대에 여자도 배움의 대상으로 언급함으로써 여성의 권익을 높였다고 주장하기도 한다. 사실 유대의 여인들에게는 자신들이 토라를 배우기보다는 아들이나 남편이 토라를 배우도록 격려하는 역할이 중시되었으며, 헬라의 여인들도 배움에 많은 제한을 받고 있었다. 그러나 문맥상 본문 내용은 배움 자체를 강조하기보다는 배움의 방식이나 자세에 중점을 둔 것으로 보인다. 특히 '조용히'란 말이 11~12절의 문두와 문미에 나옴으로써(헬라어 본문에는 명확히 나타남.) 이 말이 11~12절의 핵심어임을 알 수 있다.

그러면 '조용히'(ἐν ἡσυχίᾳ, '엔 헤쉬키아')는 무엇을 뜻하는가? '헤쉬키아'(ἡσυχία)는 침묵(silence)을 의미하기도 하고, 조용함(quietness)을 의미하기도 한다. 이 단어를 전자로 이해하는 것도 가능하지만(KJV, NKJV, TEV, NRSV), 후자, 즉 조용한 처신을 가리키는 것으로 보는 것이 더 자연스럽다(공역개정, 새번역, NASB, NIV, CEV). '헤쉬키아'의 형용사형이 사용된 2절에서도 이 단어는 침묵을 의미하지 않는다(개역개정에서 '평안한'으로 번역됨). 당시 조용히 산다는 것은 동요하지 않고 논쟁에 휩쓸리지 않으며 쓸데없는 호기심을 갖지 않고 남의 일에 참견하지 않는 삶을 의미했다(Collins, 68). 바울은 조용한 태도에 대한 부연설명으로 '일체 순종함으로'(직역 : '모든 순종 가운데서')란 말을 덧붙이지만, 따로 순종의 대상을 밝히지는 않는다. 바울은 여기서 순종을 여자에게 있어야 할 일반적인 태도로 강조한다고 볼 수 있다.

바울은 여자에게 '가르치는 것'과 '남자를 주관하는 것'을 허락하지 않는다고 말한다(12절). 이 단락의 내용은 하나님의 집인 교회와 관련된 교훈이기 때문에(3 : 15) 여기서 가르침은 성경에 대한 가르침을, 여인들은 구약을 왜곡하는 거짓 교사들(참조. 1 : 7 ; 딛 3 : 9)에게서 영향받은 여인들을 가리킬 가능성이 있다(Fee, 73). '남자를 주관하는 것'에서 남자는 남편을 의미하기보다는 남성 일반을 가리키는 표현으로 보인다. 만일 남자가 교사나 감독을 의미한다면 교회에서 남자 감독이 가르치는 일에 지나치게 관여하지 않도록 하라는 의미일 수도 있다. "내가 허락하지 않는다."(개역개정에는 '내가'가 명확히 나타나지 않음.)라는 표현을 근거로 12절을 단순히 바울의 개인적인 견해를 피력한 것으로 보기는 어렵다. 슈렌크(G. Schrenk)에 의하면 '허락하다'(ἐπιτρέπω, '에피트레포')란 단어는 목회서신에 세 번 나타나며 모든 경우 사도적 권위를 가진 명령을 의미한다(*TDNT* I, 632).

11~12절의 교훈은 당시 여성에게 기대되는 일반적인 행동양식을 벗어나 행동하는 여인들에 대한 권고로 볼 수 있다. 당시 유대나 헬라세계에서 조용함과 순종은 여자의 큰 미덕으로 간주되었다. 여자는 가르치기보다 배워야 하며 지배하기보다 순종해야 한다고 생각하였다. 그러나 에베소교회의 여성 중에는 이러한 사회적 관습에서 벗어난 행동을 하는 사람들이 있었던 것으로 보인다. 따라서 바울의 권고는 교회가 사회적 규범을 가능한 수용하여 사람들의 지탄을 받지 않도록 해야 한다는 뜻으로 해석할 수 있다(참조. Collins, 68-70).

[2 : 13-14] 바울은 자신이 준 교훈의 성경적 근거를 든다. 그는 두 가지 근거를 들고 있는데, 하나는 아담이 하와보다 먼저 지음을 받았다는 것이며(13절), 다른 하나는 아담이 속은 것이 아니라 여자가 속아 죄에 빠졌다는 것이다(14절). 첫 번째 근거는 창세기 2장(7, 21-23절)에 나오는 창조 이야기를, 두 번째 근거는 창세기 3장(6, 12절)에 나오는 인간의 타락에 관한 내용을 기반으로 하고 있다. 하와는 뱀의 꾀임에 빠져 하나님이 먹지 말라고 한 나무의 열매를 먹고 아담에게도 주어 먹도록 한다. 바울은 아담의 경우, 동사 '속이다'란 동사의 단순형(ἀπατάω, '아파타오')을 사용하지만 하와의 경우, 강의형(ἐξαπατάω, '에크사파타오')을 사용한다.

창세기 내용에 대한 이러한 해석과 적용은 성경을 해석하고 그 해석을 당시의 상황에 적용하는 미드라쉬와 유사하다. 또한 아담과 하와를 인류의 원형(原型)으로 보며, 창세기에 기록된 아담과 하와의 이야기를 남자와 여자의 관계를 보여 주는 전형(典型)으로 간주하는 것은 초대 그리스도교의 전통이었다(마 19 : 5 ; 막 10 : 7-8 ; 고전 6 : 16 ; 11 : 8-9 ; 엡 5 : 31). 바울은 미드라쉬적인 성경의 해석과 적용을 통하여 에베소교회의 여자들에게 당시 미덕으로 간주되었던 태도를 가지도록 권고한다. 특히 에베소교회에는 열광주의적인 혁신에 도취되어 전통적인 남녀 간 역할의 전도(顚倒)를 꾀하고 여러 제한과 통제로부터 자유를 선언하는 등 전통적인 권위와 질서에 대항하는 여인들이 있었을 가능성이 있다. 이들은 아마 거짓 교사들로부터 영향을 받았을 것이다(Towner, 232-233).

[2 : 15] 바울은 "그러나 여자들이 만일 정숙함으로써 믿음과 사랑과 거룩함에 거하면 그의 해산함으로 구원을 얻으리라"고 말한다. 이 구절을 문자적으로 번역하면 "그러나 그들이(3인칭 복수) 정숙함으로써…… 그는(3인칭 단수) 해산함으로……"이다. 주목할 점은 전반부와 후반부의 주어가 3인칭 복수와 3인칭 단수로 서로 다르다는 것이다. 3인칭 복수 주어는 바울이 이제 하와에 대해 언급하는 것이 아니라 에베소교회의 여자들에 대해 말하고 있음을 분명히 보여 준다. 그러나 '그'가 해산함으로 구원을 얻는다는 말의 의미는 분명하지 않으며, 여기에 대해서는 다양한 해석이 있다(참조. 박수암 301-302). 그 중 마리아에 의한 그리스도의 탄생을 가리킨다고 보는 견해는 상당한 지지를 받는다(Knight, Lock, Oden, Stott). 주어가 3인칭 단수이고, '해산함' 앞에 관사가 있다는 점은 이러한 견해를 뒷받침한다. 그러나 문맥으로 볼 때 해산함으로 구원을 받는다는 것은 에베소교회의 여자들에 관한 언급으로 보는 것이 더 자연스럽다. 주어로 단수를 취한 것은 여자들에 대한 교훈이 시작되는 11~12절에서 단수를 사용했기 때문에 이와 맞추기 위한 것으로 보인다. 해산함으로 구원을 얻는다는 것은 여자가 교회에서 특별한 지위 없이 가정을 돌

보는 일에 충실하면서도 구원을 받을 수 있다는 뜻이다(참조. 박익수, Fee, Marshall, Mounce, Spicq). 하지만 출산 자체가 구원의 조건이라는 것은 아니다. '정숙함으로써 믿음과 사랑과 거룩함에 거하면'이란 말은 그들에게 믿음과 믿음에서 오는 사랑과 거룩함이 있어야 함을 강조한다. 그러한 사랑과 거룩함은 '선행'을 요구하며(참조. 10절), 그 '선행'은 결혼, 출산, 가정을 다스리는 일을 포함한다(5 : 14).

11~15절에 나오는 바울의 권고가 오늘날 그리스도인들이 온전히 받아들이기 어려운 내용인 것은 사실이다. 여성에게 순종과 조용함을 강조하고 출산을 통해 구원을 받으라는 권고는 바울을 가부장적 문화의 옹호자나 성차별주의자로 의심하게 한다. 그러나 11~15절의 내용은 당시 에베소교회의 상황을 배경으로 이해되어야 한다. 디모데전서 5 : 11~16과 디모데후서 3 : 6~7은 본문을 이해하는 데 도움이 되는 정보를 제공한다. 여자들 중에는 집집으로 돌아다니고 쓸데없는 말을 하며 남의 일에 참견하고 해서는 안 될 말을 하는 이들이 있었다(딤전 5 : 13). 또한 여러 가지 욕심에 이끌려 죄에 빠져 있는 여인들도 있었으며(딤후 3 : 6), 심지어 '사탄에게 돌아간 자들'도 있었다(딤전 5 : 15). 특히 에베소교회에는 결혼의 중요성을 부인하는 이들도 있었던 것으로 보인다(참조. 4 : 3). 아이를 낳고(2 : 15) 가정을 돌보라는(5 : 14) 바울의 권고는 이러한 배경에서 나온 것으로 이해될 수 있다(참조. Fee, 70).

설교를 위한 묵상

바울은 에베소교회에게 기도와 예배 시에 가져야 할 태도에 관하여 교훈을 준다. 남자들은 분노나 다툼이 없이 깨끗한 손을 들고 기도해야 한다. 마찬가지로 여자들은 옷차림과 치장 등 외부적인 요소보다는 선행으로 단장해야 한다. 기도나 예배를 위해 하나님 앞에 나아가는 자에게 선한 마음과 선한 삶은 필수적인 요소이다. 이러한 교훈은 성경의 다른 곳에서도 흔히 발견된다. 안식일과 여러 절기에 성회를 열고 제물을 가지고 올지라도 악을 행한다면 그 성회와 그 제물은 하나님에게 고통이 될 뿐이다(사 1 : 11-14 ; 암 5 : 21-24). 피가 가득한 손으로 기도하는 자에게 하나님은 눈을 가리고 그 기도를 듣지 아니한다(사 1 : 15). 예물을 제단에 드리려다가 형제에게 원망들을 만한 일이 생각나면 예물을 제단 앞에 두고 형제와 화목한 후에 와서 예물을 드려야 한다(마 5 : 23-24). 기도나 예배를 위해 하나님 앞에 나아가는 자는 자신이 기도나 예배를 드릴 준비가 되어 있는가를 먼저 살펴보아야 한다. 하나님은 분노하고 다투는 삶이 아니라 선한 삶을 가지고 나아오기를 기다린다.

11~15절은 여자의 지도력, 보다 구체적으로 말하면 여자의 가르침과 권위의 문제를 다룬다. 바울은 여자들이 순종하는 자세를 가질 것과 남자들을 주관하고 가르치려 하기보다는 조용히 배울 것을 권고한다. 그는 창세기에 나오는 아담과 하와의 이야기를 여자들의 처신에 관한 자신의 교훈에 대한 근거로 제시한다. 11~15절은 현대 그리스도인들에게 매우 이해하기 어려운 구절이다. 영(Young)은 오늘날의 평등을 강조하는 민주적 사회에서 이 구절은 '공포의 본문'이라고 말하면서 그러한 기독교 전승에 충실하면서 우리의 사회적, 도덕적 책무를 충실하게 수행할 수 없다고 단언한다(146-147). 그러나 바울은 여기서 하나님의 창조질서에 대한 일반적 원리에 대해서 말하고 있는 것이 아니다. 11~15절은 교회 내에서의 상황을 전제로 하고 있다(참조. 3 : 15). 당시 에베소교회에서는 적어도 일부 여성들이 당시의 문화적 틀 안에서 용인되기 어려운 처신을 하고 있었음이 분명하다. 그들의 주장과 행동은 필연적으로 당시의 가부장적 사회구조와 갈등을 겪을 수밖에 없었다(Johnson, 「디모데전 · 후서, 디도서」, 125). 성경의 다른 곳에서도 유사한 상황을 배경으로 주어진 교훈을 발견할 수 있다. 특히 여자가 기도나 예언을 할 때 머리에 수건을 쓰는 문제를 다루는 고린도전서 11 : 3~16이나 흔히 '가정률'로 일컬어지는 전승들(엡 5 : 22-6 : 9 ; 골 3 : 18-4 : 1 ; 벧전 2 : 18-3 : 7 등)도 그러한 갈등 상황을 배경으로 이해될 수 있다. 바울의 교훈은 가부장적 사회구조를 옹호하는 것이 아니라 교회가 비난의 대상이 되거나 선교에 장애가 되지 않도록 덕 있는 행동을 할 것을 강조한다(참조. 고전 10 : 23). 따라서 본문을 근거로 교회 내에서 여성이 가르치는 사역을 제한하려 하거나, 여성에 대한 남성의 우월성을 주장하는 것은 대단히 위험하다.

하지만 11~15절의 내용을 당시의 문화적 상황으로 인한 일시적인 교훈으로만 간주하고 오늘날 시대에는 뒤떨어지고 부적절한 것으로 생각하는 것 역시 위험하다

(Stott 1998, 97). 성경은 구체적인 역사적 상황을 배경으로 쓰인 것이지만 보편적으로 타당한 진리를 담고 있기 때문이다. 본문은 남자와 여자는 인격적으로는 평등할지라도 기능에 있어서는 차이가 있을 수 있음을 말해 준다. 본문은 남성과 여성의 상호보완성, 남성과 여성이 맡은 책임과 역할이 특정 문화에서 어떻게 적절하게 나타날 수 있는지를 생각하게 한다(Stott 1998, 115–116). 우리는 이러한 남녀의 차이를 인식하고 각각의 책임과 역할에 동등한 가치를 부여해야 한다. 오늘날에도 자녀 출산과 양육의 책임이 가정 밖에서의 경제활동보다 낮게 평가받는 경향이 있다. 사실 전통적으로 남성에게 속한다고 간주되었던 역할들이 더 우월하다는 사조가 현대 문명을 위기로 몰아간 한 원인이 되어 왔음은 주지의 사실이다. 이 말은 오늘날 우리가 과거 전통적으로 남성과 여성이 맡았던 역할과 책임으로 되돌아가야 한다는 뜻이 아니다. 우리가 전통적인 역할과 책임이라고 생각해 온 것들 중 상당수는 본래 창조질서에 속한 것이 아니라 특정한 역사적, 문화적 배경에서 비롯된 것이다. 중요한 것은, 남자와 여자 사이에는 창조 시 하나님이 염두에 두었던 기능과 역할의 차이가 있으며, 그 기능과 역할의 가치는 동등하게 인정받아야 한다는 것이다.

C. 감독과 집사의 자격(3 : 1–13)

[1]미쁘다 이 말이여, 곧 사람이 감독의 직분을 얻으려 함은 선한 일을 사모하
는 것이라 함이로다 [2]그러므로 감독은 책망할 것이 없으며 한 아내의 남편이
되며 절제하며 신중하며 단정하며 나그네를 대접하며 가르치기를 잘하며 [3]술
을 즐기지 아니하며 구타하지 아니하며 오직 관용하며 다투지 아니하며 돈을
사랑하지 아니하며 [4]자기 집을 잘 다스려 자녀들로 모든 공손함으로 복종하
게 하는 자라야 할지며 [5](사람이 자기 집을 다스릴 줄 알지 못하면 어찌 하나
님의 교회를 돌보리요) [6]새로 입교한 자도 말지니 교만하여져서 마귀를 정죄

하는 그 정죄에 빠질까 함이요 [7]또한 외인에게서도 선한 증거를 얻은 자라야
할지니 비방과 마귀의 올무에 빠질까 염려하라 [8]이와 같이 집사들도 정중하
고 일구이언을 하지 아니하고 술에 인박히지 아니하고 더러운 이를 탐하지
아니하고 [9]깨끗한 양심에 믿음의 비밀을 가진 자라야 할지니 [10]이에 이 사람
들을 먼저 시험하여 보고 그 후에 책망할 것이 없으면 집사의 직분을 맡게
할 것이요 [11]여자들도 이와 같이 정숙하고 모함하지 아니하며 절제하며 모든
일에 충성된 자라야 할지니라 [12]집사들은 한 아내의 남편이 되어 자녀와 자기
집을 잘 다스리는 자일지니 [13]집사의 직분을 잘한 자들은 아름다운 지위와 그
리스도 예수 안에 있는 믿음에 큰 담력을 얻느니라

1. 개관 및 구조

이 단락은 감독과 집사의 자격에 대한 교훈을 담고 있다. 이 교훈도 하나님의 집인 교회를 위해 필요한 권고라는 점에서 2장의 내용과 공통점을 가진다. 본문은 감독의 자격을 다루는 1~7절과 집사의 자격을 다루는 8~13절로 나눌 수 있다. 1~7절은 다시 세 부분으로 나누어진다. 1절에는 감독의 직분에 대한 권유가 나온다. 2~3절에는 감독이 지녀야 할 열두 개의 자질이 열거된다. 이 중 첫 번째 언급된 책망할 것이 없어야 한다는 항목은 나머지 열한 개의 항목을 포괄하는 기능을 가진다. 4~7절에는 세 가지 자격요건이 그 이유와 함께 비교적 상세히 언급된다. 7절에 나오는 마지막 항목인 외인에 의한 좋은 평판은 하나의 자격요건일 뿐만 아니라 전체를 총괄하며 마무리하는 기능을 하기도 한다. 헬라어 본문에서 2~6절이 한 문장을 이루고 있는 데 반해 7절이 독립된 하나의 문장을 이루고 있다는 사실은 이를 뒷받침해 준다. 1~7절에 나오는 감독의 자격요건에 관한 목록은 거의 대부분이 윤리적 덕목으로 채워져 있으며, 그 덕목들은 당시 헬라의 도덕 철학자들에 의해 높이 평가를 받던 것들이다. 그리고 이 목록에 나오는 이상적인 감독의 모습은 이 서신에

서 언급된 거짓 교사들의 모습과 강한 대조를 이룬다(Fee, 78).

집사의 자격을 다루는 8~13절은 1~7절과 비슷한 구조로 이루어져 있다. 감독의 경우처럼 집사의 경우도 그들이 지녀야 할 자질에 관한 목록이 제시된다. 8~9절은 여러 자격요건들을 언급하고 있으며, 10절은 그러한 요건들을 갖추고 있는지에 대한 시험을 강조한다. 12절은 8~10절에 이어 남자 집사의 자격을 계속 말하고 있는 것이 틀림없으나 11절은 집사의 아내에 대한 내용인지 여자 집사에 대한 내용인지 명확하지 않다. 13절은 집사에 대한 자격을 마무리하는 역할을 한다. 8~13절에 나오는 집사의 자격요건들은 대부분 1~7절에 나온 항목들과 병행하는 것들이다. 그러나 가르치기를 잘 해야 한다는 항목이 빠져 있으며 믿음의 비밀을 가진 자라야 한다는 항목과 먼저 시험을 통해 확인해 보아야 한다는 항목이 추가되어 있다.

당시 에베소교회에서 감독과 집사가 어떤 역할을 담당했는지, 그리고 감독과 집사가 어떤 관계에 있었는지 정확히 알기는 어렵다. 본문에 나오는 목록은 감독과 집사의 자격에 초점을 두고 있으며 의무나 기능은 부분적으로 암시되어 있을 뿐이다. 신약성경 여러 곳에 감독, 장로, 집사 등이 언급되고 있지만 그 개념과 구체적인 기능은 저자, 시기, 지역에 따라 차이가 난다(참조. Mounce, 160-166).

2. 본문 분석

[3 : 1] 1절은 '미쁘다 이 말이여'(참조. 1 : 15)란 어구로 시작된다. 그런데 이 어구가 앞부분인 2 : 15에 연결되는지 뒷부분인 3 : 1b의 내용에 연결되는지 논란이 있다. 구원과 관련된 언급이 나오는 2 : 15의 내용이 3 : 1b의 내용보다 신조의 성격에 가깝다는 점은 이 어구가 앞의 내용과 연결된다고 생각할 수 있다(NA^{27}, UBS^{4}, 새번역 ; Collins, Dibelius-Conzelmann, Johnson). 그러나 이 어구가 반드시 신조와 연결되어 사용된다고 볼 수는 없으며, 오히려

3 : 1b의 내용이 하나의 금언(金言)에 가깝기 때문에 뒤따르는 내용과 연결된다고 보는 것이 더 자연스럽다(UBS[3], 공역개정 ; 이상근, 박수암, 박익수, Fee, Marshall, Mounce).

미쁜 말의 내용은 '사람이 감독의 직분을 얻으려 함은 선한 일을 사모하는 것'이다. 여기서 '감독'이 단수로 나온다는 것을 근거로 교회의 지도체계에 있어서 가장 정점에 있는 지위를 가리킨다고 보는 것은 타당성이 없다. 한 지역교회에서 감독은 여러 명이 있을 수 있었던 것으로 보인다. 감독과 집사가 동시에 언급되는 빌립보서 1 : 1에도 감독은 복수로 나온다(참조. 행 20 : 28). 바울은 감독의 직분을 맡고 싶어 하는 소원을 선한 일에 대한 열망으로 규정함으로써, 감독의 지위가 선한 일을 위한 직분임을 암시하는 동시에 감독의 지위를 얻으려는 사람들을 격려한다. 그러나 그 격려의 초점은 감독의 지위 자체보다 감독으로서의 직무에 대한 열망에 있다. '잘' 다스리는 장로들은 갑절이나 존경을 받아야 한다는 5 : 17은 지위보다는 직무의 수행이 중요함을 보여 준다.

[3 : 2–3] 2~3절에는 감독들이 삶을 통하여 나타내야 할 자질들을 열거한다. 처음으로 언급되는 '책망할 것이 없는' 삶은 뒤따라 나오는 열한 개의 자격요건을 포괄한다. 책망할 것이 없다는 것은 완전무결해야 함을 의미하는 것은 아니다. 만일 그런 의미라면 어느 누구도 이 요건을 충족할 수 없을 것이다. 여기서 의미하는 것은 모든 행동에 있어서 모범이 되어 좋은 평판을 받고 있어야 한다는 것이다.

뒤이어 나오는 자격요건은 '한 아내의 남편'이 되어야 한다는 것이다. 그런데 이것이 무엇을 의미하는지에 대해서는 학자들의 견해가 나누어진다. 1) 표현상으로 보면 일부다처를 금지하는 것으로 보인다. 그러나 당시 헬라세계에서 일부다처제는 흔하지 않은 관습이었다는 사실을 생각할 때 이것을 덕목들의 첫 부분에서 언급하고 있다는 것은 설득력이 약하다. 특히 과부에 대해 언급하는 5 : 9에 '한 남편의 아내였던 자'라는 동일한 형식의 표현이 나오는데, 그것이 일처다부와 관련된 표현이 아님은 명백하다. 2) 이 표현을 결혼에 대한 요구로 이해하여 감독은 반드시 결혼한 자이어야 함을 의미할 수 있다. 그러나 그러한 이해는 신약의 다른 곳에서 주어지는 교훈들과 조화를 이루기 어려우며 특히 바울이 고린도전서 7 : 32~34에서 준 교훈과도 상치된다. 그리고 '한 아내의 남편'에 해당하는 헬라어 어구(μιᾶς γυναικὸς ἄνδρα, '미아스 귀나이코스 안드라')는 '남편'이 되어야 한다는 데에 강조점이 있는 것이 아니라 '한 아내'의 남편이 되어야 한다는 데에 강조점이 있음을 보여 준다. 3) 배우자의 사망 후 또는 배우자와 이혼 후 재혼을 금지하는 것으로 볼 수도 있다. 당시 배우자가 사망한 후 재혼하지 않고 혼자 사는 사람들(특히 여인의 경우)은 칭송을 받았다. 사실 5 : 9의 '한 남편의 아내'라는 표현도 그러한 배경에서 잘 이해될 수 있다. 그러나 이 표현이 배우자의 사망 후 재혼을 금지하는 것이라면 5 : 14의 내용과 부합하기 어렵다. 핸슨(Hanson)은 이혼 후 재혼을 금지하는 것이라고 주장하지만(75) '이혼'이란 용어를 사용하지 않은 이유를 설명하기 어렵다. 4) 가장 자연스런 견해는 아내에 대한 신실함을 의미하는 것으로 보는 것이다. '한 아내의 남편'이 되어야 한다는 것은 간음하지 않아야 함을 포함하여 모든 면에서 충실한 결혼생활을 영위하고 있어야 함을 표현하는 것으로 볼 수 있다(참조. Page, 113-119). 본문의 문맥도 바울이 감독이 되려는 자의 과거보다 그의 성격이나 인격에 초점을 두고 있음을 보여 준다(Glasscock, 248-256).

2~3절의 목록에 나오는 다른 자질들도 당시의 세계에서 높이 평가되던 덕목들이다. '절제하는'으로 번역된 헬라어(νηφάλιος, '네팔리오스')는 흔히 술과 관련하여 사용된 용어지만(참조. KJV, TEV, 'sober'), 3절에 '술을 즐기지 아니하며'라는 항목이 별도로 나오는 것으로 보아 여기서는 일반적인 행동에 있어서 절제하는 태도를 가리키는 것으로 보인다. 나그네를 대접하는 것은 헬라세계에서뿐 아니라 초대교회에서도 중요한 덕목이었다. 초대교회에서는 순회하는 전도자들이나 서신을 전하는 사람 등 손님을 접대하는 일이 빈번하였다. 그들을 접대하는 데는 상당한 경비가 들기도 했기 때문에 교회는 그

들을 대접하는 사람들을 필요로 하였다. 신약에는 그러한 초대교회의 상황을 반영하고 있는 구절들이 자주 나타난다(롬 16 : 1-2 ; 고전 16 : 5-12 ; 요이 10-11절 ; 요삼 5-10절 등). 2세기에 쓰인 교회의 문헌들에서도 손님 접대는 매우 강조된다(*Didache* 11-13, *1 Clement* 9.7, 11.1, 12.1, *Shepherd of Hermas, Similitudes* 9.27.2). 2~3절에 나오는 목록에서 마지막으로 언급된 요건은 돈을 사랑하지 않아야 한다는 것이다. 돈에 대한 욕심은 고대사회의 문헌들에서 교사들이 빠지기 쉬운 유혹으로 언급된다(참조. Johnson, 215). 돈을 사랑함에 대한 경계가 보다 자세히 나오는 6 : 5~10에서 바울은 '경건을 이익의 방도로 생각하는 자들'을 책망하면서(5절) "돈을 사랑함이 일만 악의 뿌리"가 된다고 말한다(10절).

[3 : 4-7] 4~7절은 감독의 세 가지 자질에 대해 자세히 말한다. 감독은 1) 가정을 잘 다스리는 사람이어야 하고 2) 초신자가 아니어야 하며 3) 외부의 사람들로부터 좋은 평을 듣는 사람이어야 한다. 2~3절에서는 목록의 항목들만을 간단히 열거한 데 비해 이 세 가지 항목에 대하여는 각각 이유를 설명한다. 4절에서 바울은 먼저 감독이 되려는 사람은 자기 집을 잘 '다스려야' 한다고 말한다. '다스리다'로 번역된 헬라어(προΐστημι, '프로이스테미')는 '다스리다'라는 의미와 '돌보다'라는 의미가 있는데, 여기서는 두 가지 의미 모두를 포함하는 것으로 생각할 수 있다. 바울은 가정을 잘 다스려 '자녀들로…… 복종하게' 해야 한다고 말한다. 당시에는 남자가 가장이 되어 가정을 관리하고 통제하였으며, 가장에 대한 아내와 자녀와 종의 순종을 미덕으로 간주하였다. 에베소서와 골로새서에 나오는 가정률(엡 5 : 22-6 : 9 ; 골 3 : 18-4 : 1)은 그러한 당시의 관습을 잘 반영하고 있다. 그런데 4절에 나오는 '모든 공손함으로'라는 어구는 여러 가지 해석의 가능성이 있다('공손함'으로 번역된 σεμνότης, '셈노테스'의 의미에 대해서는 2 : 2의 주해 참조). 그것은 개역개정의 번역처럼 자녀들에 대한 묘사로 볼 수도 있지만 감독이 되려는 사람에 대한 묘사로도

볼 수 있다. 공역개정이나 새번역은 후자로 이해하여 각각 '큰 위엄을 가지고', '언제나 위엄을 가지고'로 번역한다.

바울은 5절에서 감독은 자신의 가정을 잘 다스리는 사람이어야 하는 이유를 설명하기 위해 수사적 질문을 사용한다. 수사적 질문을 통해서 강조하는 것은 자신의 집을 잘 다스리는 능력이 없는 사람은 교회를 잘 돌볼 수가 없다는 것이다. 이 말은 가정교회들을 기반으로 형성되었던 초대교회의 상황에서 강한 설득력이 있었을 것이다.

6절은 새로 입교한 자는 감독으로 적절하지 않다고 말한다. 이 항목은 교회 밖에서도 높이 평가되는 덕목이 아니라는 점에서 지금까지 나온 다른 항목들과는 다르다. 새로 입교한 자가 감독으로 적절하지 않은 이유는 '교만하여져서 마귀를 정죄하는 그 정죄에 빠질' 수 있기 때문이다. '마귀를 정죄하는 그 정죄'로 번역된 어구를 직역하면 '마귀의 정죄'이다. 이 속격을 대격적 속격으로 이해하면 '마귀를 정죄하는 그 정죄'라는 의미가 되지만 주격적 속격으로 이해하면 '마귀가 정죄하는 그 정죄'라는 의미가 된다. 여기서는 전자의 경우로, 그리스도의 사역, 특히 그의 죽음과 부활을 통하여 패퇴하고 종말에 완전히 멸망될 사탄의 운명에 대한 묘사로 보인다. 새로 입교한 자가 감독이 될 경우 교만으로 인해 사탄이 받는 심판과 동일한 심판에 이를 수 있다. 사실 아직 믿음이 성숙하지 않은 상태에서 교회를 돌보는 지위에 이를 경우 직분의 본질을 이해하지 못하고, 다른 사람에 대한 우월감을 가지고 교만하게 될 가능성이 크다. 바울은 교만을 거짓 교사의 한 특징으로 언급하기도 한다(6 : 4).

7절은 '외인'에게서 '선한 증거', 즉 좋은 평판을 얻어야 감독이 될 수 있다고 말한다. 이것은 지금까지 말한 자질들에 대한 결론이라고 할 수 있다. 신약은 그리스도인들이 외인으로부터 좋은 평판을 받아야 함을 강조한다(예. 마 5 : 16 ; 고전 14 : 23-25 ; 살전 4 : 12). 특히 교회 지도자인 감독은 좋은 평판을 받는 것이 더욱 중요하다. 감독이 좋은 평판을 받지 못함으로써 '비방과 마귀의 올무'에 빠질 수 있기 때문이다. 감독에 대한 외인의 좋은 평판은 교회에 득이 되지만 나쁜 평판은 교회에 대한 비방과 조롱으로 이어지게 된다. '마귀의 올무'는 교회의 감독이 사람들에게 비난을 받아 교회에 대한 인식이 나빠져서 복음을 전하는 데 방해가 되는 상황을 가리키는 것으로 보인다. 이것은 마귀가 복음의 전파와 교회의 활동을 방해하기 위하여 교회 지도자의 평판을 훼손하는 데 열심을 기울이고 있음을 암시한다(참조. Stott 1998, 132).

[3 : 8–9] 8~13절은 집사의 자격에 대해 말한다. 먼저 8~9절에서는 다섯 가지의 자질이 언급된다(9절의 내용을 두 가지로 본다면 여섯 가지). 처음 언급되는 항목은 정중해야 한다는 것이다. 여기에 사용된 헬라어(σεμνός, '셈노스')는 2 : 2('단정함'으로 번역)과 3 : 4('공손함'으로 번역)에 사용된 명사(σεμνότης, '셈노테스')와 동족어이다. 이 단어가 사람에 대하여 사용될 때 '존경할 만한', '고결한', '위엄 있는', '진지한' 등의 의미를 가진다(BDAG, 919). 새번역은 '신중한'으로, 공역개정은 '근엄한'으로 각각 번역하고 있다. 그러나 감독의 경우처럼 첫 번째 언급되는 항목은 목록에 나오는 모든 항목을 포괄하는 성격이 있다고 본다면 '존경할 만한'으로 번역하는 것이 가장 타당하다 생각된다(NIV, TNIV, 'worthy of respect'). 뒤이어 나오는 세 개의 항목은 금지의 형식으로 나타난다. 집사는 일구이언을 아니해야 하며, 술에 인박히지 아니해야 하고, 더러운 이를 탐하지 아니해야 한다. 일구이언을 하지 않아야 한다는 것은 말에 있어서 신뢰할 수 있어야 함을 의미한다. 술과 더러운 이득에 관한 항목은 표현은 다를지라도 감독의 경우에도 나왔던 항목이다(3절).

집사는 또한 '깨끗한 양심에 믿음의 비밀을 가진 자'라야 한다. 1 : 19에서 바울은 거짓 교사들에 대하여 착한 양심을 버리고 믿음에 관하여 파선한 자들이라고 비판하였다. '비밀'(μυστήριον, '뮈스테리온')은 당시 헬라세계에서 흔히 비술(祕術)과 관련된 지식이나 의식을 가리키는 용어로 사용되었다. 그러나 여기서 '믿음의 비밀'은 한때 숨겨졌으나 이제 성령에 의해 계시된 본질적인 복음의 진리, 특히 그리스도의 죽음이 지닌 구원사적 성격을 강조한다(참조. 고전 2 : 6-16 / Fee, 87 ; 참조. Magee, "Uncovering," 249-255). TEV나 CEV는 각각 '믿음에 대하여 계시된 진리'(the revealed truth of the faith), '믿음에 대하여 하나님께서 보여 주신 것'(what God has shown us about our faith)으로 번역한다.

[3 : 10] 바울은 집사가 될 사람에 대해 그 자질을 먼저 시험해 보아야 한다고 말한다. 시험해 보아야 할 자질은 9절에서 언급된 자질을 의미할 수도 있지만 8~9절에서 언급된 자질 모두를 가리키는 것으로 보인다. 바울은 시험을 누가 행하며 어떻게 행할지에 관하여 구체적으로 언급하지 않는다. '시험하다'란 단어(δοκιμάζω, '도키마조')가 공직 지원자에 대한 조사를 가리키는 전문용어라는 점에서 여기에 언급된 시험을 일정한 견습이나 시험기간 동안 이루어지는 자격에 대한 심사를 의미한다고 볼 수도 있으나(박익수, 147 ; Collins, 89), 바울이 특정한 공적인 절차를 염두에 두고 있는지는 분명하지 않다. 바울은 시험의 결과 '책망할 것이 없으면' 집사의 직분을 맡기라고 함으로써, 집사가 되려는 사람은 적어도 8~9절에서 언급된 자격요건에 문제가 없어야 함을 강조한다.

[3 : 11] 11절은 '여자들'에 대해 언급한다. 그런데 '여자들'이 집사의 아내를 가리키는 것인지, 여집사를 가리키는 것인지 분명하지 않다. '여자'로 번역된 헬라어(γυνή, '귀네')는 '여자'의 의미와 '아내'의 의미가 있기 때문이다. 많은 번역들은 집사의 아내를 가리키는 것으로 이해하나(공역개정, KJV, NKJV, NIV, TEV, NEB) 학자들은 오히려 여집사를 가리키는 것으로 이해하는 경향이 있다(박익수, Fee, Johnson, Kelly, Lock, Oden, Spicq, Towner). 12절은 8~10절에서 다루었던 집사(남성)의 자질에 관한 설명임이 틀림없기 때문에 11절을 집사의 아내에 대한 설명으로 볼 때 연결이 자연스럽다. 만약 11절이 여집사의 자질에 대한 설명이라면 남자 집사에 대한 설명이 11절 앞뒤에 분리되어 있는 셈이다.

그럼에도 불구하고 많은 학자들이 11절을 여집사의 자격을 설명하는 것으로 보는 데에는 상당한 이유가 있다. 1) 헬라어 문장의 구조를 보면 11절은 8절과 병행을 이루며, 8절과 11절 모두 2절에 나오는 동사에 연결되는 것으로 보인다. 따라서 감독(2절), 집사(8절), 여집사(11절)의 자질에 대해 각각 설명한다고 보는 것이 자연스럽다. 2) '여자들'이 집사의 부인을 가리킨다면 대명사를 사용해 '그들의' 여자들로 표현하였을 것이다. 3) 만일 11절이 집사의 아내를 가리킨다면 11절은 가정에 대한 언급이 나오는 12절 다음에 나오는 것이 자연스럽다. 4) 감독의 경우 그 아내의 자질에 대해 설명하지 않았던 바울이 집사의 경우에 그것을 언급하는 것은 자연스럽지 않다. 5) 11절에서 언급되는 자질인 '모든 일에 충성된 자'는 공동체의 의무수행과 관련이 있는 것으로 보인다. 이와 같은 점들을 고려할 때 11절을 여집사의 자격에 대한 설명으로 보는 것이 타당하다. 그렇다면 에베소교회는 다른 교회들에서와 마찬가지로 여자를 집사로 세웠으며, 따라서 "여자는 일체 순종함으로 조용히 배우라"(2 : 11)는 권고는 여자가 교회에서 직분을 가질 수 없다는 의미가 아님이 분명하다.

여집사는 '정숙하고 모함하지 아니하며 절제하며 모든 일에 충성된 자'라야 한다. 여기서 언급된 첫 세 개의 항목은 남자 집사의 자질을 언급하는 목록에 나왔던 것과 동일하거나 유사하다. '정숙하다'로 번역된 헬라어 단어는 8절에서 '정중하다'로 번역된 단어와 동일하다. '모함하지 아니함'은 언어에 관한 자질로 남자 집사의 자질에 나온 '일구이언을 하지 아니함'에 상응한다. 그리고 이미 언급한 대로 '절제하는'으로 번역된 단어(νηφάλιος, '네팔리오스')는 흔히 술과 관련하여 사용된 용어로, 남자 집사의 자질에 나온 '술에 인박이지 아니함'과 비슷하다. 마지막에 언급된 '모든 일에 충성된 자'는 신실성을 강조하는 것으로, 여집사에 관한 모든 자격요건을 포괄한다. 11절에서 여집사의 자격요건으로 언급된 네 개의 자질이 5 : 11~15과 디모데후서 3 : 6~7에서 언급된 여인들의 행동과 대조를 이루는 것은 주목할 만하다.

[3 : 12–13] 12절에서 바울은 남자 집사에 자격에 대한 요건을 첨가한다. 아마

바울은 여집사에 관해 설명하면서 남자 집사들의 가정에 관한 자격요건을 덧붙여야 할 필요성을 느꼈을 것이다. 집사는 감독의 경우처럼 '한 아내의 남편'이 되어야 하며 '자녀와 자기 집을 잘 다스리는' 자라야 한다. 13절에서 바울은 마지막으로 집사의 직분을 잘 수행한 자들에게 주어지는 보상을 언급한다. 첫째로 그들은 '아름다운 지위'를 얻게 된다. '아름다운 지위'는 하나님 앞에서 얻게 되는 지위를 의미할 수도 있으나 교회 안에서 얻게 되는 좋은 평판으로 보는 것이 더 자연스럽다. 감독 등 다른 직분으로의 승진까지도 염두에 두고 있는지는 확실하지 않다. 둘째로 그들은 '그리스도 예수 안에 있는 믿음에 큰 담력'을 얻게 된다. 여기서 '담력'으로 번역된 헬라어(παρρησία, '파레시아')는 '대담함'(boldness / NKJV, NRSV)이나 '열림'(openness)을 의미하기도 하고, '확신'을 의미하기도 한다(공역개정, 새번역, TNIV). 전자로 이해하는 경우, 믿음에 관하여 사람들에게 담대히 말할 수 있다는 의미가 될 수 있다(TEV). 그러나 '믿음에'라는 어구가 디모데전서에서 개인의 신앙과 관련하여 사용된다는 점을 고려할 때, 이 단어를 후자, 즉 '확신'으로 이해하여 그리스도 예수를 믿는 믿음에 대하여 큰 확신을 가지게 된다는 의미로 이해하는 것이 더 타당하다.

설교를 위한 묵상

바울은 감독과 집사라는 교회의 직분을 맡을 사람이 갖추어야 할 자질을 설명한다. 그는 감독의 직분을 맡으려는 의향을 선한 일에 대한 열망으로 묘사함으로써 이 단락을 시작하고(1절), 집사의 직분을 잘 수행한 사람들이 받는 보상을 강조함으로써 단락을 끝맺는다(13절). 이를 통하여 바울은 사람들에게 교회의 직분을 맡고자 하는 동기를 유발하고 그들이 교회의 직분을 잘 수행하도록 격려한다. 초대교회에서 교회의 직분을 맡기 위해 얼마나 많은 사람들이 자원하였으며 그들이 직분 맡기를 얼마나 강하게 바랐는지는 확실히 알 수 없다. 당시 교회는 사회에서 인정을 받기보다는 오히려 비방과 박해의 대상이었기 때문이다(참조. 고전 1 : 18-31).

2~12절은 감독과 집사의 자격요건을 열거한다. 감독과 집사의 자격요건에 대한 목록에서 주목할 만한 점은 열거된 항목의 대부분이 당시 사회에서도 높이 평가되는 윤리적 덕목이라는 점이다. 바울은 교회의 직분을 맡은 사람들은 이러한 윤리적 덕목을 갖춤으로써 책망받을 것이 없어야 하고 존경을 받는 사람이어야 함을 강조한다. 특히 감독에 대한 자질에서 '책망할 것이 없는' 자라는 요건은 처음에 언급되며, 감독의 자격요건에 대한 목록 전체를 포괄한다(2절). 그리고 집사의 경우에 있어서도 열거한 자격요건 대한 시험을 통해 '책망할 것이 없어야' 한다고 말한다(10절). 또한 감독의 자질에 대한 결론으로 감독은 외부인으로부터 좋은 평판을 받는 자라야 함을 강조하며(7절), 남자 집사와 여자 집사의 경우도 각각 존경을 받을 만한 자라야 한다고 말한다(8절, 11절 ; 각각 '정중한', '정숙한'으로 번역).

이미 언급한 대로 바울이 제시한 목록은 세상의 윤리적 관점에 부합하는 덕목들에 초점이 맞추어져 있다. 이 목록에는 그리스도교 고유의 덕목들은 별로 나타나지 않는다. 이것이 교회에서 감독이나 집사를 세울 때 그리스도교 내에서 칭송되는 덕목은 크게 고려할 필요가 없음을 의미하지는 않는다. 예루살렘교회는 일곱 집사를 선택할 때에 '성령과 지혜가 충만하여 칭찬받는 사람'(행 6 : 3)을 택하였다. 스데반은 '믿음과 성령이 충만한 사람'이었다(행 6 : 5). 따라서 본문에서 제시된 목록을 감독과 집사가 갖추어야 할 모든 것을 빠짐없이 기록한 것으로 생각할 필요는 없다. 본문에 나오는 목록은 주후 1세기, 이 서신을 받는 교회의 상황을 반영한다. 사실 주후 1세기의 그리스도인들에게 본문에 나오는 윤리적 덕목의 실천은 매우 중요하였다. 당시 교회는 걸음마기에 있었으며, 그 시기에 그리스도인들, 특히 교회 지도자들에 대한 외부인의 평판은 교회의 존립과 발전에 지대한 영향을 미칠 수 있었다. 뿐만 아니라 당시 에베소교회는 지도자들에 대한 부정적 평판이 문제가 된 것으로 보인다(참조. 5 : 17-22 / Johnson, 225).

본문에 나오는 목록이 공간과 시간을 초월하여 모든 교회에서 적용할 수 있는 감독과 집사에 대한 자격 요건을 모두 기록한 것은 아니라 할지라도, 교회의 직분을 맡으려는 사람들에 대해 그들의 윤리적 삶과 세상 사람의 평판을 점검해야 한다는 것은 보편적인 진리라 할 수 있다. 그리고 오늘날 세상으로부터 존경과 신망을 잃어가는 교회는 이러한 교훈에 귀를 기울여야 할 필요가 있다. 교회가 사회로부터 비난을 받는 데에는 여러 가지 요인이 있겠지만 그리스도인들, 특히 교회 지도자들의 윤리적 행위가 세상의 기대에 미치지 못한다는 점이 크게 작용하고 있음은 부인할 수 없다. 교회 지도자들이 '비방과 마귀의 올무'에 빠져 교회에 대한 인식이 나빠지고 복음의 전파가 벽에 부딪치고 있는 것이 사실이다.

본문은 오늘날 교회에서 직분을 맡길 사람을 선택할 때 어떻게 해야 할지에 관해 중요한 교훈을 준다. 오늘날 교회에서 장로나 집사를 선출할 때 교회는 흔히 예배참여, 기도, 전도, 헌금 등 그리스도교 고유의 영역에 속한 행위들만을 자격요건으로 제시한다. 이러한 요소들이 매우 중요함은 누구도 부인할 수 없지만, 문제는 반드시 고려해야 할 한 가지 요건이 빠져 있다는 데 있다. 그 한 가지 요건은 바로 윤리적 삶이다. 교회는 세상으로부터 칭송을 받아야 한다. 세상 사람의 칭송은 그리스도인들의 종교적 행위에 근거하는 것이 아니라 그들이 높이 평가하는 윤리적 덕목에 대한 실천에 근거한다.

본문은 교회 지도자가 되려는 사람들뿐만 아니라 이미 교회 지도자로서 사역을 담당하고 있는 사람들에게도 중요한 교훈을 준다. 교회 지도자는 그리스도인으로서 행해야 할 종교적 덕목의 실천도 중요하지만 세상에서 높이 평가되는 윤리적 덕목의 실천도 매우 중요함을 인식해야 한다. 바울은 세상에서 높이 평가되는 덕목들을 교회가 함부로 버리지 않아야 함을 강조한다. 그는 비록 교회와 세상의 도덕적 표준에 대한 차이를 인식하고 있을지라도(고후 6 : 14-18), 교회가 세상과 완전히 분리될 수 없음을 확신하며(고전 5 : 9-10), 세상의 기본적 요구에 부합하며 살기를 권고한다(롬 13 : 7 / 참조. Johnson, 225). 교회의 직분을 맡은 사람은 외인에게서도 '선한 증거'를 얻고, '마귀를 정죄하는 그 정죄'나 '비방과 마귀의 올무'에 빠지지 않기 위해 최선을 다할 의무가 있다.

D. 서신의 기록 목적(3 : 14-16)

14 내가 속히 네게 가기를 바라나 이것을 네게 쓰는 것은 15 만일 내가 지체하면
너로 하여금 하나님의 집에서 어떻게 행하여야 할지를 알게 하려 함이니 이
집은 살아 계신 하나님의 교회요 진리의 기둥과 터니라 16 크도다 경건의 비밀
이여, 그렇지 않다 하는 이 없도다 그는 육신으로 나타난 바 되시고 영으로
의롭다 하심을 받으시고 천사들에게 보이시고 만국에서 전파되시고 세상에
서 믿은 바 되시고 영광 가운데서 올려지셨느니라

1. 개관 및 구조

2 : 1 이하에서 모든 사람을 위한 기도(2 : 1-7), 남자와 여자의 태도(2 : 8-15), 교회 지도자의 자격(3 : 1-13)에 대해 교훈을 준 바울은 이제 그러한 교훈의 목적을 설명함으로써 큰 단락을 마무리한다. 먼저 바울은 14~15절에서 교훈의 목적을 언급한다. 바울은 디모데를 방문하려 하지만 그 계획이 지체될 수 있는 상황에 있다. 바울은 먼저 서신을 통해 디모데가 교회에서 어떻게 행동해야 하는지를 가르치려 한다. 그는 그러한 목적을 설명하는 중 교회의 본질에 대해서도 언급한다. 16절에서는 교회가 지닌 '경건의 비밀'을 잘 알려진 찬송시를 인용하여 표현한다. 찬송시는 6행으로 구성되어 있으며, 각 행은 3인칭 단수 부정과거 수동형 동사로 시작하고, 세 번째 행을 제외하고는 모두 전치사 ἐν('엔')으로 시작하는 어구가 뒤따른다. 본문의 찬송시가 하나의 연을 이루는지(NJB), 두 개의 연(각 3행)을 이루는지(USB^{4}, NRSV ; Fee, Lock, Mounce), 세 개의 연(각 2행)을 이루는지는(TNIV ; Dibelius-Conzelmann, Kelly, Stott) 분명하지 않다. 그리고 본문의 찬송시가 하나의 시 전체의 인용일 수도 있지만 일부의 인용일 가능성도 있다.

본문에 나오는 목적 진술은 서신 전체를 기록하는 목적이기도 하다. 따라

서 본문은 이전의 내용(특히 2 : 1-3 : 13)과 밀접한 관련을 가지고 있지만 동시에 이후의 내용과도 관련이 있다(참조. Marshall, 28). 나아가 이 목적 진술은 디모데전서뿐만 아니라 목회서신 전체의 기록과도 관련이 있다. 학자들은 본문을 목회서신의 이해를 위해 매우 중요한 부분으로 인식한다.

2. 본문 분석

[3 : 14-15] 14~15절은 바울이 이 서신을 쓰는 이유와 목적을 말한다. 바울은 속히 디모데에게 갈 계획을 가지고 있지만 그 계획이 미루어질 가능성이 있어 먼저 편지를 쓰고 있다. 바울은 이 편지를 통하여 어려움에 처해 있는 교회에서 디모데가 어떻게 해야 할지를 알려 주려 한다(14-15a절). 이것은 디모데전서에 나오는 바울의 교훈이 디모데 개인의 행동에 대한 지침이란 의미는 아니다. 디모데는 에베소교회를 가르치고 지도해야 할 책임이 있는 자로, 그에게 주는 지침은 곧 에베소교회 전체 구성원에게 주는 지침이기도 하다.

바울은 교회를 '하나님의 집'으로 일컫는다. '하나님의 집'이라는 표현에서 '집'은 건물이 아닌 가족공동체에 초점을 두고 사용되었다. '하나님의 집'인 교회는 아버지가 되는 하나님을 받들며 형제자매인 그리스도인들이 하나가 되어 살아가는 공동체이다. 이 집은 '살아 계신 하나님의 교회'인 동시에 '진리의 기둥과 터'이다. '기둥과 터'라는 표현은 건물을 연상하게 한다. '터'로 번역된 헬라어(ἑδραίωμα, '헤드라이오마')는 '지지', '수호'란 의미와 '터' 또는 '기초'의 의미가 있다. 이 '기둥과 터'는 단순히 집에 대한 건물로서의 이미지를 표현하는 것일 수 있지만 교회를 하나님의 성전으로 묘사하고 있을 가능성도 있다. 바울은 흔히 교회를 성전에 비유하였으며(고전 3 : 16-17 ; 엡 2 : 21), 특히 고린도후서 6 : 16에서는 성도를 '살아 계신 하나님의 성전'에 비유하였다. 그렇다면 이 표현은 하나님이 성전에 임했던 것처럼 이제 새로운 성전인 교회에 임함을 암시해 준다(참조. Fee, 92). 그런데 교회는 '진리'의 기둥과 터이다. '기둥'과 '터'가 건물을 받치고 지지하는 역할을 하듯 교회는 진리를 바로 세우고 수호해야 할 책임이 있다. 그럼에도 거짓 교사들은 진리에서 벗어나 있다(6 : 5 ; 딤후 2 : 18 ; 3 : 8 ; 4 : 4). 따라서 그들을 막고 하나님의 백성을 진리로 인도해야 할 디모데의 임무는 중요하고 긴급하다.

[3 : 16] 15절에서 복음의 '진리'를 언급한 바울은 16절에서 '경건의 비밀'의 위대함을 칭송한다. 뒤이어 나오는 기독론적 고백의 내용으로 미루어 여기서 '경건의 비밀'은 '믿음의 비밀'과 동일한 개념으로 사용된 것으로 보인다(Johnson, 232). 바울은 그 비밀의 위대함에 대해서 누구도 부인할 수 없음을 힘주어 말한다. '그렇지 않다 하는 이 없도다'라고 번역된 헬라어(ὁμολογουμένως, '호모로구메노스')는 부인할 수 없는 명백함을 나타내는 부사이다. 바울의 칭송 다음에는 그 비밀의 핵심과 관련된 기독론적 고백이 나온다. 그것은 총 6행으로 된 찬송시의 형태를 가지고 있다.

1) '그는 육신으로 나타난 바 되시고'란 구절은 그리스도의 부활을 의미한다고 볼 수도 있다. 복음서는 그리스도가 육신을 가지고 부활했음을 강조한다(눅 24 : 36–43 ; 요 20 : 24–29 등). 그러나 대부분의 학자들이 주장하는 대로 이 행을 그리스도의 성육신을 지칭하는 것으로 보는 것이 보다 자연스럽다.

2) '영으로 의롭다 하심을 받으시고'란 구절은 그 해석을 두고 학자들 간에 많은 이견이 있다. '영'으로 번역된 헬라어(πνεῦμα, '프뉴마')는 성령을 가리킨다고 볼 수도 있지만 첫 행에 나온 육신과 대조를 이루며 예수의 영적인 본성을 가리킨다고 보는 것이 자연스럽다. '의롭다 하심을 받음'은 예수의 의로움이 하나님에 의해 입증되었다는 뜻으로, 예수의 부활을 의미할 가능성이 높다. 대적자들이 죄인으로 십자가에 못 박아 죽인 그리스도를 하나님은 부활하게 함으로써 예수의 의로움을 만국에 선포하였다. 로마서 1 : 3~4에서 예수의 육신과 영은 이곳과 유사한 맥락에서 언급된다.

3) '천사들에게 보이시고'라는 구절에서 '……에게 보였다'라는 말은 신약에서 예수의 부활에 대한 묘사나 설명에 흔히 사용된 어구이다(행 9 : 17 ; 고

전 15 : 5-8). 그리고 '천사'로 번역된 헬라어(ἄγγελος, '앙겔로스')는 사자(使者)의 의미를 가진 단어로 사람에게 사용될 수도 있다. 따라서 일부 학자들은 이 행을 부활한 예수가 사람들에게 나타난 데 대한 묘사로 보기도 한다(Johnson, 233 ; Murphy-O'Connor 1984, 185-187). 그러나 신약에서 '사자들'이란 용어는 일반적으로 천사들을 가리키는 데 사용되었기 때문에 거의 대부분의 번역이나 학자들은 그 용어를 '천사들'로 이해한다. 그렇다면 그들은 부활 시에 무덤에 내려온 천사들을 가리키거나 승천하신 그리스도를 예배하는 천사들을 가리킬 것이다.

4) '만국에서 전파되시고'는 사도 시대 당시 여러 민족에게 복음이 전파됨으로 그리스도가 선포되었던 일을 가리키는 것이 분명하다.

5) '세상에서 믿은 바 되시고'는 복음이 전파됨에 따라 많은 사람이 그리스도를 영접하게 된 것을 가리킨다.

6) '영광 가운데서 올려지셨느니라'란 구절도 난해하다. '영광'은 신약에서 흔히 하나님의 광휘와 장엄함과 지고함을 나타내는 데 사용된다. '올려지다'란 단어는 신약 여러 곳에서 승천을 가리키는 데 사용되기도 하였다(눅 9 : 51 ; 행 1 : 2, 11 ; 참조. 막 16 : 19). 따라서 여기서도 이 단어가 승천을 가리키는 것으로 이해하여, 이 행을 그리스도가 승천을 통하여 영광의 영역 속으로 들어감을 묘사하는 것으로 볼 수 있다(Knight, 186). 그러나 앞의 다섯 행이 대체적으로 시간적 순서에 따라 배열되었다는 점을 고려한다면, 이 마지막 행을 그리스도의 재림을 통한 최후의 승리와 즉위를 가리키는 것으로도 볼 수 있을 것이다(MacLeod, 346-348).

설교를 위한 묵상

바울은 디모데를 곧 방문하려는 계획을 가지고 있다. 그러나 그는 자신의 상황으로 디모데에 대한 방문이 지체될 수도 있다고 느낀다. 따라서 바울은 먼저 서신을 통해 디모데에게 교회에서 행동하는 데 필요한 지침을 준다. 거짓 교사들로 인해 위기에 처한 교회에서 진리를 수호하기 위해 이 지침은 매우 긴급한 것이다.

바울은 디모데에게 교회의 본질을 상기하도록 한다. 교회에 대한 설명에 나오는 '하나님의 집', '살아 계신 하나님의 교회', '진리의 기둥과 터'라는 표현들은 오늘날의 교회에 중요한 메시지를 준다. 교회는 '하나님의 집'으로 아버지 되는 하나님을 공경하며 성도들이 형제자매로서 교제하는 공동체이다. 교회공동체에서는 하나님과의 관계만 중요한 것이 아니라 그리스도인 상호 간의 관계도 중요하다. 교회에는 한 가족으로 서로 사랑하고 용서하고 격려하고 도와주는 아름다운 교제가 있어야 한다. 이것은 신앙에 있어서 선택적인 것이 아니다. 사도신경은 '성도의 교제'가 우리 믿음의 기본적인 요소임을 말해 준다. 만일 우리가 매일, 매 주일 사도신경을 통하여 신앙을 고백하면서도 성도의 교제가 없다면 그 신앙고백은 입으로만 하는 고백이 될 것이다. 또한 교회는 '살아 계신 하나님'의 교회이다. 교회의 주인은 하나님으로, 교회는 하나님을 주(主)로 섬기는 곳이 되어야 하며, 하나님의 뜻이 이루어지는 곳이 되어야 한다. 교회가 인간의 욕망을 성취하는 곳이 되거나 인간의 뜻이 받들어지는 곳이 되어서는 안 된다. 오늘날의 교회는 교회를 온전히 하나님께 돌려드리기 위해 노력할 필요가 있다. 한편 교회는 '진리의 기둥과 터'이다. 교회는 진리를 보호하고 선포하여 세상을 진리로 밝혀야 할 책무가 있다. 교회는 이 세상에서 진리를 대적하는 사탄과 싸워 진리를 수호해야 할 최후의 보루이기도 하다.

바울은 한 찬송시를 인용함으로써 교회가 선포하고 보전해야 할 진리의 본질을 보여 준다. 이 찬송시에는 기독론과 관련된 신학의 핵심이 요약되어 있다. 흔히 목회서신은 신학이 결여되어 있으며 행위에 대한 규범만 전면에 나타난다고 말한다. 그러나 본문은 목회서신에서 요구하는 행위 이면에 있는 신학을 전면에 등장시켜 보여 준다. 목회서신은 신학이 결여된 서신이 아니다. 목회서신이 요구하는 행위는 신학을 배경으로 하고 있으며, 본문은 그 신학적 배경의 핵심을 보여 준다. 예수 그리스도의 성육신으로부터 고난과 부활 그리고 승천을 통한 영광에 이르기까지 그의 생애가 바로 그것이다.

제 Ⅳ 부

거짓 교훈과 디모데의 책무

디모데전서 4 : 1-16

A. 거짓 교훈의 출현(4 : 1-5)

B. 교사로서의 디모데에게 주는 개인적 권면(4 : 6-16)

| 디모데전서 4 : 1-16 |

거짓 교훈과 디모데의 책무

3 : 14~16에서 서신의 기록목적을 밝힌 바울은 계속해서 하나님의 집인 교회를 섬기기 위해 디모데에게 필요한 교훈을 말한다. 본론의 세 번째 부분을 이루는 4 : 1~16은 거짓 가르침의 출현과 디모데의 책무에 대하여 설명한다. 1~5절에서 바울은 이단적 가르침의 출현에 대한 예언이 먼 후일에 관한 것이 아니라 벌써 공동체 속에 이루어지고 있음을 강조하며 그들의 성격과 잘못된 점을 밝힌다. 6~16절에서 바울은 디모데에게 그러한 위험에 대처하여 진리를 가르치도록 권면하고 공동체를 가르치는 자로서 어떻게 행동해야 하는지에 관하여 교훈을 준다.

A. 거짓 교훈의 출현(4 : 1-5)

1그러나 성령이 밝히 말씀하시기를 후일에 어떤 사람들이 믿음에서 떠나 미
혹하는 영과 귀신의 가르침을 따르리라 하셨으니 2자기 양심이 화인을 맞아
서 외식함으로 거짓말하는 자들이라 3혼인을 금하고 어떤 음식물은 먹지 말
라고 할 터이나 음식물은 하나님이 지으신 바니 믿는 자들과 진리를 아는 자
들이 감사함으로 받을 것이니라 4하나님께서 지으신 모든 것이 선하매 감사
함으로 받으면 버릴 것이 없나니 5하나님의 말씀과 기도로 거룩하여짐이라

1. 개관 및 구조

바울은 여기서 거짓 교사들의 성격과 잘못에 대해 보다 구체적으로 설명한다. 그는 먼저 거짓 교사의 출현은 이미 예언된 것으로 놀랄 일이 아니라는 점을 말하고(1절), 거짓 교사들을 사탄적인 성격을 가진 '거짓말하는 자들'로 묘사한다(2절). 그리고 그들의 잘못된 가르침에 대한 두 가지의 실례(혼인 금지, 특정한 음식 금지)를 들고(3a절), 그 둘 중 후자의 경우에 대해 잘못된 이유를 설명한다(3b-5절).

2. 본문 분석

[4 : 1-2] 1절 처음에 나오는 '그러나'라는 단어는 본문이 앞의 내용(3 : 14-16)과 밀접한 관계에 있음을 보여 준다. 이 단어를 통해 바울은 교회가 진리와 믿음의 터전임에도 불구하고 이에 반하는 상황, 즉 거짓 교사가 출현해 진리를 왜곡하는 현상이 나타나고 있음을 말하고자 한다. 바울은 에베소교회에 거짓 교사들이 출현한 것은 성령이 '후일'에 어떤 사람들이 믿음에서 떠나리라고 한 예언이 이루어지고 있는 것으로 이해한다. 여기서 '후일'이란 용어는 디모데후서 3 : 1의 '말세'와 동일한 개념으로 사용되었다. '후일'이나 '말세'는 먼 미래의 어떤 시기를 가리키는 것으로 생각하기 쉽다. 그러나 본문에서

언급하는 '후일'에 나타날 현상은 먼 미래가 아닌 당시의 상황과 관련된 것이다(Towner 1986, 431-433). 초대교회는 성령의 강림과 함께 종말론적 시기가 도래하여 자신들이 종말의 때를 살고 있다고 생각하였다(참조. 행 2 : 14-21).

바울은 사람들의 배교에 대한 성령의 예언이 언제 어떻게 주어졌는지에 관하여 설명하지 않는다. '성령이 밝히 말씀하시기를'이란 표현은 바울이 구약을 가리킬 때 사용하지 않았다(Fee, 97). 나이트(Knight)는 요한계시록에서 그리스도의 말씀이 성령의 말씀으로 계속 언급되는 점에 주목하며(2 : 7, 11, 17, 29 ; 3 : 6, 13, 22), 여기서도 성령의 말씀은 예수 그리스도의 말씀을 가리키는 것으로 이해한다(188). 복음서에는 종말에 배교가 있을 것이라는 예수의 예언적 말씀이 나온다(마 24 : 10-11 ; 막 13 : 22). 그러나 그 예언은 아마 에베소교회에서 잘 알려진 예언자를 통해 주어졌거나 바울 자신이 받은 것일 가능성이 높다(참조. 행 20 : 29-30). 유대교에서 성령은 예언의 영으로 널리 알려져 있었으며, 1세기 그리스도교회에서는 예언이 매우 성행하였다(참조. Park, 53-87). 목회서신에서도 그러한 성격의 예언에 대한 언급이 나온다(딤전 1 : 18 ; 4 : 14 ; 참조. 딛 1 : 12).

1절에 나오는 '어떤 사람들'은 거짓 교사를 가리키며 '믿음에서 떠나다'란 말은 배교를 의미한다. 배교한 거짓 교사들은 '미혹하는 영'(원문 : '미혹하는 영들')과 '귀신의 가르침'(원문 : '귀신들의 가르침들')을 따르는 자들이다. 이것은 거짓 교사들의 배후에 마귀가 있으며 그들의 가르침의 근원에는 악마가 있다는 것이다. 바울은 디모데후서 3 : 1~5에서 말세에 있을 현상들을 자세히 설명하는데, 그러한 현상들은 결국 미혹하는 영과 귀신의 가르침을 따르는 데서 비롯된 것이다.

2절은 거짓 교사들이 '자기 양심이 화인을 맞아서' 외식함으로 거짓말을 한다고 말한다. '화인(火印)을 맞다'는 '화인을 찍다'라는 단어(καυστηριάζω, '카우스테리아조')의 수동형으로 이 단어는 원래 뜨거운 쇠붙이 등으로 몸을 지지는 것을 의미했다. 이것은 신체의 일부를 태워 마비시킬 때 사용하기도

하였으며, 범죄자, 도망자, 불순종한 노예, 패배한 병사 등의 몸에 표시를 하기 위해 사용되기도 하였다. 따라서 그들의 양심이 화인을 맞았다는 것은 그들이 양심이 마비되어 선과 악을 구별할 수 없는 상태에 이르게 되었음을 의미하거나(CEV, TNIV, NRSV, NKJV ; 권오현, Johnson, Marshall, Spicq) 그들의 양심이 사탄에게 속했음을 나타내는 낙인(烙印)이 찍혀 있음을 의미할 수 있다(공역개정, NJB ; Dibelius-Conzelmann, Fee, Kelly, Lock).

[4 : 3-5] 3a절에서 바울은 거짓 교사들의 잘못된 가르침에 대하여 두 개의 실례를 든다. 하나는 혼인을 금하는 것이고, 다른 하나는 특정한 음식을 먹지 못하도록 하는 것이다. 이 두 가지는 인간의 기본적인 욕구인 성욕 및 식욕과 관련된다(참조. Stott 1998, 152).

3b~5절은 특정한 음식을 먹지 못하도록 하는 것이 왜 잘못인지를 설명한다. 바울은 결혼 금지가 잘못된 것임에 대해서는 설명하지 않는다. 아마 이 문제에 대해서는 디모데가 잘 알고 있어 설명이 불필요하다고 생각했거나 음식 금지를 반박하는 논리가 결혼 금지에 대해서도 적용될 수 있다고 보았기 때문일 것이다(Johnson, 「디모데전 · 후서, 디도서」, 138-139). 특정한 음식에 대한 금지가 합당한지의 여부는, 비록 예수가 모든 음식이 깨끗하다고 선언한 전승(막 7 : 19)을 초대교회가 가지고 있었음에도 불구하고, 초대교회에서 논쟁이 되었다. 바울도 때때로 그의 서신들에서 음식과 관련된 교훈을 준다. 그는 음식을 먹을 수 있는지의 여부는 중요한 문제가 아니며, 각자 자신이 원하는 바에 따라 먹을 수도, 먹지 않을 수도 있다고 말한다. 그리고 음식을 먹는 자와 먹지 않는 자는 서로를 비판해서는 안 되며, 모든 것을 남의 유익을 구하고 덕을 세우며 행하여야 한다고 말한다(롬 14 : 1-6, 19-23 ; 고전 10 : 25-31 ; 참조. 골 2 : 16, 20-23).

바울은 특정한 음식에 대한 금지가 잘못된 두 가지 이유를 제시한다. 첫째, 음식물은 하나님이 창조한 것이기 때문이다. 하나님이 창조한 모든 것은 선하기 때문에(창 1 : 4, 10, 12, 18, 21, 25, 31) 하나님의 창조물을 의식적으로

나 도덕적으로나 부정하다고 하는 것은 옳지 않다. 둘째, 음식물을 감사함으로 받기 때문이다. 유대교에서나 초대교회에서 식사를 할 때에는 항상 감사의 기도를 드렸다(참조. 막 6 : 41 ; 8 : 6 ; 14 : 22-23 ; 롬 14 : 6 ; 고전 10 : 30).

바울은 음식물이 '하나님의 말씀과 기도로' 거룩하게 된다고 말한다. 기도로 거룩해진다는 것은 기도 자체가 더러웠던 음식물을 깨끗하게 만든다는 것은 아니다. 감사의 기도는 그 음식물이 하나님으로부터 온 것임을 인정하는 것이다. 주어진 음식이 하나님으로부터 온 것임을 인정하는 자에게는 이전에 부정하다고 인식된 음식까지도 깨끗한 음식이 된다. 그런데 기도와 병행되어 나오는 '하나님의 말씀'은 무엇을 의미하는지 분명하지 않다. '하나님의 말씀'에 대한 주요 해석들은 다음과 같다. 1) 감사의 기도에 흔히 사용된 구약의 구절, 2) 특정한 음식을 금지하는 규정은 그리스도 안에서 효력을 잃었다는 메시지를 포함한 복음의 메시지, 3) 하나님이 창조한 모든 것이 선하다는 창세기 1장의 내용, 4) 성찬 시 떡과 잔에 대한 축사의 말, 5) 감사의 기도에 대해 음식이 깨끗하다고 선포하는 하나님의 응답. 이 중 기도와 관련이 있는 첫 번째와 다섯 번째 주장이 설득력이 있는 것으로 보인다.

설교를 위한 묵상

예수 그리스도가 그의 초림을 통해 사탄의 세력을 물리침으로써 이 땅에 새로운 시대가 도래했다. 그러나 사탄의 세력은 옛 시대의 잔재들 가운데서 여전히 영향을 미치고 있으며, 그 영향은 예수의 재림 시까지 계속될 것이다. 사탄의 세력은 '미혹하는 영'으로 활동하며 사람들을 위선과 거짓에 빠져들게 한다. 에베소교회의 거짓 교사들은 이러한 영들에게 속임을 당해 양심이 화인을 맞은 사람들이다.

거짓 교사들이 결혼을 금지하고 특정한 음식을 먹지 못하게 하는 것은 이러한 미혹의 영에 의해 지배를 받고 있기 때문이다. 성과 음식은 인간이 향유할 수 있도록 하나님으로부터 부여받은 것이다. 그러나 이에 대한 욕구가 통제의 범위를 벗어나 많은 죄악이 발생하기 때문에 욕구에 대한 절제는 필요하다. 그렇지만 온건한 절제를 요구하는 것이 아니라 아예 결혼을 금지하고 특정 음식을 부정한 것으로 간주하여 먹지 못하도록 하는 것은 옳다고 할 수 없다. 정신적인 것을 선으로, 육체적인 것이나 물질적인 것을 악으로 여기는 이원론적 세계관은 위험한 것이다. 그러한 세계관에 근거한 영지주의가 한때 교회를 큰 혼란에 빠뜨렸던 적도 있었다. 이 때문에 목회서신을 바울이 아닌 다른 사람에 의해서 후대에 기록되었다고 주장하는 학자들은 목회서신에 나오는 거짓 교사들을 영지주의의 영향을 받은 자들로 보기도 한다.

물질적이고 육체적인 것을 악으로 여기는 것은 이 세상 만물을 창조한 하나님에 대한 모독이다. 혼인이나 특정한 음식물에 대한 금지는 그리스도교의 복음과는 관계가 없다. 성 자체를 금기시함으로써 결혼의 중요성을 손상시킴은 하나님의 뜻에 반하는 것이다. 비록 바울이 독신을 특별한 은사로 간주할지라도, 그는 독신이 모든 사람에게 요구할 규범적인 것이거나 보다 높은 의를 주장할 근거가 아님을 분명히 인식하였다. 음식에 대한 제한 규정도 원래의 창조질서에 의한 것이 아니다. 복음서에는 모든 음식물이 깨끗하다는 예수의 말씀이 기록되어 있으며(막 7 : 19), 사도행전에는 '하나님께서 깨끗하게 하신 것'을 인간이 속되다고 하는 것은 옳지 않다는 하늘의 음성이 나온다(행 10 : 15).

바울은 음식이 기도로 거룩하게 된다고 말한다. 유대교와 초대교회에서 중시되었던 식사기도에 대해 현대 그리스도인들은 다시 한번 생각해 볼 필요가 있다. 먹을 것이 부족해서 먹을거리에 대해 많은 염려를 해야 했던 주후 1세기의 그리스도인들은 일반적으로 오늘날의 그리스도인들보다는 음식에 대한 기도를 훨씬 더 진지하게 할 수 있었다. 그러나 양식에 대한 걱정으로부터 해방된 풍요의 시대에 살고 있는 많은 현대 그리스도인들은 식사기도 시 진정한 감사를 하기가 쉽지 않다. 사실 오늘날 식사기도는 진정한 감사가 결여된 형식적이고 의례적인 기도가 되기 쉽다. 그러나 그러한 기도는 주기도문을 통해 '일용할 양식'을 달라고 기도하는 사람들의 바른 기도가 아니다. 모든 기도가 그러하듯 식사기도도 마음을 모아 하나님께 진정으로 감사하는 기도가 되어야 한다. 식사를 앞에 두고 기도한 후 식사기도를 했는지의 여부조차도 기억나지 않는다면 과연 그 기도가 하나님에게 '드린' 기도라고 할 수 있을까?

B. 교사로서의 디모데에게 주는 개인적 권면(4 : 6-16)

6네가 이것으로 형제를 깨우치면 그리스도 예수의 좋은 일꾼이 되어 믿음의
말씀과 네가 따르는 좋은 교훈으로 양육을 받으리라 7망령되고 허탄한 신화
를 버리고 경건에 이르도록 네 자신을 연단하라 8육체의 연단은 약간의 유익
이 있으나 경건은 범사에 유익하니 금생과 내생에 약속이 있느니라 9미쁘다
이 말이여 모든 사람들이 받을 만하도다 10이를 위하여 우리가 수고하고 힘쓰
는 것은 우리 소망을 살아 계신 하나님께 둠이니 곧 모든 사람 특히 믿는 자
들의 구주시라 11너는 이것들을 명하고 가르치라 12누구든지 네 연소함을 업신
여기지 못하게 하고 오직 말과 행실과 사랑과 믿음과 정절에 있어서 믿는 자
에게 본이 되어 13내가 이를 때까지 읽는 것과 권하는 것과 가르치는 것에 전
념하라 14네 속에 있는 은사 곧 장로의 회에서 안수받을 때에 예언을 통하여
받은 것을 가볍게 여기지 말며 15이 모든 일에 전심전력하여 너의 성숙함을
모든 사람에게 나타나게 하라 16네가 네 자신과 가르침을 살펴 이 일을 계속
하라 이것을 행함으로 네 자신과 네게 듣는 자를 구원하리라

1. 개 관

이 단락에는 비교적 개인적인 성격이 강한 바울의 권면이 나온다. 바울은 본문에서 디모데가 어떻게 가르쳐야 하고 어떻게 살아야 하는가에 관하여 교훈한다. 본문은 크게 전반부(6-10절)와 후반부(11-16절)로 이루어져 있다. 후반부의 내용이 전반부보다 개인적 권면의 성격이 더 강하다. 이 단락에서 동사는 주로 명령법이 사용되었으며, 특히 후반부에 집중되어 있다(12회 중 10회). 전반부인 6~10절에서 바울은 디모데에게 거짓 교사와는 달리 행동하

도록 권면한다. 거짓 교사들이 미혹하는 영들을 좇아 '망령되고 허탄한 신화'를 추구하는 것과는 달리 디모데는 경건을 추구하고 진리를 바로 가르쳐야 한다. 후반부인 11~16절에서 바울은 디모데에게 삶과 사역에 있어서 모든 사람의 모범이 되어야 함을 강조한다. 디모데는 연소함을 극복하고 모든 면에서 본을 보이며 주어진 은사를 활용하여 그의 사역에 최선을 다해야 한다. 이러한 권면은 디모데에게 개인적으로 주는 권면의 성격이 강할지라도 결국 거짓 교사의 위협 아래 있는 공동체를 염두에 두고 주는 것임이 분명하다.

2. 본문 분석

[4 : 6] 바울은 '이것으로 형제를' 깨우치라고 말한다. '이것'이란 앞에 나온 내용을 가리키는 것은 분명하지만 정확히 어떤 내용을 가리키는지는 분명하지 않다. 1장부터 나온 모든 내용(Collins, Mounce), 2 : 1 이하(Fee), 4 : 1 이하(Oberlinner), 4 : 3b 이하(Marshall)가 모두 가능하다. '형제'는 초대교회에서 동료 그리스도인을 가리킬 때 사용된 용어이다. 바울은 자신이 준 교훈에 따라 디모데가 동료 그리스도인들을 깨우치면 그리스도의 좋은 일꾼이 될 것이며, '믿음의 말씀'과 '좋은 교훈'으로 양육을 받을 것이라고 말한다. '믿음의 말씀'과 '좋은 교훈'은 각각 복음과 복음에 포함된 교리를 가리키는 것으로 이해할 수도 있지만(참조. Mounce, 249), 각각 복음과 성경의 교훈을 의미하는 것으로 이해하는 것이 보다 자연스럽다(박수암, 328 ; 참조 Fee, 103). '양육을 받다'라는 동사는 현재 분사형이 사용되었다. 현재분사는 정동사와 동일한 시간에 일어남을 표현하기 때문에 6절의 정동사 '될 것이다'(미래)와 시간적으로 같이 일어남을 말해 준다. 또한 헬라어에서 현재형은 동작의 계속을 나타낼 때 흔히 사용되기 때문에 양육은 일시에 완성되는 것이 아니라 계속되는 것임을 암시해 준다(Knight, 194).

[4 : 7-8] 7절에서 바울은 다시 한번 거짓 교사들을 상기시키며 '망령되고 허

탄한 신화'에 빠지지 않도록 당부한다. '망령된'으로 번역된 헬라어(βέβηλος, '베벨로스')는 신약에서 목회서신에서만 발견되는 단어로(딤전 1 : 9 ; 6 : 20 ; 딤후 2 : 16) '속된', '불경건한'의 의미를 가지고 있다. '허탄한'으로 번역된 헬라어(γραώδης, '그라오데스')는 신약에서 여기서만 발견되며 '나이 많은 여인들에게 어울리는'이란 의미를 가진 단어로 철학적인 논쟁에서 상대방을 비판할 때 흔히 사용되었다. 공역개정은 '망령되고 허탄한 신화'를 '늙은 아낙네들이나 좋아하는 속된 이야기들'로 번역한다. 바울은 디모데에게 그러한 거짓 교사들과는 달리 경건에 이르도록 스스로를 연단해야 한다고 말한다. '연단하다'(γυμνάζω, '귐나조')란 단어는 운동경기에서 사용되는 용어로 '훈련하다', '연습하다'의 의미를 가지고 있다. 본문에서 '연단하라'는 명령에 사용된 현재 시상은 연습이 계속되어야 함을 암시해 준다. 마치 운동선수처럼 디모데는 참된 경건의 실천을 위해서 최선을 다해 계속 훈련을 받아야 한다.

8절에서 바울은 경건의 연습이 매우 가치 있는 일임을 강조하기 위해 육체의 연단과 경건의 연단을 비교한다. 먼저 바울은 "육체의 연단은 약간의 유익이 있다."라고 말한다. 본문과 4 : 1~5 사이의 연속성을 강조하는 학자들 중에는 여기에 언급된 육체의 연단을 3절에 나왔던 금욕주의와 관련시키기도 한다(A. Oepke, *TDNT* I, 775–776 ; Towner 1986, 433). 그러나 3절에서 금욕주의에 대해 부정적으로 평가한 저자가 여기서는 긍정적으로 평가한다는 것은 자연스럽지 않다. 또한 9절의 '미쁜 말'이 8절을 가리킨다면 8절의 내용을 3절과 관련시키기는 더욱 어렵게 된다(Knight, 196). 따라서 여기서 '육체의 연단'은 단순히 운동을 통한 신체 단련을 의미하는 것으로 보는 것이 타당하다. 바울은 약간의 유익이 있는 육체의 연단과는 달리 경건은 '범사에 유익하다'라고 말한다. 범사에 유익한 이유는 '현재와 미래의 생명에 대한 약속'(직역)이 있기 때문이다. 개역개정의 "금생과 내생에 약속이 있느니라"보다 새번역 "이 세상과 장차 올 세상의 생명을 약속해 줍니다."가 원문의 의미를 보다 분명하게 나타내 준다. 이 구절은 미래에 얻을 생명, 곧 영생(永生)이 희망의 영역에만 머물러 있는 것이 아니라 현재의 삶에 실재하는 것임을 나타내 준다.

[4 : 9] 9절에 나오는 '미쁘다 이 말이여'란 어구는 1 : 15과 3 : 1에서도 사용되었다. 특히 9절에는 이 어구 다음에 '모든 사람들이 받을 만하도다'라는 말이 덧붙여져 있어 1 : 15과 문자적으로 정확히 일치한다(헬라어 성경에서 어순까지도 정확히 일치함). 그런데 '이 말'이 무엇을 가리키는지에 대해서는 학자들 간에 이견이 있다. '이 말'을 앞에 나온 말을 가리킨다고 보는 학자들의 견해는 8절 전체를 가리킨다고 보는 견해와 8b절만을 가리킨다고 보는 견해로 나누어진다. 뒤따르는 말을 가리킨다고 보는 견해도 10절 전체를 가리킨다고 보는 견해와 10b절만을 가리킨다고 보는 견해로 나누어진다. 10절은 문법적으로나 내용적으로 8절에 종속된다고 생각할 때 8절이나 8b절을 받는다고 보는 것이 자연스럽다. 그리고 8a절을 포함할 때 병행과 대조를 통한 금언적인 성격이 강화되기 때문에 '이 말'은 8절 전체를 가리킨다고 보는 것이 가장 자연스럽다.

[4 : 10] 바울은 "이를 위하여 우리가 수고하고 힘쓴다."라고 말한다. '이를 위하여'에서 '이'는 8b절에 나왔던 생명의 약속을 가리킨다. '수고하다'와 '힘쓰다'라는 용어는 바울이 자신이나 다른 사람의 사역을 지칭할 때 흔히 사용된다. '수고하다'라는 단어는 단순히 '일하다'의 의미를 넘어 정신적, 육체적 기력을 사용하여 때로는 지치고 심지어 탈진의 상태까지 이를 수 있는 노력을 의미한다. '힘쓰다'라는 단어는 외부로부터 오는 어려움과 반대를 암시하기도 한다. 바울은 두 단어를 통하여 내재하는 어려움과 외부로부터 오는 어려움을 동시에 표현한다(Collins, 127). 또한 '힘쓰다'라는 단어는 운동경기와 관련하여 사용되기도 하였다. 그렇다면 바울은 7절 이하에서 시작된 운동경기의 은유를 계속하고 있다고 볼 수 있다. 사본에 따라서는 '우리가 힘쓰다'(א*, A, C 등)라는 읽기 대신 '우리가 비난을 견디다'(א^{c}, D, L 등)라는 읽기가 있으나 사본의 권위나 문맥으로 볼 때 전자가 더 원본에 가깝다고 생각된다(참조. *TCGNT*, 574). 본문은 수고하고 애쓰는 이유에 대해 '소망을 살아 계신 하나

님께' 두기 때문이라고 말한다. '살아 계신' 하나님만이 현재와 미래의 생명을 모든 사람들에게 줄 수 있다. 그러므로 바울은 하나님은 '모든 사람'의 구주라고 말한다(참조. 2 : 4). 그러나 그는 여기에 '특히 믿는 자들'의 구주라는 말을 덧붙인다. 이것은 '모든 사람'의 구주라는 표현이 곧 모두가 결국 구원을 얻을 것이라는 뜻은 아님을 말해 준다. 구원은 모든 사람에게 열려 있지만 믿음으로 구원을 받아들인 사람들에게 이루어진다. 목회서신의 구원론은 바울의 다른 서신에 나오는 구원론과 다른 것이 아니다(Mounce, 257).

[4 : 11] 11절에 나오는 "너는 이것들을 명하고 가르치라."는 명령은 디모데에게 준 바울의 교훈이 디모데를 위한 것일 뿐만 아니라 교회를 위한 것이었음을 분명히 보여 준다. '이것들'은 직접적으로 8~10절의 내용을 가리키고 있지만 넓게는 2 : 1 이하의 모든 내용을 가리킨다고 볼 수 있다. 11절은 본 단락의 전반부(6-10절)를 마무리하는 동시에 상대적으로 개인적인 교훈의 성격이 강한 후반부(11-16절)를 시작하는 역할을 한다. 학자들 중에는 11절을 전반부에 포함시키는 학자도 있지만(Oberlinner 1994, 199) 일반적으로 후반부에 포함시킨다.

[4 : 12] 12절에서 바울은 디모데에게 연소함을 업신여기지 못하게 하라고 명령한다. '연소함'(νεότης, '네오테스')이란 용어만으로는 디모데의 나이를 추측하기 어렵다. 로크(Lock)는 이레니우스의 글 등을 근거로 이 용어는 군복무를 할 시기에 이른 사람으로부터 40세의 사람들에게까지 적용될 수 있다고 주장한다(52). 다수의 학자들은 디모데가 30대의 연령에 있었을 것으로 추정한다. 그러나 학자에 따라서는 디모데의 나이를 적게는 25세로부터 많게는 50세로 추측하기도 한다(참조. 박수암, 331). 바울이 디모데에게 연소함을 업신여기지 못하게 하라는 것은 디모데를 격려하는 데 일차적인 목적이 있다. 피(Fee)는 고린도전서 16 : 10~11이나 디모데후서 1 : 6 이하의 내용을 근거로 디모데가 소심한 성격을 가졌을 가능성이 있다고 본다(107). 특히 연장자가 높임을 받던 당시의 문화적 상황에서 에베소교회의 지도자들이 디모데보다 나이

가 많았을 가능성을 고려할 때 이러한 바울의 격려는 상당한 의미가 있다. 또한 이 명령은 디모데의 연소함에도 불구하고 교회가 그의 권위를 인정해야 한다는 메시지도 던져 준다.

바울은 계속하여 '말과 행실과 사랑과 믿음과 정절에 있어서' 모범을 보이라고 명령한다. 디모데가 연소함을 극복하고 권위를 인정받기 위해서는 모범이 되는 삶을 살아야 한다. 또한 거짓 교사들을 막아야 하는 책무를 지닌 디모데에게는 그들의 품행과 차별되는 덕목들이 절실히 필요하다. '말'과 '행실'은 고대의 도덕에서 흔히 함께 언급되었다. '사랑'과 '믿음'은 바울이 디모데에게 주는 교훈의 목적과 관련이 있는 중요한 덕목이다(참조. 1 : 5). '정절'(ἁγνεία, '하그네이아')은 더러움에 물들지 않음을 의미하는 것으로 특히 육체적, 성적 순결이나 정숙함을 가리키는 데 사용되기도 하였다.

[4 : 13] 바울은 교회를 위한 디모데의 사역에 관해 언급한다. 디모데는 바울이 도착할 때까지(참조. 3 : 14-15) '읽는 것과 권하는 것과 가르치는 것'에 전념해야 한다. '읽는 것'과 '권하는 것'과 '가르치는 것'은 모두 성경과 관련된 행위로 보인다. 특히 여기에 언급된 세 행위에 모두 관사가 사용되고 있으며, '읽는 것'(ἀνάγνωσις, '아나그노시스')이란 단어는 공적인 읽기를 지칭하는 전문용어라는 점을 고려할 때(TNIV, NRSV : "the public reading of Scripture/scripture") 세 행위는 모두 공적인 예배 시의 행위를 가리키는 것으로 보인다. 성경을 읽고 그 내용을 삶에 적용하여 권면하고 성경에 나타난 하나님의 뜻을 가르치는 것은 디모데의 직무이며, 디모데는 이 직무를 통하여 거짓 교사들을 막아야 한다(성경에 대해서는 딤후 3 : 15의 주해 참조).

[4 : 14] 바울은 디모데에게 '속에 있는 은사'를 가볍게 여기지 말라고 권고한다. 이 권고는 디모데로 하여금 자신에게 임무를 수행할 수 있는 은사가 있음을 상기시킨다. '은사'는 성령의 역사로 값없이 주어지는 하나님의 선물을 의미하며, 흔히 교회의 사역을 위해 그리스도인에게 부여되는 영적 선물을 가

리킨다(롬 12 : 6 ; 고전 1 : 7 ; 7 : 7 ; 12 : 4, 9, 28, 30, 31). 이 은사는 13절의 내용으로 미루어 말씀을 가르치는 사역과 관련이 있는 것으로 보인다. 그런데 그 은사는 '장로의 회에서 안수 받을 때에 예언을 통하여 받은 것'이다. '장로의 회'는 교회의 사역을 위해 성별된 직분을 수임(授任)하기 위한 모임으로 생각된다. 디모데의 은사는 그 모임에서 '예언을 통하여'(διὰ προφητείας, '디아 프로페테이아스') 주어진 것이다. '프로페테이아스'는 단수 속격으로도, 복수 대격으로도 이해할 수 있기 때문에 '예언을 통하여'(διά + 단수 속격)라는 의미와 '예언들 때문에'(διά + 복수 대격)라는 의미가 모두 가능하다. 만약 후자의 경우라면 디모데는 안수 전 이미 예언을 받았으며, 그 예언으로 인하여 교회는 그에게 안수하였고, 디모데는 은사를 받은 것으로 해석할 수 있다. 그러나 전자의 경우라면 디모데가 안수를 받을 때 예언의 말씀을 통하여 또는 예언의 말씀과 함께 성령의 은사가 주어졌음을 의미한다. 이 경우 예언의 말씀은 디모데의 수임 시 디모데를 격려하고 권면했던 말씀으로 이해할 수 있다(참조. Marshall, 565–566).

[4 : 15–16] 15~16절에서 바울은 이 단락에서 주어진 교훈을 요약하고 마무리한다. 바울은 디모데에게 자신이 권고한 일에 전심전력하여 '성숙함'을 사람들에게 나타내라고 명령한다(15절). '성숙함'(προκοπή, '프로코페')은 '진보'와 '발전'을 의미한다. 이 단어의 동사형이 사용된 디모데후서 2 : 16은 거짓 교사들이 불경건을 향해 발전해 나간다고 말한다. 거짓 교사에 대항해야 하는 디모데는 거짓 교사들과는 다른 방향으로 발전해야 한다. 16절에서 바울은 디모데에게 항상 '자신과 가르침'을 살피라고 말한다. 자신에 대한 살핌은 자신의 삶을 돌이켜 보아야 함을 의미한다(TNIV). 결국 바울은 다시 한번 삶과 가르침의 중요성을 강조하고 있다. 바울은 "이것을 행함으로 네 자신과 네게 듣는 자를 구원하리라"라고 말함으로써 단락을 마무리한다. 디모데의 모범적인 삶과 바른 가르침의 최종적인 목표는 구원에 있다. 그 구원은 디모데 자신뿐만 아니라 그의 말을 듣는 모든 사람의 구원이다(참조. 1 : 15 ; 2 : 4–6 ; 4 : 10).

설교를 위한 묵상

바울은 디모데에게 교회를 지도해야 할 교사로서 어떻게 살아야 하며 어떻게 사역을 감당할 것인지에 관해 교훈을 준다. 디모데는 망령되고 허탄한 신화에 빠진 거짓 교사들과는 달리 경건에 이르기 위하여 자신을 계속해서 연단해야 한다. 경건은 현재의 생명과 내세의 생명을 약속해 준다. 이 생명의 약속을 위해 봉사하는 자들은 자신과의 싸움뿐만 아니라 외부로부터 오는 어려움도 이겨 내야 한다. 11~15절에서 바울은 디모데에게 열 개의 명령법 동사를 사용하여 개인적인 권고를 준다. 바울에게 들은 바를 가르쳐야 하며 모범을 보여야 하고, 자신이 가진 권위의 근거를 깨달아야 하며 은사를 활용해야 한다. 그리고 모든 일에 전심전력하고 발전함을 사람들에게 나타내야 하며 직무를 계속 수행하여야 한다.

이러한 바울의 교훈에서 계속 강조되는 것은 지도자의 삶과 가르침이다. 바울은 본문을 통해 디모데의 개인적인 삶과 교회 지도자로서의 사역은 서로 분리될 수 없음을 강조한다(Marshall, 558). 이것은 3장에서 바울이 교회의 직분을 맡은 자들의 자격을 말할 때 그들의 삶을 그렇게도 강조했던 하나의 이유이기도 하다. 교회 지도자의 삶이 중요한 것은 언어를 통한 가르침은 삶을 통해 실증되어야 하기 때문이며, 삶이 뒷받침해 주지 않는 가르침은 듣는 자들의 마음에 깊이 새겨지기 어렵기 때문이다. 고대 수사학에서 언어를 통한 설득이 효력을 발휘하기 위해서는 로고스(logos)와 파토스(pathos)뿐만 아니라 에토스(ethos)가 반드시 필요하다고 한 것은 확실히 바른 관찰이다.

디모데에게 준 바울의 교훈은 모든 시대의 교회 지도자들에게 적용될 수 있다. 목회자에게 중요한 것은 연륜이 아니라 언행과 인품이다. 물론 인품이 교회 지도자가 갖추어야 할 전부는 아니다. 교회 지도자는 선포와 교육과 봉사에 대한 능력이 있어야 한다. 그 능력을 갖추기 위해서는 인간적인 학문이나 훈련뿐만 아니라 성령의 은사가 필요하다. 그러나 인품이 갖추어져 있지 못하다면 다른 요건을 다 갖추었다고 할지라도 결코 좋은 지도자가 될 수 없다.

교회 지도자의 인품에 대한 본문의 강조는 한국교회의 구성원들에게 귀중한 교훈을 준다. 교회는 목회자가 연소하다고 해서 무시해서는 안 되며 그의 인품을 존중해야 한다. 한국교회가 목회자를 구할 때 학력이나 경력 또는 능력만을 고려하고 인품을 크게 고려하지 않는다면 한국교회는 큰 어려움에 부딪칠 것이다. 목회자가 되려는 사람들은 교회가 목회자를 구할 때 중시하는 요소들을 갖추기 위하여 우선적으로 노력하는 경향이 있다. 만일 한국교회가 목회자를 구할 때 인품을 크게 고려하지 않음으로써 목회자가 되려는 사람들이 인품의 성숙을 위하여 전심전력하지 않게 된다면 한국교회에는 더 이상 희망이 없게 될 것이다.

본문의 마지막 절은 교회 지도자에 대한 경고를 담고 있다. 교회 지도자는 자신의 삶과 가르침에 대하여 살펴야 한다. 자신이 성경 말씀의 선포와 교육에 소홀히 하는 사람, 자신의 삶과 가르침에서 성장을 하기 위해 노력하지 않는 사람, 자신이 전하는 말씀의 능력이 자신의 잘못된 삶으로 인해 온전히 드러나지 못하게 하는 사람, 교회 밖의 사람들로부터 교회가 지탄을 받는 원인을 제공하는 사람은 아닌지 부단히 살펴야 한다. 이와 함께 교회 지도자는 자신의 구원에 대해 깊이 살펴야 한다. 다른 사람의 구원을 위해 전념한다고 하면서 자신은 구원에 이르지 못한다면 그 불행을 어떻게 표현할 수 있겠는가!

제 V 부

교회 내 여러 부류의 사람들에 관한 교훈

디모데전서 5 : 1–6 : 2

A. 연령과 성(性)에 따른 다양한 그룹들에 대하여(5 : 1–2)

B. 과부에 대하여(5 : 3–16)

C. 장로에 대하여(5 : 17–25)

D. 종에 대하여(6 : 1–2)

| 디모데전서 5 : 1–6 : 2 |

교회 내 여러 부류의 사람들에 관한 교훈

본론의 네 번째 부분(5 : 1–6 : 2)에서 바울은 디모데가 교회 내에 있는 여러 부류의 사람들을 어떻게 대하고 지도해야 하는지에 대해 설명한다. 이 부분도 공동체를 향한 디모데의 행동에 관한 가르침이라는 점에서 4장의 내용과 공통점이 있다. 그러나 여기에 나오는 교훈은 교회 내 특정한 부류의 사람들을 대하는 태도와 자세에 초점이 있다. 5 : 1~2은 나이 많은 남녀와 젊은 남녀에 대하여, 3~16절은 과부에 대하여, 17~25절은 장로에 대하여, 6 : 1~2은 종에 대하여 디모데가 가져야 할 태도와 자세를 설명한다.

A. 연령과 성(性)에 따른 다양한 그룹들에 대하여 (5 : 1–2)

1늙은이를 꾸짖지 말고 권하되 아버지에게 하듯 하며 젊은이에게는 형제에게 하듯 하고 2늙은 여자에게는 어머니에게 하듯 하며 젊은 여자에게는 온전히 깨끗함으로 자매에게 하듯 하라

1. 개관 및 구조

이 단락은 교회 내의 나이 많은 남자, 젊은 남자, 나이 많은 여자, 젊은 여자 네 경우에 대해서 각각 디모데가 취해야 할 기본적 자세에 관한 교훈을 담고 있다. 이 단락은 한 문장으로 구성되었으며, 네 경우의 교훈 모두 동사 '권하다'와 연결되어 있다. 본문은 앞 단락과 뒤따르는 내용을 연결하는 역할을 한다. 본문은 앞 단락과 마찬가지로 디모데에게 주는 개인적 권면을 담고 있으며, 뒤따르는 내용, 즉 과부, 장로, 종과 관련된 교훈의 서론적인 역할을 한다.

2. 본문 분석

[5 : 1–2] 바울은 "늙은이를 꾸짖지 말라"는 말로 본문을 시작한다. 여기서 '늙은이'로 번역된 헬라어(πρεσβύτερος, '프레스뷔테로스')는 '장로'를 가리킬 때 사용되기도 한다. 실제로 5 : 17, 19, 그리고 디도서 1 : 5에서는 이 단어가 장로를 지칭하고 있기 때문에 여기서도 장로를 가리키는 것으로 보기도 한다(NEB). 그러나 문맥을 볼 때 여기서는 '나이 많은 남자'를 가리키는 것이(REB) 거의 확실하다. 이 구절에 뒤따라 나오는 '젊은 남자', '나이 많은 여자', '젊은 여자'라는 용어들은 이 단어를 '나이 많은 남자'로 이해하는 것이 가장 자연스러움을 암시해 준다. 물론 '나이 많은 여자'로 번역된 단어(πρεσβύτερα, '프레스뷔테라')를 '여자 장로'로 이해한다면 '프레스뷔테로스'가 남자 장로를 지칭한다고 볼 수도 있을 것이다. 그러나 그것이 문법적으로는

가능할지라도 당시 교회에 여자 장로가 있었을 가능성은 낮기 때문에 이 단어는 '나이 많은 여자'를 가리키는 것으로 보인다.

'꾸짖다'라는 말은 매우 강하게 책망함을 의미한다. 책망은 그 성격상 공격적이기 때문에 그것을 부드럽게 하기 위해 노력할 필요가 있다(Chrysostom, 450). 따라서 바울은 나이 많은 사람을 꾸짖는 대신 '권하라'라고 말한다. '권하다'(παρακαλέω, '파라칼레오')라는 단어는 '격려하다', '조언하다', '권고하다' 등의 의미를 가지고 있다. 권하는 자세는 '아버지에게 하듯' 하는 것이다. 바울은 교회 내의 다른 그리스도인들을 권할 때에도 가족을 대하듯 하라고 한다. 젊은 남자에게는 형제에게 하듯, 나이 많은 여자에게는 어머니에게 하듯, 젊은 여자에게는 자매에게 하듯 권해야 한다.

'젊은이'로 번역된 형용사(νέος, '네오스')에는 '젊은'이라는 의미 외에 '새로운'이라는 의미도 있기 때문에, 엘리오트(Elliott)는 이 단어를 새로 세례받은 사람을 가리킨다고 본다(375-386). 그러나 본문에 나오는 대조와 병행을 고려할 때 '젊은이'를 가리키는 것으로 보는 것이 더 타당하다. 바울은 젊은 여자와 관련한 교훈에서 '온전히 깨끗함으로'란 어구를 첨가한다. 이 어구는 문법적으로 '젊은 여자'뿐만 아니라 네 그룹의 사람들 모두와 관련된 것으로 볼 수도 있다. 그러나 '깨끗함'(ἁγνεία, '하그네이아')이란 말에는 성적 순결의 의미도 포함되고 있어(4 : 12 주해 참조) '젊은 여자'와만 관련된 것으로 이해하는 것이 자연스럽다. 크리소스톰은 이 어구가 젊은 여인들과의 성적 관계뿐만 아니라 그러한 의심을 받는 일도 없어야 함을 나타낸다고 말한다(450).

설교를 위한 묵상

바울은 디모데에게 연령과 성에 따라 구분되는 교회 내의 다양한 그룹들에 대해 마치 가족에게 하듯 권고하라고 말한다. 이러한 바울의 교훈은 교회를 '하나님의 집'으로 묘사한 3 : 15을 상기시킨다. 바울은 특별히 나이 많은 남자들에게 잘못이 있을 때 꾸짖지 말고 권하라고 말한다. 이것은 잘못을 지적하지 말라는 것이 아니라 지적하는 어조와 자세에 있어서 특별한 주의를 기울이라는 것이다. 또한 바울은 젊은 여자를 대할 때 '온전히 깨끗함으로' 대하라고 한다. 바울은 젊은 디모데에게 젊은 여자들을 대할 때 세심하게 주의하여 본인과 교회의 평판에 손상이 가는 일이 없도록 하라고 조언한다.

이러한 바울의 교훈은 교회 지도자에게 분별력과 신중함과 지혜가 필요함을 말해준다. 교회 내에는 연령이 다르고 성이 다른 다양한 그룹들이 존재한다. 각 그룹의 차이점을 깨닫는 분별력, 각 그룹의 사람들을 대할 때 적합한 자세와 행동이 무엇인지를 깨닫는 지혜, 그리고 자신의 태도와 행동에 대하여 항상 주의를 기울이는 신중함은 교회 지도자들이 갖추어야 할 필수적인 덕목이다. 그러나 이 모든 것 위에 있어야 할 가장 기본적인 덕목은 교회의 구성원들을 가족과 같이 대할 수 있는 따뜻한 사랑이다.

B. 과부에 대하여(5 : 3-16)

3참 과부인 과부를 존대하라 4만일 어떤 과부에게 자녀나 손자들이 있거든 그
들로 먼저 자기 집에서 효를 행하여 부모에게 보답하기를 배우게 하라 이것이
하나님 앞에 받으실 만한 것이니라 5참 과부로서 외로운 자는 하나님께 소망
을 두어 주야로 항상 간구와 기도를 하거니와 6향락을 좋아하는 자는 살았으
나 죽었느니라 7네가 또한 이것을 명하여 그들로 책망받을 것이 없게 하라 8누
구든지 자기 친족 특히 자기 가족을 돌보지 아니하면 믿음을 배반한 자요 불
신자보다 더 악한 자니라 9과부로 명부에 올릴 자는 나이가 육십이 덜 되지
아니하고 한 남편의 아내였던 자로서 10선한 행실의 증거가 있어 혹은 자녀를

양육하며 혹은 나그네를 대접하며 혹은 성도들의 발을 씻으며 혹은 환난당한 자들을 구제하며 혹은 모든 선한 일을 행한 자라야 할 것이요 [11]젊은 과부는 올리지 말지니 이는 정욕으로 그리스도를 배반할 때에 시집가고자 함이니 [12]처음 믿음을 저버렸으므로 정죄를 받느니라 [13]또 그들은 게으름을 익혀 집집으로 돌아다니고 게으를 뿐 아니라 쓸데없는 말을 하며 일을 만들며 마땅히 아니할 말을 하나니 [14]그러므로 젊은이는 시집가서 아이를 낳고 집을 다스리고 대적에게 비방할 기회를 조금도 주지 말기를 원하노라 [15]이미 사탄에게 돌아간 자들도 있도다 [16]만일 믿는 여자에게 과부 친척이 있거든 자기가 도와주고 교회가 짐 지지 않게 하라 이는 참 과부를 도와주게 하려 함이라

1. 개관 및 구조

연령과 성에 따른 교회 내의 그룹들을 대하는 자세에 관하여 교훈을 준 바울은 이제 특정한 그룹들을 어떻게 대할 것인지에 관해 교훈을 시작한다. 과부와 관련된 교훈을 담은 본문은 크게 3~8절과 9~16절로 나누어진다. 3~8절에서는 '참 과부'를 보살필 필요성과 참 과부의 범위에 관하여 말한다. 9~16절에서는 참 과부의 자격을 명시하며 참 과부와는 달리 문제를 일으키는 젊은 과부들에 관하여 교훈한다. 첫 부분의 끝(8절)과 둘째 부분의 끝(16절)에서 과부들을 보살펴야 할 가족이나 친족의 의무가 강조되는 것은 주목할 만하다. 이 단락은 학자들의 논란을 불러일으킨 내용들을 포함하고 있다. 그 중에서도 9절에서 언급된 과부의 명부가 교회 내에 과부의 직제가 존재했음을 나타내는 것인지의 여부를 두고 학자들은 큰 이견을 보인다.

2. 본문 분석

[5 : 3] 이 단락은 "참 과부인 과부를 존대하라"는 말로 시작한다(3절). 뒤따르는 내용은 '참 과부'란 도움을 받기에 합당한 과부를 지칭하고 있음을 보여

준다. '존대하라'(τίμα, '티마')란 명령은 십계명의 제5계명을 상기하게 한다. 다른 바울서신에서 제5계명이 인용된 유일한 경우인 에베소서 6 : 2에서 이 용어가 사용되었으며, 공관복음서에서 제5계명이 인용되는 경우에도 이 용어가 사용되었다(마 15 : 4 ; 19 : 19 ; 막 7 : 10 ; 10 : 19 ; 눅 18 : 20). 이 용어에는 존경의 의미뿐만 아니라 필요한 물질에 대한 제공의 의미도 포함되어 있다. 따라서 번역에 따라 존경의 의미를 강조하기도 하고(새번역, NKJV, NRSV, TEV) 보살핌의 의미를 강조하기도 한다(공역개정, CEV). 구약은 하나님을 과부와 고아의 보호자로 묘사하고(신 10 : 18 ; 시 68 : 5 ; 146 : 9), 과부들에 대한 학대를 죄의 예증으로 제시하며(욥 24 : 21 ; 시 94 : 6), 과부에 대한 보살핌의 필요성을 강조한다(출 22 : 22 ; 신 24 : 17, 19–21 ; 26 : 12–13 ; 시 68 : 5 ; 사 1 : 17 등). 과부에 대한 보살핌의 중요성은 초대교회에서도 널리 인식되었다(행 6 : 1–6 ; 9 : 36, 39 ; 약 1 : 27).

[5 : 4] 4절에는 3절에서 언급한 '참 과부'의 범위를 한정하는 첫 번째 내용이 나온다. 참 과부는 자녀나 손자가 없는 사람이어야 한다. 왜냐하면 자녀나 손자가 있다면 그들이 돌보는 것이 마땅하기 때문이다. 부모나 조부모를 돌보는 것은 그들에게 '보답하는' 것이며 '효를 행하는' 것이다. '보답하는' 것이란 말에는 자신이 부모나 조부모로부터 받았던 보살핌을 되돌려 드리는 성격이 있음을 암시한다. '효를 행하다'라고 번역된 단어(εὐσεβέω, '유세베오')는 목회서신에서 강조하는 '경건'(εὐσέβεια, '유세베이아')과 동족어로 대개 '종교적 의무를 행하다'로 번역된다(공역개정, 새번역, TNIV, TEV 등). 경건은 삶의 모든 영역에서 하나님의 뜻에 대한 순종을 요구한다. 그것은 기도, 찬양, 예배 등 하나님을 향한 행위에서뿐만 아니라 인간을 향한 도덕적 의무의 수행을 통해서도 드러나야 한다. 부모나 조부모를 돌보는 것이 '하나님 앞에 받으실 만한 것'이란 표현은 다시 한번 제5계명을 상기하게 한다. 바울은 목회서신에서 사회적 관습이나 평가를 중시하지만 과부에 대한 돌봄의 강조는 일차적으로 사회적 관습보다 종교적 관점에 근거한다.

[5 : 5–6] 5~6절에는 참 과부의 범위를 제한하는 두 번째 내용이 나온다. '외로운 자'인 참 과부는 경건한 자여야 한다. '외로운 자'란 남편이 죽은 후 돌보아 줄 다른 가족이 없이 홀로 남겨진 자라는 의미이다. 참 과부는 '하나님께 소망을 두어 주야로 항상 간구와 기도를 하는' 사람이다. 6절은 5절에서 언급한 참 과부의 경건한 모습과 대조되는 '향락을 좋아하는 자'에 대해 말한다. '향락을 좋아하는 자'는 여성 단수로 과부를 가리키고 있음이 분명하다(공역개정, 새번역, TNIV, TEV, CEV 등). 이 과부는 11~13절에서 묘사된 과부들을 염두에 두고 있을 가능성이 있다. 바울은 그러한 과부는 몸은 살아 있을지라도 영적으로 죽은 자라고 말한다. 향락을 추구하는 삶은 특별히 공동체에 있는 다른 과부들이 생계유지가 어려운 상황에 있기에 더욱 비난받을 수밖에 없다.

[5 : 7] 바울은 디모데에게 "이것을 명하여 그들로 책망 받을 것이 없게 하라"고 권고한다. 그런데 '이것'이 무엇을 가리키며 '그들'이 누구를 가리키는지 명확하지 않다. '이것'은 5~6절을 받는다고 생각할 수 있으며, 그 경우 '그들'은 과부들을 가리킨다(Fee, 117). 또한 '이것'은 4절과 8절에 나오는 과부에 대한 가족들의 의무를 가리킨다고 볼 수도 있으며, 그 경우 '그들'은 과부의 가족들을 말한다(Knight, 220).

[5 : 8] 바울은 과부에 대한 친족이나 가족의 의무를 다시 한번 강조한다. 이것은 교회의 구성원 중에 그러한 의무를 소홀히 하거나 그들이 돌보아야 할 과부를 교회가 돌보도록 하는 사람들이 있었음을 강하게 암시한다. 바울은 그러한 자들에 대해서 '믿음을 배반한 자'이며 '불신자보다 더 악한 자'라고 비판한다. '믿음을 배반한 자'란 배교를 의미하기보다는 불신자의 기준에도 미치지 못하는 삶으로 그리스도교 신앙의 의미를 부인하고 있는 자를 의미한다(참조. Mounce, 285). 목회서신은 인간에게 주어진 도덕적 의무를 실천하는 믿음을 강조한다. '불신자보다 더 악한 자'란 말에는 불신자들조차도 가족이

나 친족을 돌보는 것을 의무로 여기고 실천하고 있음을 암시한다. 그리스도인이 그들이 실천하는 것조차 행하지 못한다면 불신자보다도 못하다는 것이다. 불신자보다도 못한 삶은 바울의 관점에서 매우 심각한 것이다. 그리스도인은 선한 행위로 비그리스도인으로부터 칭송을 받아야 하며(3 : 7), 잘못된 행위로 비난을 받지 않아야 하며(5 : 14), 비방거리가 되어 하나님이 모욕을 당하거나 교회가 비난을 당하지 않도록 해야 하기(6 : 1) 때문이다.

[5 : 9–10] 9~16절에서는 명부에 올릴 과부의 자격과 젊은 과부를 명부에 올리지 않아야 할 이유를 말한다. 그런데 과부를 '명부에 올리는' 것이(9a절) 무엇을 의미하는지에 관해서는 학자들 사이에 이견이 있다. 많은 학자들은 이 용어가 특정한 직무를 수행하기 위한 등록을 가리킬 때 흔히 사용되었다는 점을 들어 교회 내에 기도, 접대 등 특별한 책무를 수행하는 과부의 직제가 존재했다고 주장한다. 그리고 '명부에 올리는 것'은 바로 그 과부의 회에 등록함을 의미한다고 본다. 그러나 이 용어를 그러한 전문용어로 이해할 필요는 없다. 왜냐하면 3~16절은 특정한 과부의 의무나 직무를 말하는 것이 아니라 참 과부로 돌보아야 할 이들에 대한 선별 기준에 초점이 있기 때문이다. 따라서 명부에 올리는 것을 '참 과부'로서 교회가 도와야 할 필요가 있는 사람의 이름을 올리는 것으로 이해하는 것이 자연스럽다. 물론 이 경우 명부에 올라 교회의 도움을 받는 사람은 교회를 위해 봉사했을 가능성이 있다.

바울은 '명부에 올릴' 과부의 자격으로 세 가지를 제시한다. 첫째, 나이가 육십 이상이어야 한다(9b절). 바울은 당시 도움을 받을 만하다고 일반적으로 생각되던 연령과 재혼을 더 이상 생각하기 어려운 나이를 염두에 둔 것으로 보인다. 둘째, '한 남편의 아내였던 자'이어야 한다(9c절). 여기서 '한 남편의 아내였던 자'라는 것은 남편이 죽은 후 재혼한 적이 없는 여자를 가리킨다고 볼 수 있으나(Fee, Kelly, Spicq) 남편에 대해 신실했던 여자를 의미한다고 볼 수도 있다(Dibelius-Conzelmann, Lock). 셋째, 선한 행실의 증거가 있어야 한다(10절). 바울은 이 선한 행실의 증거로 다음의 다섯 가지를 열거한다.

1) 자녀 양육, 2) 나그네 대접, 3) 성도의 발을 씻김, 4) 환난 당한 자 구제, 5) 모든 선한 일을 행한 자.

1) 자녀의 양육에서 자녀란 자신의 자녀라기보다 고아들을 지칭할 가능성이 있다고 주장하기도 한다(Dibelius-Conzelmann, 75). 그러한 주장은 참 과부에게는 자녀나 손자가 없어야 한다는 3~4절의 내용을 근거로 한다. 그러나 여기서 언급된 자녀 양육은 과부로서 살고 있는 현재의 상태를 말하는 것이 아니라 과부가 되기 이전의 삶까지도 포함하고 있기 때문에 자녀가 고아를 의미한다고 볼 필요는 없다. 2) 나그네에 대한 대접은 구약에서도 강조되었으며 초대교회에서도 중요한 덕목으로 간주되었다(3 : 2 주해 참조). 3) 성도의 발을 씻음이 문자적인 의미로 사용되었는지 비유적 의미로 사용되었는지의 여부는 확실하지 않다. 당시 여행 중에 있는 먼지투성이의 동료 그리스도인을 씻어 주는 것은 필요한 일이었다. 비유적으로 사용되었다면 겸손한 마음과 종의 의식을 가리키는 것으로 생각된다. 4) 환난 당한 자에 대한 구제에서 '환난'은 일반적인 고난과 그리스도인으로서 당하는 고난을 모두 포괄한다. 5) 모든 선한 일을 행한 자는 선한 증거 중의 하나로 열거하고 있다기보다는 앞에서 열거한 항목들을 종합적으로 서술하는 성격이 강하다.

[5 : 11-12] 11절에서 바울은 젊은 과부의 경우 명부에 올리지 않도록 지시한다. 물론 이 지시는 젊은 과부들은 도울 필요가 없다는 것이 아니라 공식적으로 명부에 올리는 대상에서 제외하라는 것이다. 젊은 과부를 제외하는 첫 번째 이유는 그들이 '정욕으로 그리스도를 배반할 때에 시집가고자' 하기 때문이다. 바울이 재혼 자체를 비판하는 것이 아님은 재혼을 허용하는 14절에서 분명히 나타난다(참조. 고전 7 : 8-9, 39-40). 여기서 바울이 비판하는 것은 '정욕'으로 그리스도를 배반하며 재혼하고자 하는 것이다. '정욕'을 좇음은 방종하며 쾌락, 특히 육체적 쾌락을 추구함을 의미한다. '그리스도를 배반함'은 그들의 쾌락에 대한 추구가 그리스도에 대한 헌신을 대체하게 됨을 의미하는 것으로 보인다. 특히 시집가고자 하는 여성들의 행위를 능동형으로 사용한

것은 주목할 만하다. 왜냐하면 결혼은 남자의 주도로 이루어지는 당시의 세계에서 이것은 이례적인 표현이기 때문이다(Collins, 141). 젊은 과부들에 대한 바울의 비판은 교회가 도와주는 제도를 남용하여 그들이 물질에 대한 염려에서 벗어나 방종하는 경우가 많았기 때문이었을 가능성이 높다(참조. Mounce, 290).

12절에 나오는 "처음 믿음을 저버렸으므로 정죄를 받느니라"라는 말은 이해하기가 쉽지 않다. 많은 학자들은 '믿음'을 '서약'으로 이해한다. 과부의 명부에 올릴 때 과부로 살 것을 서약했거나 그리스도를 위해 헌신할 것을 서약한 사람들이 재혼을 함으로써 그 서약을 깨뜨리게 된 경우를 가리킬 수 있다. 또는 죽은 남편에 대해 신실할 것을 서약한 사람들이 재혼을 함으로써 그 서약을 깨뜨리게 된 경우를 의미할 수도 있다. '믿음'을 '서약'으로 이해하는 경우 '정죄'로 번역된 헬라어(κρίμα, '크리마')를 '심판'의 의미보다 '책망' 또는 '비난'의 의미로 이해하여 그 냉엄함을 완화하기도 한다(공역개정, 새번역 ; Knight, 226). 그러나 '믿음'이 그리스도에 대한 믿음을 가리킬 가능성도 상당히 높다. 바울이 본문에서 재혼하는 자체에 대해 부정하지 않으면서도 에베소교회 일부 젊은 과부들의 재혼에 대해 강도 높은 비판을 하는 것은 이들이 그리스도에 대한 믿음을 버렸기 때문이라고 볼 수 있다. 타우너(Towner)는 육체적 쾌락을 추구하는 젊은 과부들이 비그리스도인 남자와 재혼함으로써 여인이 남편의 종교를 따르는 당시의 관습에 따라 그리스도교 신앙을 버렸을 것으로 추정한다. 그리고 그는 재혼을 허락하는 14절은 그리스도인과의 결혼을 말하는 것으로 이해한다(352). 마운스(Mounce)도 '믿음'을 그리스도에 대한 믿음으로 이해하는 것이 '정죄(심판)를 받음', '사탄에게 돌아감' 등의 강한 비판의 어조에 가장 적합하다고 주장한다(289-292).

[5 : 13] 바울은 젊은 과부를 명부에 올리지 않아야 할 두 번째 이유를 든다. 그것은 그들이 경건한 과부의 모범을 따르지 않고 하지 않아야 할 행동을 하기 때문이다. 그들은 '게으름을 익혀' 집집으로 돌아다닌다. '게으름을 익혀'

라는 말은 풍자적 표현으로 문자적으로는 '그들이 게으름 피우는 법을 배운다'라는 뜻이다. 뿐만 아니라 그들은 쓸데없는 말을 하고 일을 만들며 해서는 안 될 말을 한다. '일을 만드는'으로 번역된 헬라어(περίεργος, '페리에르고스')는 '간섭하고 참견하는'의 의미이다(BDAG, 800).

[5 : 14–15] 바울은 젊은 과부에게 재혼할 것을 권고한다(14절). 재혼을 하여 아이를 낳고 가정을 돌보는 것이 그리스도인으로서 합당하지 못한 행위를 계속하는 것보다 유익하기 때문이다. 이것을 고린도전서 7 : 8~9, 39~40에서 주어진 바울의 교훈과 상치되는 것으로 볼 필요는 없다. 고린도전서의 경우 독신으로 있는 것이 좋지만 그것이 가능하지 않다면 결혼을 허용한다. 그리고 본문의 경우 과부들이 이미 독신으로 있기 어려운 상황에 있기 때문에 재혼을 권고하는 것이다(참조. Mounce, 295–296). 바울은 그렇게 함으로써 '대적에게' 비방할 기회를 주지 않아야 한다고 말한다. 이것은 젊은 과부들의 잘못된 행위가 교회에 대한 비방으로 이어졌음을 암시한다. 여기서 '대적'은 인간을 가리킨다고 볼 수도 있지만 15절에 나오는 사탄을 가리키는 것으로 보인다. 바울은 젊은 과부들 중 "이미 사탄에게 돌아간 자들도 있도다"라고 말한다(15절). 이것은 젊은 과부들이 도덕적 타락, 특히 성적 타락에 빠진 것을 가리킬 수도 있으며, 이단의 가르침에 빠져 그리스도교 진리에서 떠났음을 의미할 수도 있다. 어떤 경우든 이 구절은 과부의 문제, 특히 젊은 과부의 문제가 에베소교회에서 심각했음을 보여 준다.

[5 : 16] 이 단락의 마지막 구절인 16절은 다시 참 과부의 보살핌에 대한 가족이나 친족의 의무에 관해 말한다. 그들의 의무는 본문에서 세 번째 반복되고 있으며(4, 8절 참조), 단락의 마지막에서 다시 언급되는 것으로 보아 이것이 에베소교회에서 중요한 문제였음을 알 수 있다. 그런데 여기서 과부를 보살펴야 할 친족이 '믿는 여자'로 나온다. 보살핌의 주어가 '믿는 남자'나 '믿는 남자나 여자'가 아닌 '믿는 여자'로 나오는 것은 당시의 사회적 관습으로 볼

때 설명하기가 쉽지 않다. 이스라엘을 포함한 고대 근동지역에서는 과부가 된 여인들을 돌보는 것은 남자 자손들의 의무로 생각되었다. 따라서 '믿는 여자'(א, A, C, F, P, it[mon]) 대신 '믿는 남자나 믿는 여자'(D, K, L, it[ar], Chrysostom) 또는 '믿는 남자'(eth, Augustine)로 나오는 사본이나 번역본 또는 교부들의 인용이 발견된다는 것은 놀라운 일이 아니다. 사실 '믿는 남자나 믿는 여자'라는 말을, 필사자가 실수로 '믿는 남자나' 부분을 빠뜨렸을 가능성도 배제할 수 없다. 그러므로 KJV(NKJV)나 NEB 등은 '믿는 남자와 믿는 여자'로 번역한다. 그러나 '믿는 여자'가 원문의 읽기임을 부인할 결정적 이유는 없다. 우리는 바울이 '믿는 여자'에게 과부된 친족에 대한 보살핌의 의무를 강조하는 에베소교회의 구체적 정황을 알지 못한다. 아마 과부이거나 독신인 부유한 여자 그리스도인을 향한 권고일 수도 있을 것이다. 신약은 그러한 경우의 여인들(글로에, 뵈뵈, 눔바, 루디아 등)이 초대교회에 있었음을 보여 준다(참조. Johnson, 268). 다른 가능성은 결혼한 남자의 부인을 향한 권고일 수 있다. 가정에서 과부를 돌볼 경우 그들을 직접 보살피는 일은 그 가정의 여자들에게 맡겨지기 때문이다.

바울은 과부들을 가족이나 친족이 돌보아 교회에게 짐이 되지 않게 하라고 말한다. 여기서 짐은 재정적 지원에 대한 부담을 가리킨다. 교회에 짐이 되지 않도록 노력해야 할 이유는 그렇게 함으로써 교회가 도움이 꼭 필요한 참 과부를 도와줄 수 있기 때문이다.

설교를 위한 묵상

주후 1세기 과부의 삶은 오늘날과는 비교할 수 없을 정도로 어려움이 많았다. 당시 과부가 자신의 힘으로 생계를 꾸려나간다는 것은 극히 어려운 일이었다. 그러한 시대에 교회가 모든 과부를 도와주는 것이 이상적이라 할 수 있지만 교회의 재정에는 한계가 있을 수밖에 없다. 본문은 에베소교회가 많은 과부들에게 재정적인 지원을 하였으며 그것이 교회에 큰 재정적 부담이 되었음을 암시해 준다. 그러므로 바울은 교회가 정말 도와야 할 과부와 그렇지 않은 과부를 선별하도록 지시하고 그 구체적인 선별의 지침을 준다. 그 선별의 기준으로 바울은 가족이나 친족의 보살핌을 받을 수 없는 자, 경건한 삶을 영위하는 자, 60세 이상인 자, 남편에게 신실했던 자, 선한 행실의 증거가 있는 자 등을 제시한다. 본문은 '참 과부'를 선별할 필요성과 함께 젊은 과부들에 대한 권고도 담고 있다. 젊은 과부들 중에는 '참 과부'로서 살아가는 사람들과는 달리 방종하며 육적 쾌락을 좇는 사람들이 있다. 이들에 대한 묘사에 나오는 '그리스도를 배반함', '사탄에게 돌아감' 등의 표현은 이 문제가 매우 심각했음을 보여 준다. 본문은 교회가 성도들의 영적 문제뿐만 아니라 육적인 문제에도 관심을 기울였음을 보여 준다. 이미 살펴본 대로 구약은 하나님의 백성 이스라엘에게 과부를 도울 것을 의무화하고 있다. 초대교회도 그러한 전통을 따라 과부들을 적극 도와주었다. 사도행전 6 : 1~7은 당시 교회가 과부들을 돌보는 데 매우 적극적이었음을 보여 준다. 오늘날 교회도 어려운 성도를 돕는 데 보다 큰 관심을 기울일 필요가 있다. 그리고 성도들을 돕는 데 있어서 도움을 절실히 필요로 하는 성도들을 선별하는 데 주의를 기울여야 한다. 더 어려운 사람을 두고 덜 어려운 사람들이 교회 재정 지원의 수혜자가 되는 것은 부끄러운 일이다.

본문에서 과부의 가족이나 친족에 대한 의무를 특별히 강조하고 있음은 눈여겨볼 만하다. 바울은 이들의 의무를 세 번이나 반복한다(4, 8, 16절). 과부의 부양에 대한 책임은 일차적으로 가족에게 있다는 것이다. 바울은 자기 가족이나 친족에 속한 과부를 돌보아 교회의 재정에 짐이 되지 않도록 해야 한다고 말한다(16절). 그러나 가족의 의무를 강조하는 이유는 단순히 교회의 부담을 줄이기 위해서만은 아니다. 과부에 대한 가족으로서의 의무 이행은 자신이 받은 것에 대해 보답하는 길이며 하나님이 기뻐하는 일이기 때문이다. 이것은 현대 그리스도인에게 큰 교훈을 준다. 오늘날 우리의 사회에는 과거 어느 때보다 노인 인구의 비중이 높다. 그러나 자녀로부터 경제적 도움을 받지 못하고 어려운 상황에 놓여 있는 사람들이 많다. 자기 자식에 대해서는 모든 것을 희생하며 지원을 아끼지 아니하면서도 부모에 대한 지원에는 인색한 사람들이 매우 많다. 자식에 대한 관심과 지원의 10%라도 부모에게 돌려 드릴 수는 없을까? 네 부모를 공경하라는 제5계명에는 물질적 지원이 포함된다는 것을 그리스도인들이 분명히 깨달을 필요가 있다. 그리고 부모에 대한 물질적 지원의 의무를 회피하려는 자들이 예수로부터 얼마나 강하게 비판받았는지를 항상 기억할 필요가 있다(막 7 : 9-13).

C. 장로에 대하여(5 : 17-25)

17잘 다스리는 장로들은 배나 존경할 자로 알되 말씀과 가르침에 수고하는 이
들에게는 더욱 그리할 것이니라 18성경에 일렀으되 곡식을 밟아 떠는 소의 입
에 망을 씌우지 말라 하였고 또 일꾼이 그 삯을 받는 것은 마땅하다 하였느니
라 19장로에 대한 고발은 두세 증인이 없으면 받지 말 것이요 20범죄한 자들을
모든 사람 앞에서 꾸짖어 나머지 사람들로 두려워하게 하라 21하나님과 그리
스도 예수와 택하심을 받은 천사들 앞에서 내가 엄히 명하노니 너는 편견이
없이 이것들을 지켜 아무 일도 불공평하게 하지 말며 22아무에게나 경솔히 안
수하지 말고 다른 사람의 죄에 간섭하지 말며 네 자신을 지켜 정결하게 하라
23이제부터는 물만 마시지 말고 네 위장과 자주 나는 병을 위하여는 포도주를
조금씩 쓰라 24어떤 사람들의 죄는 밝히 드러나 먼저 심판에 나아가고 어떤
사람들의 죄는 그 뒤를 따르나니 25이와 같이 선행도 밝히 드러나고 그렇지
아니한 것도 숨길 수 없느니라

1. 개관 및 구조

본문은 장로들을 대하는 자세를 다루며, 17~20절과 21~25절 두 부분으로 구성되어 있다. 학자에 따라서는 21~25절을 장로에 대한 내용이 아닌 새로운 단락으로 이해하기도 한다. 그러나 앞부분인 20절과 뒷부분인 22절에

는 죄에 관한 언급이 공통적으로 나오며, 22절의 '안수'는 지도자와 관련이 있는 의식으로 추정되기 때문에, 21~25절도 장로의 문제를 계속 다루고 있다고 보는 것이 타당하다. 첫 부분인 17~20절은 장로들에 대한 보상과 징계의 문제에 초점을 두고 있다. 잘 다스리는 장로들은 존경을 받아야 하고 교회는 그들에게 적절한 대가를 지불해야 하지만 죄를 짓는 장로들은 꾸짖어 다른 사람들도 두려워하게 해야 한다. 둘째 부분인 21~25절은 장로의 임명에 초점을 두고 있다. 장로의 임명에는 세심한 주의가 필요하며 서둘러서는 안 된다. 사람의 죄나 선행은 즉시 드러나지 않는 경우가 많기 때문에 서둘러 임명할 경우 장로로 적합하지 않는 사람을 임명할 수 있기 때문이다.

이 단락은 과부의 경우와 구조상 공통되는 점이 많다. 과부의 경우처럼 장로를 존경하라는 말로 시작하며, 존경에는 물질적 지원도 포함됨을 분명히 한다. 또한 과부의 경우처럼 잘못으로 인해 책망을 받아야 할 자에 대해서도 다룬다.

2. 본문 분석

[5 : 17] 앞 단락에서 '참 과부'인 과부들을 존경하라는 말로 교훈을 시작한 바울은 여기서도 역시 '잘 다스리는' 장로들을 존경하라는 말로 시작한다. 여기서 '장로'로 번역된 단어(πρεσβύτερος, '프레스뷔테로스')는 5 : 1에서 '늙은이'(나이 많은 남자)를 가리키는 데 사용되었다. 그러나 여기서는 '잘 다스리는'이란 어구가 말해 주듯 교회를 지도하는 직무를 담당했던 '장로'를 가리키는 것이 틀림없다. 그런데 신약에서 '장로'란 용어는 다양하게 사용되기 때문에 본문에 나오는 '장로'의 구체적인 직무에 대해서는 확인하기 어렵다. 그리고 여기서 언급된 '장로'와 3장에서 언급된 '감독'의 관계도 분명하지 않다. 장로와 감독은 호환하여 사용될 수 있는 용어일 수도 있으며(Collins, 144 ; Mounce, 307-309), 장로는 감독을 포함한 보다 넓은 의미의 교회 지도자들을 가리킬

수도 있다(Fee, 128). 어쩌면 장로들의 모임에서 감독이 선출되고 장로들 중 어떤 이들은 감독과 함께 말씀과 가르침의 사역을 담당했을 수도 있다(Johnson, 「디모데전 · 후서, 디도서」, 157-158).

바울은 잘 다스리는 장로들을 '배'나 존경하라고 말한다. '존경하다'라는 말 속에는 이미 언급한 대로(3절 주해 참조) 물질적인 지원의 의미가 포함되어 있으며, 그것은 뒤따르는 18절에서도 명백히 드러난다. 그런데 '배'나 존경하라는 의미는 분명하지 않다. 이것을 과부나 다른 장로들에 비해서 두 배의 물질적 지원을 하라는 의미로 보기도 한다. 그러나 배나 존경하라는 것은 존경과 함께 보수를 지급하라는 의미일 가능성이 더 높다. 모든 장로에게 교회가 보수를 지급했다고 보기는 어렵기 때문에 존경과 함께 보수를 지급하는 것은 배나 존경하는 것이 될 것이다.

바울은 특히 '말씀과 가르침에 수고하는' 장로들을 존경하라고 한다. 여러 성경에서 '설교'로 번역된(TNIV, TEV, CEV) '말씀'(λόγος, '로고스')은 복음의 선포를 가리킨다(딤후 2 : 9 ; 딛 2 : 5). '가르침'은 믿는 자들을 대상으로 한 복음에 대한 교육을 의미한다. 장로들 중 특히 '말씀과 가르침에 수고하는' 장로를 존경하라는 것은 모든 장로가 복음의 선포와 가르침의 사역을 담당한 것은 아니었음을 암시해 준다. 그러나 이를 근거로 교회 내에 두 종류의 구분된 장로가 있었다고 추론하기는(Calvin, 262) 어렵다.

[5 : 18] 18절은 17절에서 언급한 장로들을 배나 존경할 이유, 즉 그들에게 존경과 함께 보수를 지급해야 할 이유를 설명한다. 헬라어 본문에서 18절은 '왜냐하면'이란 단어로 시작한다. 바울은 그 이유를 설명하기 위해 "곡식을 밟아 떠는 소의 입에 망을 씌우지 말라"라는 말과 "일꾼이 그 삯을 받는 것은 마땅하다"란 말을 인용한다. 전자는 구약 신명기 25 : 4에 나오며, 후자는 누가복음 10 : 7에 나오는 예수의 말씀과 일치한다(참조. 마 10 : 10). 고린도전서 9장에서 바울은 전자를 '모세의 율법'으로(9절) 후자를 '주의 명령'으로(14절) 인용한다. 이 두 인용을 통해서 바울은 교회에서 복음을 선포하고 가르치는 장

로가 일한 대가를 받는 것은 하나님이 인정한 것임을 강조한다.

[5 : 19-20] 19~20절은 장로의 징계에 관한 문제를 다룬다. 장로의 고발에는 '두세 증인'이 있어야 한다(19절). 두세 증인의 필요성은 신명기 19 : 15에 나오는 것으로 유대교에서뿐 아니라 초대교회에서도 널리 적용되었다(참조. 마 18 : 16 ; 요 8 : 17 ; 고후 13 : 1 ; 히 10 : 28). 이 규정의 목적은 불만이나 개인적 감정으로 상대방을 해치지 못하게 하려는 데 있다. 바울은 이 규정을 바탕으로 부당하고 악의에 찬 고발로부터 장로들을 보호하려 한다. 그러나 바울은 장로들 중 '범죄한' 사람이 있다면 '모든 사람 앞에서 꾸짖어 나머지 사람들로 두려워하게' 해야 한다고 말한다(20절). '범죄한'이란 분사는 현재형으로 계속 죄를 짓고 있음을 암시한다. '모든 사람'은 공동체의 전 구성원을 의미하는 것이 분명하지만 '나머지 사람'은 누구를 가리키는지 분명하지 않다. '나머지 사람'이 나머지 전체 회중을 가리키는 것으로 볼 수도 있지만(Fee), 나머지 장로들을 가리키는 것으로 보는 것이(박익수, Dibelius-Conzelmann, Hanson, Lock, Mounce) 더 타당하다. 헬라어에서 '나머지'란 말은 일반적으로 동일한 범주에 있는 다른 사람들을 가리킨다.

[5 : 21] 바울은 디모데에게 '편견'과 '불공평함'이 없이 '이것들'을 지켜 행하라고 '엄히 명령한다'. 21절부터 새로운 단락이 시작된다고 볼 경우, '이것들'은 뒤에 나오는 내용을 가리킬 수도 있다. 그러나 17~25절을 한 단락으로 보는 것이 타당하기 때문에 '이것들'은 앞에 나온 내용 특히 19~20절을 가리킨다고 보아야 한다. '엄히 명하다'라는 용어의 사용은 이 명령의 중요성과 긴급성을 강조한다. '하나님과 그리스도 예수와 택하심을 받은 천사들 앞에서'라는 어구도 명령의 진지함과 엄숙함을 표현한다. 이 어구는 또한 하늘의 재판정을 상기시킴으로써 장로들의 징계에 있어서 신중하고 공정해야 함을 나타내기도 한다. 이 어구에서 '택함을 받은 천사들'이란 표현은 독특하다. '택함을 받은'이란 용어는 신약에서 주로 그리스도인들에게 사용되는 데 반해 여기서

는 천사에게 적용되었다. '택함을 받은 천사들'은 하나님의 특별한 뜻을 수행하기 위해 선택된 천사들을 가리킬 수도 있지만 타락한 천사들과 대조되는 하늘 궁정의 천사들을 가리킬 가능성이 높다.

[5 : 22] 22a절에서 바울은 "아무에게나 경솔히 안수하지 말라."고 말한다. 어윈(Irwin)은 레위기 24 : 14 등을 근거로 '안수'가 잘못에 대한 고발을 의미한다고 본다(128-129). 그러나 대부분의 학자들이 주장하는 대로 여기서 안수는 1) 장로를 새로 세우는 의식이나, 2) 회개한 장로를 복직시키는 의식에서 안수함을 가리키는 것으로 보인다. 1)과 2)의 견해 모두 문맥에 적합하지만 1)의 견해가 더욱 타당하다 생각된다. 아마 바울은 죄에 빠진 장로들의 문제를 언급하면서 장로를 세울 때 보다 세심히 관찰하여 장로로 부적합한 사람을 세우지 않도록 하라는 의미로 말하고 있을 것이다. 이러한 해석은 사람의 죄와 선한 행실은 빠른 시간에 드러나는 것이 아니라는 24~25절의 내용과 잘 조화된다.

22b절에서 바울은 "다른 사람의 죄에 간섭하지 말라."고 한다. '간섭하다'로 번역된 헬라어(κοινωνέω, '코이노네오')는 '동참하다', '나누다', '기여하다'의 의미를 가지고 있다. 다른 사람의 죄에 동참하지 말라는 것은 일부 장로들이 저지르고 있는 잘못에 휩쓸리지 말라는 의미로 해석할 수도 있다. 그러한 해석은 뒤따르는 "네 자신을 지켜 정결하게 하라"(22c절)는 어구와 잘 조화된다. 그러나 전체 문맥으로 볼 때 장로에 대한 안수를 성급하게 하여 후에 그가 죄인으로 드러나면 성급히 안수한 자도 그 죄에 대하여 책임이 있음을 강조하는 것으로 보인다. 24~25절의 내용은 그러한 해석을 뒷받침해 준다. 22c절에 나오는 "네 자신을 지켜 정결하게 하라"란 말에서 정결은 도덕적 측면에서의 정결을 가리킨다.

[5 : 23] 23절의 내용, 즉 물만 마시지 말고 포도주를 조금씩 쓰라는 말은 문맥과 어떻게 관련되는지 설명하기가 쉽지 않다. 사실 22절 다음에 바로 24~25절로 연결된다면 매우 자연스럽다. 그러나 자세히 살펴보면 23절은 삽입구적

성격을 가진 것이 분명하지만 22절과 관련이 있음을 알 수 있다. 디모데는 현재 물만 마시고 포도주를 마시지 않고 있다. 고대세계에서 물만 마신다는 것은 금욕의 표시였다. 디모데가 자신의 건강에 해로움에도 불구하고 왜 그러한 금욕을 택했는지는 정확히 알 수 없지만 그것은 금욕을 통하여 자신을 정결하게 지키려는 의도에서 나온 것일 가능성이 높다. 따라서 바울은 22절에서 말한 "네 자신을 지켜 정결하게 하라"는 교훈이 금욕주의적 삶을 요구하는 것은 아님을 말해 줄 필요가 있었을 것이다. 그리고 디모데의 경우 약간의 포도주를 사용하는 것이 건강에 도움이 될 것이라고 생각했던 바울은 디모데에게 '위장과 자주 나는 병을 위해' 포도주를 조금 사용하라고 말하는 것으로 보인다. 당시 유대인과 헬라인들에게 포도주는 의료적인 효능이 있는 것으로 널리 알려져 있었다.

[5 : 24-25] 23절에서 잠시 주제를 벗어나 디모데의 건강을 위해 조언한 바울은 24~25절에서 주제로 돌아가 성급히 안수함으로 죄에 동참하는 일이 없도록 하라는 교훈(22절)에 대해 부연하여 설명한다. "어떤 사람들의 죄는 밝히 드러나 먼저 심판에 나아간다."(24a절)라는 말에서 '먼저 심판에 나아간다'라는 어구는 어떤 사람이 재판정에 들어갈 때 죄가 그들 앞에서 증인으로 진군을 한다는 것으로(Johnson, 282), '죄는 밝히 드러나'라는 어구를 비유적으로 묘사한 것이다. 여기서 '심판'은 하나님의 심판, 세상 법정의 심판, 디모데의 심판 중 무엇을 의미하는지 분명하지 않지만, 24a절의 요지는 어떤 사람의 죄는 매우 명백하여 바로 드러난다는 것이다. 뒤따르는 '어떤 사람들의 죄는 그 뒤를 따르나니'(24b절)라는 어구는 24a절에서 말한 경우와는 대조적으로 어떤 사람의 죄는 시간이 흐른 후에야 드러난다는 의미로 보인다. 공역개정이나 새번역은 24절의 의미를 보다 분명히 표현하고 있다. "어떤 사람들의 죄는 명백해서 재판을 받기 전에 먼저 드러나고 어떤 사람들의 죄는 나중에야 드러납니다"(공역개정, 새번역은 문장부호만 다름).

24절이 죄의 경우에 대해 말했다면 25절은 선행의 경우에 대해 말한다.

'이와 같이 선행도 밝히 드러나고'(25a절)란 말은 죄의 경우처럼 사람의 선행도 매우 명백히 곧 드러난다는 의미이다. 그런데 25b절 "그렇지 아니한 것도 숨길 수 없느니라"라는 말은 그 의미가 분명하지 않다. 그것은 '그렇지 아니한 것'이 무엇을 가리키는지 명백하지 않기 때문이다. '그렇지 아니한 것'이 '선행이 아닌 것', 즉 죄악을 의미한다고 볼 수도 있으며, '밝히 드러나지 않은 것', 즉 즉시 드러나지 않는 선행을 의미하는 것으로 볼 수도 있다. 이 중 후자의 경우가 24절에 나온 대조와 병행을 이루게 되어 더 적합하다고 생각된다(참조. 공역개정, 새번역, TEV, CEV 등). 그렇다면 24~25절은 죄나 선행이 바로 드러나지 않는 경우도 많이 있기 때문에 장로를 세울 때에 성급하게 서둘러 잘못된 선택을 하는 일이 없도록 하라는 말이다.

설교를 위한 묵상

본문에서 바울은 장로들에 대한 존경과 징계, 그리고 장로의 안수문제를 다룬다. 먼저 바울은 장로들을 존경함과 동시에 그들에게 물질적 지원을 해야 한다고 말한다. 이것은 교회가 목회자들에게 생계를 염려하지 않고 목회활동을 할 수 있도록 해 주어야 할 의무가 있음을 말해 준다. 크리소스톰은 구약 시대 레위 사람들이 십일조나 여러 가지 헌물을 통해서 생활한 것처럼 목회자들도 그와 같은 방법으로 생활할 수 있어야 한다고 말한다(460). 바울은 자신이 장막을 만드는 일로 생계를 유지했을지라도 그것은 특수한 경우이며 가르치는 자들이 물질적인 지원을 받을 권리가 있다는 점을 강조하였다(고전 9 : 4-14 ; 참조. 갈 6 : 6).

'존경하라'는 말은 교회 지도자들도 자신들이 존경을 받도록 노력해야 할 필요가 있음을 말해 준다. 특히 본문은 교회 지도자에 대한 존경과 징계문제를 함께 다루면서 교회 지도자에게 묻고 있다. 존경을 받는 교회 지도자가 될 것인가 아니면 징계를 받는 지도자가 될 것인가? 교회 지도자들은 흔히 하나님의 평가가 중요하며 인간의 평가는 중요하지 않다고 말한다. 이 말은 경우에 따라서, 특히 하나님의 평가와 인간의 평가가 상치될 때 옳은 말이 될 수 있지만, 모든 경우에 적용될 수 있는 말은 결코 아니다. 감독과 집사의 자격을 말하면서 바울이 사람들의 평가를 매우 중시하고 그들의 도덕적 자질을 강조한 이유를 깊이 생각할 필요가 있다.

바울은 장로의 징계문제를 다루면서 모함이나 개인적 감정에 의해 장로의 권위가 훼손되지 않도록 유의할 것을 명령한다. 그러나 장로에게 죄가 있을 경우에는 모든 사람 앞에서 꾸짖어 다른 장로들로 두려움을 갖도록 해야 한다고 말한다. '모든 사람 앞에서' 꾸짖으라는 말이 장로들의 모든 잘못을 낱낱이 공중 앞에 드러내어야 함을 의미하는 것은 아니다. 마태복음 18 : 15~17에 나오는 예수의 말씀은 장로들의 경우에도 적용되어야 한다. 본문은 잘못에서 돌이키지 않고 계속해서 죄를 짓는 경우를 다룬다. 장로의 징계에 대한 교훈이 진지하고 엄중함은 잘못을 저지르는 일부 장로들이 거짓 교사였을 가능성이 있음을 암시한다.

본문에 나오는 징계에 대한 교훈은 오늘날의 교회에 중요한 메시지를 준다. 교회가 거룩한 공동체로 바로 서기 위해서, 그리고 세상으로부터 칭송을 받는 공동체가 되기 위해서, 교회는 죄의 문제를 다루어야 한다. 죄의 문제는 공동체의 모든 구성원과 관련이 되지만 특히 교회 지도자의 경우에는 더욱 심각하게 다루어져야 한다. 죄의 문제를 다룬다는 것은 징계의 문제에 대한 논의도 포함한다. 물론 징계는 징계를 받는 사람에게는 회개에 이르는 계기가 되고, 다른 사람들에게는 자신을 살필 기회가 되어야 한다. 징계는 남용될 때 큰 위험이 따르지만 그 위험 때문에 징계 자체를 소홀히 한다면 그것 또한 교회를 큰 위험에 빠뜨릴 수 있음을 기억해야 한다(참조. Guthrie, 118).

본문은 장로들에 대한 징계에 있어서 공정하고 공평하고 신중해야 함을 강조한다. 동시에 장로들을 세울 때 서두르지 말고 그들을 세심하게 살필 것을 강하게 요구한다. 그것은 사람의 죄와 선행은 바로 나타나지 않는 경우가 많기 때문이다. 그럼에도 불구하고 서둘러 장로를 세워 나중에 그들의 죄가 드러나고 자질이 없는 사람으로 판명되면 그들을 세운 자들에게도 그 죄에 책임이 있다. 크리소스톰은 장로를 세운 사람들은 그의 과거의 죄에 대해서뿐만 아니라 미래의 죄에 대해서도 책임이 있다고 말한다. 그의 과거에 대해 바로 보지 못하고 지도자로 세웠다면 그를 세운 사람은 미래에 일어날 일에 대해서도 책임이 있다는 것이다(464).

오늘날 교회 지도자를 선택해서 세울 때 그 과정에 참여하는 사람들은 본문의 교훈에 귀를 기울여야 한다. 오늘날 많은 교회들에서는 초대교회 시대와는 달리 목회자를 청빙할 때 전 교인이 직접적으로나 간접적으로 청빙의 과정에 참여한다. 그리고 장로, 집사, 권사 등을 선택할 때에도 전 교인이 여러 방법으로 참여한다. 교회 지도자를 선택하는 과정에 참여하는 사람들은 책임의식을 가져야 한다. 교회 지도자를 선택할 때에 그들의 인품이나 행적 등을 살피기보다는 혈연, 지연, 학연이나 자신과의 친소관계를 고려하는 것은 결코 바람직하지 못하다. 오늘날 교회 지도자의 문제로 인하여 교회가 세상으로부터 불신을 당하는 것은 그 책임이 일차적으로 지도자에게 있지만, 그들을 선택한 과정에 참여한 모든 그리스도인에게도 있다는 사실을 깨달아야 한다.

D. 종에 대하여(6 : 1-2)

1무릇 멍에 아래에 있는 종들은 자기 상전들을 범사에 마땅히 공경할 자로 알지니 이는 하나님의 이름과 교훈으로 비방을 받지 않게 하려 함이라 2믿는
상전이 있는 자들은 그 상전을 형제라고 가볍게 여기지 말고 더 잘 섬기게 하라 이는 유익을 받는 자들이 믿는 자요 사랑을 받는 자임이라 너는 이것들을 가르치고 권하라

1. 개관 및 구조

과부와 장로에 관한 교훈에 이어 바울은 종에 관한 교훈을 준다. 그런데 과부와 장로에 관한 교훈에서는 교회가 그들에 대하여 취해야 할 태도를 다룬 반면 여기서는 종이 주인에 대하여 취해야 할 태도를 다룬다. 바울은 본문에서 그리스도인인 노예들은 주인을 공경하여 하나님과 복음이 모독을 당하지 않게 해야 하며, 주인이 그리스도인인 경우에는 가볍게 여길 것이 아니라 오히려 더욱 잘 섬겨 주인이 유익을 받게 해야 함을 강조한다. 본문의 구조에

대해 다음 두 개의 질문이 제기된다. 1) 1절과 2a절의 관계는 무엇인가? 1절은 비그리스도인인 주인을 향한 종의 자세를, 2a절은 그리스도인인 주인을 향한 자세를 말하는가? 아니면 1절은 모든 주인을 향한 일반적 자세에 대한 교훈이고 2a절은 그중 그리스도인인 주인을 향한 경우의 자세인가? 2) "너는 이것들을 가르치고 권하라"라는 2b절은 종에 대한 교훈(6 : 1-2a)의 결어인가? 아니면 보다 넓은 범위의 교훈(예. 5 : 1-6 : 2a)에 대한 결어인가?

2. 본문 분석

[6 : 1] 많은 학자들은 다음 몇 가지의 이유로 1절을 비그리스도인인 주인을 향한 종의 자세를 설명하는 것으로 이해한다. 1) '멍에 아래에' 있는 종은 비그리스도인인 주인 아래에 있는 종을 가리키는 것으로 이해할 수 있다. 2) 교회 외부의 사람들로부터 비방을 당하는 일이 없도록 해야 한다는 교훈은 주인이 비그리스도인인 경우에 적합하다. 3) 2절에서 믿는 주인에 대한 태도를 말하기 때문에 1절은 믿지 않는 주인에 대한 태도를 말한다고 보아야 한다. 그러나 이러한 근거들은 각각 다음과 같은 반론에 부딪히게 된다. 1) '멍에 아래'란 표현은 종의 상태에 대한 일반적인 표현으로 이해할 수 있다. 2) 주인이 믿는 자이든 아니든 종의 주인에 대한 태도는 주위 사람들의 눈에 드러나 비난이나 칭송의 대상이 될 수밖에 없다. 3) 1절은 종이 주인에 대해 지녀야 할 일반적인 교훈으로, 2절은 주인이 그리스도인인 특수한 경우에 대한 교훈으로 이해할 수 있다. 따라서 1절의 내용을 비그리스도인인 주인 아래 있는 종을 향한 교훈으로 한정할 필요는 없다.

바울은 자기 주인을 '범사에' 공경하는 것이 마땅하다고 말한다. '범사에'로 번역된 헬라어(πᾶς, '파스')는 '온전히' 또는 '깊이'라는 의미이다. 과부와 장로들의 경우에도 공경하라는 교훈으로 시작했던 바울이 여기서도 공경의 필요성을 강조함은 주목할 만하다. 당시 상전에 대한 공경과 순종은 노예에게 요구되는 일반적인 덕목이었다. 그러나 그러한 일반적 관점에 이의를 제기하는 그리스도인인 노예들이 있었을 것임이 분명하다. 사실 노예제도는 그리스도교 정신과 조화되기 어렵다. 바울이 노예에게 주인을 공경하라고 교훈하는 것도 당시 노예들 중 일부가 노예에 대한 사회의 일반적 인식을 수용하지 않으려는 성향을 가지고 있었음을 암시한다. 바울은 상전들을 공경해야 할 이유를 말한다. 그 이유는 "하나님의 이름과 교훈으로 비방을 받지 않게 하려" 함이다(1b절). '하나님의 이름'은 하나님의 명예나 하나님에 대한 평판을 의미하고 '교훈'은 복음에 대한 그리스도교의 가르침을 의미한다. 따라서 이 말은 그리스도인인 노예들이 주인에게 순종하지 않을 때 주변의 사람들로부터 하나님과 복음이 모독을 당하게 된다는 것이다. 바울은 디모데전서에서 교회가 세상의 비난을 받아서는 안 되며 칭송을 받아야 한다는 점을 강조해 왔다(3 : 7 ; 5 : 14).

[6 : 2] 1절이 상전에 대한 종의 태도를 말하는 일반적 교훈이라면 2절은 특별히 그리스도인인 상전들에 대한 태도를 말하는 교훈이다. 당시 교회 공동체 구성원 간 형제자매로서의 관계는(참조. 갈 3 : 28) 종과 주인의 전통적 관계에 대한 인식에 영향을 미쳤을 가능성이 높다. 아마 일부 종들은 복종의 자세를 취하지 않았을 뿐만 아니라 보다 적극적으로 불만을 표출하였을 것이다. 따라서 바울은 상전들이 형제라면 더 잘 섬겨야 한다고 말한다. 왜냐하면 '유익을 받는 자들이 믿는 자요 사랑을 받는 자'이기 때문이다. '유익을 받다'로 번역된 헬라어(ἀντιλαμβάνομαι, '안티람바노마이')에는 '유익을 받다'와 '유익을 주다'라는 의미가 있기 때문에 이 단어를 '유익을 주다'로 이해하여 종에게 혜택을 베푸는 주인의 행위에 대한 표현으로 보기도 한다(TNIV ; Fiore, 116-117). 그러나 전체적인 문맥은 이 단어를 '유익을 받다'로 이해하여 섬김을 통해 주인에게 유익을 주는 종의 행위를 표현한 것으로 보는 것이 더 자연스럽다. '사랑을 받는 자'는 하나님에 의해 사랑을 받는 자로도, 종 자신에 의해 사랑을 받는 자로도 이해할 수 있다.

"너는 이것들을 가르치고 권하라"라는 명령에서 '이것들'은 앞에서 나온 내용을 가리키는 것이 분명한 반면(참조. 3 : 14 ; 4 : 6, 11, 15 ; 5 : 7, 21) 그 범위가 어디까지인지는 분명하지 않다. '이것들'이 바로 앞에 나온 종에 대한 교훈(6 : 1-2a)을 가리킬 수도 있지만 이 명령이 한 부분을 끝맺고 다음 부분으로 전환하는 성격을 가지고 있다는 사실을 생각할 때 5 : 1(또는 5 : 3) 이하에서 준 교훈 전체를 가리키거나 2 : 1 이하에서 지금까지 준 교훈 전체를 가리킨다고 볼 수 있다.

설교를 위한 묵상

주후 1세기 그레코-로만 사회에는 많은 노예들이 있었으며, 특히 도시에서는 노예의 인구비율이 매우 높았다. 당시 헬라세계에 세워졌던 교회에도 상당수의 노예들이 구성원으로 있었던 것으로 보인다. 따라서 신약은 노예의 신분이었던 교회의 구성원들과 관련된 많은 교훈을 담고 있다(고전 7 : 20-24 ; 갈 3 : 28 ; 엡 6 : 5-9 ; 골 3 : 22-25 ; 딛 2 : 9-10 ; 몬 10-17절 ; 벧전 2 : 18-25 등). 당시 종의 지위는 현대 사회에서와는 매우 달랐다. 그들은 자신을 위해 사는 것이 아니라 주인을 위해 살아야 했으며, 한 인간으로서 지닌 기본적 권리를 인정받지 못하고 때로는 하나의 도구로 간주되기도 하였다. 노예의 신분에서 해방되어 자유로운 신분이 될 수 있는 제도가 존재했을지라도 소수의 노예만이 그 제도의 수혜자가 될 수 있었다.

본문은 교회공동체의 구성원인 노예들의 일부가 주인과 종 사이의 전통적 관계는 그리스도 안에서 이루어진 새로운 질서에 부합하지 않는 것으로 간주하고 주인에 대한 태도를 달리했을 가능성을 보여 준다. 바울은 본문에서 그리스도인인 노예들에게 하나님과 복음이 모독을 당하지 않도록 상전들에게 순종하고 그들을 공경하라고 말한다. 그리고 그리스도인인 상전을 섬기는 종들은 자신들의 섬김으로 혜택을 받는 사람이 형제 그리스도인들이기 때문에 가볍게 여기기보다는 더욱 잘 섬겨야 한다고 말한다.

이와 같은 바울의 교훈은 모든 사람이 평등하다고 믿는 현대인에게 이해되기 매우 어려울 것이다. 주인이 존경받을 인품을 소유하고 있는지에 대한 아무런 언급도 없이 공경하라는 것은 받아들이기 어렵기 때문이다. 그러나 본문의 초점은 그리스도인들은 하나님과 복음을 위해 행동에 특별히 주의를 기울여야 한다는 데 있다. 바울은 주인을 향한 종의 자세로 인해 주변의 사람들에게 교회에 대한 부정적인 인식을 심어 줄 위험을 경계한다. 사실 남을 공경하고 진심으로 섬기는 자세는 비단 종에게만 아니라 모든 그리스도인에게 있어야 할 덕목이다(참조. 막 10 : 45). 본문에서 주인의 종에 대한 태도에 관해서는 언급되지 않지만 주인도 종에 대한 바른 자세를 가져야 한다는 규범(엡 6 : 9 ; 골 4 : 1)이 전제되어 있다고 보아야 한다. 5 : 3 이하에서 계속적으로 반복되는 '공경하라'는 권고는 서로 공경하고 우애하는 인간관계를 강조하는 것이다(참조. 롬 12 : 10).

제 Ⅵ 부

마지막 교훈들

디모데전서 6 : 3–19

A. 거짓 교사들과 재물에 대한 욕망(6 : 3–10)

B. 디모데의 책무와 태도(6 : 11–16)

C. 부자에 대한 권고(6 : 17–19)

| 디모데전서 6 : 3-19 |

마지막 교훈들

교회 내에 있는 특정한 부류의 사람들에 관해 교훈한 바울은(5 : 1-6 : 2) 본론의 마지막 부분(6 : 3-19)에서 몇 가지 교훈을 추가한다. 이 부분에는 재물과 관련된 교훈과 디모데의 책무와 태도에 관한 교훈이 나온다. 바울은 먼저 거짓 교사들의 재물에 대한 욕망을 비판하고(3-10절), 디모데의 책무와 태도에 대해 교훈한 후(11-16절), 다시 한번 재물과 관련하여 부자에 대해 권고한다(17-19절).

A. 거짓 교사들과 재물에 대한 욕망(6 : 3-10)

3누구든지 다른 교훈을 하며 바른말 곧 우리 주 예수 그리스도의 말씀과 경건
에 관한 교훈을 따르지 아니하면 4그는 교만하여 아무것도 알지 못하고 변론

과 언쟁을 좋아하는 자니 이로써 투기와 분쟁과 비방과 악한 생각이 나며 [5]마
음이 부패하여지고 진리를 잃어버려 경건을 이익의 방도로 생각하는 자들의
다툼이 일어나느니라 [6]그러나 자족하는 마음이 있으면 경건은 큰 이익이 되
느니라 [7]우리가 세상에 아무것도 가지고 온 것이 없으매 또한 아무것도 가지
고 가지 못하리니 [8]우리가 먹을 것과 입을 것이 있은즉 족한 줄로 알 것이니
라 [9]부하려 하는 자들은 시험과 올무와 여러 가지 어리석고 해로운 욕심에
떨어지나니 곧 사람으로 파멸과 멸망에 빠지게 하는 것이라 [10]돈을 사랑함이
일만 악의 뿌리가 되나니 이것을 탐내는 자들은 미혹을 받아 믿음에서 떠나
많은 근심으로써 자기를 찔렀도다

1. 개관 및 구조

바울은 이 단락에서 거짓 교사들과 관련된 문제로 되돌아간다. 이 단락은 두 부분(3-5, 6-10절)으로 나눌 수 있다. 3~5절은 전제절(3절)과 귀결절(4-5절)로 구성된 하나의 조건문을 이루고 있다. 전제절에 사용된 εἰ('에이')와 직설법 동사는 전제절의 내용이 하나의 가정이 아니라 실제의 상황임을 말해 준다. 6~10절은 거짓 교사들의 재물에 대한 탐욕에 초점을 두고 있다. 6~8절에서는 경선과 재물의 관계를, 9~10절에서는 재물을 열망하는 자들의 최후에 대해 말한다. 이 단락에 나오는 거짓 교사들의 모습은 1 : 3~7에서 묘사된 그들의 모습과 공통점이 있다. 그리고 투기, 비방, 재물에 대한 탐욕 등은 감독과 집사가 갖추어야 할 자질(3 : 1-13)과 대비된다.

2. 본문 분석

[6 : 3] 3절은 하나의 조건문을 구성하는 3~5절의 전제절로서 그 내용은 1장에 나왔던 거짓 교사에 대한 묘사를 강하게 연상시킨다. '다른 교훈을 하다'라

고 번역된 단어(ἑτεροδιδασκαλέω, '헤테로디다스칼레오')는 1 : 3에서 '다른 교훈을 가르치다'로 번역된 단어와 동일하다. '바른말'을 따르지 않는 자도 1 : 10의 '바른 교훈'을 거스르는 자를 연상시킨다. 비록 바울은 '누구든지'라는 말을 사용하고 있을지라도 거짓 교사들을 염두에 두고 있음이 분명하다. 이 절에 나오는 '예수 그리스도의 말씀'은 예수 그리스도가 실제로 했던 말을 의미할 수도 있으나 내용으로 볼 때 예수 그리스도에 관한 말, 즉 복음의 메시지를 의미하는 것으로 보인다. '경건'은 바른 교훈에서 비롯된 삶으로 목회서신에서 강조되는 덕목이다.

[6 : 4-5] 4~5절은 귀결절로서 '다른 교훈'을 가르치고 좇는 필연적인 결과를 설명한다. 그 결과는 먼저 '교만'과 '무지'로 나타난다. 그들은 자신들이 현명하며 지식을 가졌다고 생각하지만 실제로는 아무것도 알지 못하는 자들이다. 그 결과는 또한 '변론'과 '언쟁'으로 나타난다. 변론과 언쟁은 거짓 교사들의 특성이기도 하다(1 : 4, 6). '변론과 언쟁을 좋아하는 자'라는 어구에 나오는 '좋아하다'란 말(νοσέω, '노세오')은 흔히 '병들어 있다'라는 의미로 사용된다(참조. 새번역). 교만, 무지, 변론, 언쟁은 '투기와 분쟁과 비방과 악한 생각'으로 이어진다(4b절). 그뿐만 아니라 그들은 마음이 부패해지고 진리를 잃게 되며 경건을 이득의 수단으로 생각하게 된다. 그 결과 그들 사이에 다툼이 일어난다(5절).

[6 : 6-8] 6~10절은 '경건을 이익의 방도'로 생각하는 거짓 교사들(5절)을 비판한다. 먼저 6~8절에서는 경건과 재물의 관계에 대해 설명한다. 경건에는 '큰 이익'이 있지만 그것은 자족이 있는 경우이다(6절). 자족은 헬라철학, 특히 스토아철학에서 중시된 덕목이었다. 헬라철학을 잘 알았던 바울은 그 개념을 자신의 교훈에 활용하고 있을 가능성이 있다. 물론 바울이 자족의 참 의미를 깨달은 것은 헬라철학에서가 아니라 그리스도교 신앙을 통해서였다(참조. 빌 4 : 11-13).

'왜냐하면'의 의미를 가진 접속사 γάρ('가르')로 시작되는 7~8절은 경건에 자족이 수반되어야 하는 이유를 말한다. 그 이유는 인간은 죽을 때에 '아무것도 가지고 가지 못하기' 때문이다(7절). 아무것도 가진 것 없이 출생하고 죽을 때 아무것도 가지고 가지 못한다는 사상은 스토아 철학에서도 발견되며 욥기 1 : 21이나 전도서 5 : 15 등에도 나온다. 이 명확한 진리를 언급함으로써 바울은 재물에 대한 탐욕이 인생이 짧다는 사실과 재물의 소유는 죽음으로써 끝난다는 사실을 인식하지 못하는 데 기인함을 강조한다. 특히 '우리'라는 대명사를 사용함으로써 바울은 이 진리를 모든 신자들에게로 일반화한다(Mounce, 343).

인간은 빈손으로 떠나기 때문에 '먹을 것'과 '입을 것'이 있으면 만족할 줄 알아야 한다(8절). 먹을 것과 입을 것은 생활의 최저한도를 나타내며(이상근, 237), 인간의 삶에 있어서 필수적인 요소를 표현하는 데 흔히 사용된다(신 10 : 18 ; 사 3 : 7 ; 마 6 : 25). 먹을 것과 입을 것으로 만족해야 한다는 사상도 스토아철학에서 잘 알려져 있으며, 예수의 교훈에서도 나타난다(참조. 마 6 : 25-34 ; 눅 12 : 13-21, 22-34).

[6 : 9-10] 9~10절은 재물에 대한 탐욕을 가진 자들의 최후에 대해 말한다. 탐욕은 인간을 '시험'과 '올무'에 빠뜨리고 '여러 가지 어리석고 해로운 욕심'에 빠지게 한다(9절). '올무'는 목회서신의 다른 곳에서 사탄의 올무를 가리키기 때문에(딤전 3 : 7 ; 딤후 2 : 26) 여기서도 사탄의 올무를 가리키는 것으로 보인다. 여기에 나오는 '시험', '올무', '욕심'을 하나의 과정으로 이해하는 것도 가능하다. 재물에 대한 탐욕은 특별한 시험에 빠지게 하고, 그 시험은 마귀의 올무에 걸려들게 하며, 한번 올무에 걸리면 어리석고 해로운 욕심에 빠진다(Mounce, 344). 결국 재물에 대한 욕망은 경건한 삶과는 정반대의 길로 인간을 안내한다. 그 길의 종착점은 '파멸'(ὄλεθρος, '올레드로스')과 '멸망'(ἀπώλεια, '아폴레이아')이다. '파멸'과 '멸망'을 각각 현재적인 멸망과 영원한 멸망으로 이해할 수도 있지만(NEB) 신체적 파멸과 영적 파멸을 의미할 가능성이 높다(Kelly, Spicq). '아폴레이아'는 신약에서 일반적으로 영적인 죽음을 가리키는

데 사용되었다.

10a절에서 바울은 '돈을 사랑함이 일만 악의 뿌리'라는 당시 널리 알려진 격언을 사용하여 9절의 내용을 뒷받침한다. '일만 악'이란 문자적으로 '모든 악'을 의미한다. 여기서 논쟁이 되는 것은 바울이 탐욕을 모든 악의 '유일한 근원'(the root)으로 말하고 있는지(KJV, RSV, REB) 아니면 '하나의 근원'(a root)으로 말하고 있는지의(NKJV, NRSV, NASB, TNIV) 여부이다. 아마 바울은 후자의 의미로 말하는 것으로 보이며, '모든 악'도 개개의 악을 총칭하기보다는 모든 종류의 악을 의미하는 것으로 보인다(Johnson, 296 ; Knight, 257-258).

10b절에서 바울은 보다 직접적으로 탐욕에 빠진 거짓 교사들을 비판한다. '이것을 탐내는 어떤 자들'은('어떤'은 개역개정에 나타나지 않음.) 거짓 교사들을 가리키고 있음이 분명하다(참조. 1 : 3, 6, 19 ; 4 : 1 ; 5 : 15 ; 6 : 21). 그들은 '미혹을 받아 믿음에서 떠났다'. 탐욕으로 미혹된 자들은 그리스도교 진리를 바로 볼 수 없다. 그리고 그들은 "많은 근심으로써 자기를 찔렀다". 여기서 '근심'으로 번역된 단어(ὀδύνη, '오뒤네')는 '고통' 또는 '슬픔'을 의미한다. 거짓 교사들의 고통이나 슬픔은 양심의 가책과 후회 또는 죄가 죄인에게 가져다주는 고통(Knight, 259 ; Mounce, 348)을 가리키거나 끝없는 탐욕을 충족시키기 못한 고통(박수암, 352)을 가리키는 것으로 보인다. '자기를 찔렀다'는 표현은 자기가 한 행위의 결과로 자신이 상처를 받았음을 의미한다. 크리소스톰은 탐욕은 가시와 같아서 가시를 건드린 사람이 상처를 입게 되는 것처럼 탐욕에 빠진 사람도 상처를 입게 된다고 말한다(469).

설교를 위한 묵상

바른 교훈에서 벗어나 다른 교훈을 가르치는 거짓 교사들은 필연적으로 많은 잘못에 빠지게 되었다. 그중 하나는 경건을 이익을 얻는 수단으로 생각하는 것이다. 여기에 대해 바울은 경건은 자족의 요소가 수반되어야 함을 강조한다. 인간의 출생과 죽음의 관점에서 소유의 의미를 생각한다면 먹을 것과 입을 것으로 만족하지 않을 이유가 없다. 바울은 재물에 대한 탐욕이 수많은 악을 일으킨다고 경고하고 그 결과는 파멸과 멸망임을 선언한다. 마운스는 본문에 나오는 거짓 교사들의 재물에 대한 탐욕과 그들에 대한 파멸의 선언은 "소유의 파괴적인 유혹에 대해 성경에 나오는 가장 강력한 정죄 중 하나"라고 말한다(341).

본문은 '다른 교훈'을 좇을 때, 즉 복음의 진리를 벗어날 때 일어나는 문제들을 적시함으로 목회자와 그리스도인에게 경고를 준다. 예수 그리스도에 관한 말씀, 즉 복음의 진리는 경건한 삶으로 그리스도인을 안내한다. 그리고 복음에는 인간의 정욕을 통제하고 경건한 삶을 살도록 하는 능력이 있다. 바울은 로마서에서 믿음으로 의롭게 됨을 강조하지만 동시에 믿음으로 의롭게 된 자의 변화된 삶을 매우 강조한다. 던(Dunn)은 신약을 세심히 고찰한 후 주 예수에게 헌신함으로써 성령의 선물을 받고 거기에 합당한 삶을 사는 것이 그리스도인의 표지(標識)라고 말한다(229). 에베소의 거짓 교사들에게는 인간을 경건한 삶으로 인도하는 능력의 복음이 없었다. 본문은 오늘날 목회자들에게 바른 교훈을 가르치고 있는지를 묻고 있으며, 그리스도인들에게 능력 있는 복음을 경험하고 있는지를 묻고 있다.

본문에서 거짓 교사들의 잘못 중 핵심적으로 다루고 있는 것은 그들의 재물에 대한 탐욕이다. 재물 자체는 악이 아닐지라도 재물을 추구하려는 인간의 욕망은 너무나 강해 재물이 우상이 되고 인간은 그 노예가 되기 쉽다(참조. 마 6 : 24). 거짓 교사들은 재물에 대한 탐욕에 빠져 경건마저도 이익의 수단으로 생각하였다. 현대사회에서는 과거 어느 때보다 사람들이 더 큰 재물의 유혹을 느낄 수 있다. 고도로 발달된 물질문명의 혜택을 누리기 위해서는 재물이 필요하기 때문이다. 그리고 현대사회에서는 축적한 부의 양이 인간의 능력에 대한 평가의 한 기준이 되기도 한다. 이러한 시대에 재물에 대한 유혹을 뿌리치기란 쉽지 않다. 본문은 재물에 대한 탐욕에 한번 빠지게 되면 거기에서 헤어나기가 극히 어렵다고 말한다. 재물에 대한 탐욕으로 비롯된 사탄의 시험과 올무는 너무나 강해 여러 종류의 악에 빠져 헤매다 결국 파멸과 멸망에 이르게 된다.

본문은 재물의 유혹에 빠지지 않기 위해서 그리스도인들은 이 세상에서의 삶이 끝날 때 재물을 가지고 갈 수 없다는 평범하지만 중요한 진리를 깨달아야 한다고 말한다. 영원의 관점에서 보면 인생은 순간에 지나지 않는다(참조. 시 90 : 9-10). 사람이 태어나면 반드시 죽는다는 것과 그 후에는 심판이 있다는 사실을 명심한다면(참조. 히 9 : 27) 재물의 유혹을 이길 수 있을 것이다. 오늘날 그리스도인들이 재물에 대한 욕망을 통제하지 못하는 하나의 이유는 종말론적 소망이 약화되었다는 데에 있다. 종말론적 소망의 약화로 인하여 그리스도인의 눈에 이 세상에서 쌓고 있는 보물은 잘 보이지만 하늘에 쌓아 두는 보물은 잘 보이지 않는다(박종기, 151).

B. 디모데의 책무와 태도(6 : 11-16)

11오직 너 하나님의 사람아 이것들을 피하고 의와 경건과 믿음과 사랑과 인내
와 온유를 따르며 12믿음의 선한 싸움을 싸우라 영생을 취하라 이를 위하여
네가 부르심을 받았고 많은 증인 앞에서 선한 증언을 하였도다 13만물을 살게
하신 하나님 앞과 본디오 빌라도를 향하여 선한 증언을 하신 그리스도 예수
앞에서 내가 너를 명하노니 14우리 주 예수 그리스도께서 나타나실 때까지 흠
도 없고 책망받을 것도 없이 이 명령을 지키라 15기약이 이르면 하나님이 그
의 나타나심을 보이시리니 하나님은 복되시고 유일하신 주권자이시며 만왕
의 왕이시며 만주의 주시요 16오직 그에게만 죽지 아니함이 있고 가까이 가지
못할 빛에 거하시고 어떤 사람도 보지 못하였고 또 볼 수 없는 이시니 그에게
존귀와 영원한 권능을 돌릴지어다 아멘

1. 개관 및 구조

1장과 4장에서 거짓 교사들을 비판한 후 디모데에 대한 격려와 권고의 말을 주었던 것처럼(1 : 3-7/1 : 18-20 ; 4 : 1-5/4 : 6-16) 3~10절에서 거짓 교사를 비판한 바울은 이제 디모데를 격려하며 책무를 다할 것을 권고한다. 11~12절은 '피하라', '따르라', '싸우라', '취하라'라는 네 개의 명령을 중심으로 디모데의 행동에 대한 지침을 담고 있다. 13~14절은 디모데가 받은 명령들을 예수의 재림 시까지 준수할 것을 엄중히 명한다. 재림에 대한 언급을 고리로 자연스럽게 이어지는 15~16절은 하나님의 절대적인 주권과 영원한 위엄에 대한 장엄한 찬가를 담고 있다.

2. 본문 분석

[6 : 11-12] 본문은 디모데를 거짓 교사와 대조함으로 시작된다(11a절). '오직'으로 번역된 헬라어 δέ('데')는 '그러나'의 의미를 지닌 대조 접속사이다. '오직 너 하나님의 사람아'(σὺ δέ, ὦ ἄνθρωπε θεοῦ, '수 데, 오 안드로페 데우')를 직역하면 '그러나 너, 오, 하나님의 사람아'이다. 2인칭 인칭대명사 '너'의 강조용법과 감탄사 '오'의 사용은 디모데와 거짓 교사의 대조를 강화한다. '하나님의 사람'이란 표현은 구약에서 모세(신 33 : 1), 다윗(느 12 : 24), 사무엘(삼상 9 : 6), 엘리야(왕상 17 : 18), 엘리사(왕하 4 : 7) 등 하나님의 종이나 사자에게 종종 사용되었다. 바울은 이 칭호를 디모데에게 사용함으로써 디모데를 격려하고 그를 거짓 교사와 대비한다.

바울은 네 개의 명령을 통해 하나님의 사람 디모데가 취해야 할 자세를 말한다(11b-12절). 1) 바울은 "이것들을 피하라"고 권고한다. '이것들'은 앞에 나온 내용을 가리키는 것은 분명하지만 정확히 어떤 내용을 가리키는지는 분명하지 않다. 본문이 3~10절에 나온 거짓 교사에 대한 비판에 이어 나온 권고라는 점을 고려할 때 3~10절의 내용을 가리키는 것으로 보는 것이 자연스럽다. 2) 바울은 디모데가 그리스도인으로서 갖추어야 할 몇 가지 덕목을 열거하며 그 덕목들을 추구하라고 말한다. 여기에 언급된 의, 경건, 믿음, 사랑, 인내, 온유는 거짓 교사의 삶에 결여된 덕목들이다. 3) 바울은 "믿음의 선한 싸움을 싸우라"고 명령한다. 이 어구에 나오는 명사 '싸움'(ἀγών, '아곤')이나 동사 '싸우다'(ἀγωνίζομαι, '아고니조마이')에는 '투쟁/투쟁하다'의 의미와 '경기/경기하다'의 의미가 있어 학자에 따라 이 어구를 투쟁의 의미로 이해하기도 하고 운동경기를 배경으로 이해하기도 한다. 믿음은 육에 대한 자기 자신과의 싸움이며 그리스도교 신앙을 무너뜨리는 세력과의 싸움이란 점에서 전자의 이해가 가능하다. 특히 1 : 18에서 바울은 군사적 용어를 사용하여 선한 싸움을 싸우라고 디모데를 독려한 바가 있다. 그러나 달리기 또는 권투나 레슬링과 같은 운동경기를 배경으로 이해하는 것도 가능하다. 운동경기의 비유를 통한 교훈은 다른 바울서신에서도 발견된다(고전 9 : 24-25). 그러므로 TEV는 이 어구를 "믿음의 경주에서 최선을 다해 달려라."로 번역한다. 4) 바울은 디모데에게 "영생을 취하라"고 말한다. 여기서 '취하다'(ἐπιλαμβάνομαι, '에피람바노마이')라는 단어는 자기의 소유로 만들기 위해 꼭 붙드는 것을 의미한다(BDAG, 374). 영생은 종말론적 선물이지만 디모데는 이 땅에서 살며 그것을 선취(先取)하여야 한다. 이 영생을 위해 디모데는 "부르심을 받았고 많은 증인 앞에서 선한 증언을 하였다". "많은 증인 앞에서 선한 증언을 하였다"는 것이 무엇을 가리키는지는 분명하지 않다. 상당수 학자들은 이것을 디모데가 안수를 받을 때 서약하였던 일을 가리킨다고 본다(Fiore, Knight). 사실 바울은 이미 디모데의 안수를 두 번이나 언급하였다(1 : 18 ; 4 : 14 ; 참조. 딤후 1 : 6). 그러나 다른 학자들은 이것을 디모데가 세례를 받을 때 그가 한 고백을 가리킨다고 본다(박수암, Fee, Lock).

[6 : 13-14] 13~14절에서 바울은 디모데에게 명령을 지킬 것을 권고한다. '하나님 앞'과 '그리스도 예수 앞'에서 명한다는 말(13절)은 이 권고의 엄숙함을 잘 나타내 준다(참조. 5 : 21). 하나님은 '만물을 살게 하신' 존재이며 그리스도 예수는 '본디오 빌라도를 향하여 선한 증언을 하신' 이이다. '만물을 살게

하신' 존재란 만물에게 생명을 주는, 보다 엄밀히 말하면 생명을 창조하고 창조된 만물의 생명을 보존하고 유지하는 존재란 의미이다. '본디오 빌라도를 향하여 선한 증언을 하신'의 의미는 분명하지 않다. '향하여'로 번역된 전치사(ἐπί, '에피')의 의미에 따라 이 어구의 이해가 달라질 수 있다. 이 전치사는 속격이 뒤따를 때 '위에', '곁에', '앞에', '……때에', '관해' 등 다양한 의미로 사용된다. 이 전치사를 '……때에'라는 의미로 이해할 경우 빌라도가 총독으로 재임할 때에 있었던 예수의 죽음이나 예수의 생애를 가리킬 수 있다(Hanson, 111). 그러나 이 전치사를 '앞에서'라고 이해할 경우 빌라도의 심문에 예수가 당당하게 증언한 것을 가리킨다고 볼 수 있다(박창환 2004, 47-48 ; 참조. 마 27 : 11 ; 막 15 : 2 ; 눅 23 : 3 ; 요 18 : 33-37). 거의 대부분의 번역은 이를 지지한다. '선한' 증언을 하였다는 것은 '훌륭하게'(새번역), '당당하게'(공역개정), '숨김없이'(CEV), '단호히'(TEV) 증언하였음을 의미한다. '선한 증언'이란 표현은 12절에 나온 디모데의 '선한 증언'을 연상시키며 예수의 증언은 디모데가 한 증언의 모델임을 암시한다(참조. Collins, 164).

그런데 바울이 "이 명령을 지키라"(14절)고 했을 때 '이 명령'이 무엇을 가리키는지는 분명하지 않다. 개역개정은 '이 명령'으로 번역함으로써 11~12절에서 준 명령임을 암시한다. 그러나 원문에는 우리말 관형사 '이'에 해당하는 단어가 없으며 단순히 관사와 함께 나오기 때문에(문자적으로 '그 명령') 여기서 말하는 '명령'이 무엇을 가리키는지에 관해 학자들은 다양한 견해를 피력한다(참조. Knight, 266). 많은 학자들은 '명령'을 11~12절에 나온 명령이나 12절에 암시된 서약이나 고백을 가리키는 것으로 본다. 그러나 이 권고가 서신의 마지막 교훈으로 주어지고 있는 점을 생각할 때 디모데의 믿음과 사역에 관한 권고를 총괄적으로 가리킬 가능성도 높다. 바울은 디모데가 받은 명령을 '우리 주 예수 그리스도께서 나타나실 때까지', 즉 예수의 재림 시까지, '흠도 없고 책망 받을 것도 없이', 즉 온전히 지키라고 당부한다.

[6 : 15-16] 14절에서 예수 그리스도의 재림을 언급한 바울은 15a절에서 재림

이 하나님의 계획 속에서 반드시 이루어질 것임을 확언한다. "기약이 이르면 하나님이 그의 나타나심을 보이실 것이다." 여기서 '기약'(직역 : '그 자신의 때')은 하나님이 정한 때를 의미하며, '그의 나타나심'은 그리스도의 나타남, 즉 그리스도의 재림을 가리킨다. 15a절의 초점은 그리스도의 재림의 시기는 하나님의 주권에 속해 있으며 재림은 확실히 이루어진다는 데 있다.

15b~16a절에서 바울은 여러 표현들을 사용하여 하나님의 주권과 위엄을 찬미한다. 여기에 나오는 표현들은 구약이나 헬라 유대교에서 널리 알려진 것이다. 1) 하나님은 '복되시고 유일하신 주권자'이다. '복되신'이란 용어는 하나님의 만족과 불멸을 강조하며(1 : 11 주해 참조), '유일하신'이란 용어는 유대교의 핵심 신앙인 유일신 사상을 강조한다. 2) 하나님은 '만왕의 왕이시며 만주의 주'이다. '만왕의 왕'이라는 표현은 원래 이방의 왕들에게 사용되었던 표현이지만 후에 유대인들에 의해 하나님에게 사용되었다(참조. 마카비하 13 : 4). '만주의 주'라는 표현은 모든 신들 위에 절대적인 주권을 가진 하나님을 지칭하는 데 사용되었다(신 10 : 17 ; 시 136 : 3). '만왕의 왕'과 '만주의 주'란 표현은 요한계시록 17 : 14과 19 : 16에서도 나란히 나타나 예수 그리스도를 묘사한다. 3) "오직 그에게만 죽지 아니함이 있다."는 것은 하나님의 불멸성을 표현한다. 4) 하나님은 "가까이 가지 못할 빛에 거하신다."는 것은 하나님의 초월적 위엄을 강조한다. 하나님의 속성을 빛과 관련시키는 사상은 구약(시 104 : 2)이나 신약(요 1 : 9 ; 3 : 19-21 ; 요일 1 : 5-7)에도 나타난다. 5) 하나님은 '어떤 사람도 보지 못하였고 또 볼 수 없는 이'이다. 하나님은 보이지 않는다는 것은 유대교에서 잘 알려진 사상이다. 하나님은 절대적으로 거룩한 분이어서 죄성이 있는 인간은 누구도 볼 수 없으며 하나님을 보고 살 수가 없다(참조. 삿 13 : 22 ; 사 6 : 5).

이 송영에 나온 하나님의 속성은 1 : 17에 나온 송영과 유사한 점이 많다. 두 송영 모두 하나님을 왕으로, 유일한 존재로, 보이지 않는 이로 묘사한다. 그러나 본문의 하나님에 대한 묘사는 하나님의 주권을 보다 강하게 드러낸다.

바울은 당시 로마의 황제에 대한 숭배를 염두에 두고 있었을 가능성이 있다. 하나님의 유일성, 만왕의 왕과 만주의 주가 됨, 하나님의 불멸성에 대한 강조는 황제는 신이 아니며 하나님의 주권 아래 있음을 암시한다.

바울은 이제 "그에게 존귀와 영원한 권능을 돌릴지어다 아멘"이란 표현으로 송영을 끝맺는다(16b절). 사실 고유한 의미의 송영은 바로 이 부분이다. '송영'(doxology)이란 말은 원래 '영광'이란 헬라어(δόξα, '독사')에서 나온 말로 신약에 나오는 송영들이 '영광'이란 단어를 포함하고 있는 데 반해 여기서는 이 단어가 나오지 않는 것이 특이하다. 1 : 17의 송영에서는 '존귀와 영광'이란 표현이 사용되었으나 여기서는 '존귀와 영원한 권능'이란 표현이 사용되었다. 하나님의 권능에 대한 언급은 하나님의 주권을 강조하는 15~16절의 내용과 잘 조화된다. 하나님의 주권과 위엄과 권능에 대한 강조는 선한 싸움을 싸워야 할 하나님의 사람 디모데에게 큰 격려가 되었을 것이다.

설교를 위한 묵상

재물에 대한 욕망에 초점을 맞추어 거짓 교사들을 비판한 바울은(3-10절) 이제 디모데의 책무와 그가 취해야 할 태도에 대해 교훈한다. 바울은 디모데를 '하나님의 사람'으로 지칭하며 교훈을 시작한다. 그런데 거짓 교사와 하나님의 사람은 무엇으로 구별되는가? 거짓 교사도 자신들을 하나님의 사람으로 지칭할 것은 매우 자명하다. 성경에는 거짓 선지자가 자주 나오지만 그들은 자신들을 진정한 선지자로 지칭하였으며 대부분의 경우 자신들이 거짓 선지자임을 의식하지 못했다. 바울은 하나님의 사람에게 있어야 할 표지(標識)를 말한다. 그것은 거짓 교사들의 행위를 피해야 하며 그리스도인에게 마땅히 있어야 할 덕목들을 추구하고 믿음의 선한 싸움을 싸우며 영생을 취하는 것이다(11-12절). 본문은 하나님의 사람으로 자처하는 현대 그리스도인들, 특히 목회자들에게 묻고 있다. 하나님의 사람으로 갖추어야 할 표지가 있는가? 마태복음 7 : 15~20에 의하면 거짓 선지자와 참 선지자는 '그들의 열매'

로 식별될 수 있다. 우리는 어떤 열매를 맺고 있는가?

본문에 나온 권고는 종말론적 신앙을 지향하도록 요구한다. 11~12절에 나온 마지막 명령은 하나님의 종말론적 선물인 영생을 선취하라는 것이다. 바울은 13~14절에서 디모데가 권고받은 모든 명령들을 온전히 지키라고 명령하면서 그리스도의 재림을 언급한다. 그리고 15~16절의 송영도 재림의 확실함을 강조하며 시작된다. 이것은 하나님의 사람으로서 살아가며 사명을 수행할 때 종말론적 신앙이 필요함을 암시한다. 하나님의 사람은 세상이 아무리 악할지라도 거기에 물들지 않는 아름다운 삶을 살며, 믿음의 선한 싸움을 싸우는 것이 아무리 힘들지라도 굴복하거나 포기하지 않는다. 왜냐하면 그는 이미 영원한 생명을 선취하고 있으며 이 생명은 예수 그리스도가 나타날 때에 완전하게 될 것임을 확신하기 때문이다.

본문은 송영으로 끝맺는다. 이 송영은 하나님의 주권과 위대함을 찬미한다. 여기서 중요한 것은 이 송영이 어려운 상황 속에서 거짓 교사와 맞서 싸워야 할 디모데에게 큰 힘과 용기를 준다는 것이다. 디모데가 믿는 하나님은 유일한 하나님, 만왕의 왕이며 만주의 주가 되는 하나님, 불멸의 하나님, 접근할 수조차, 그리고 볼 수조차 없는 하나님이다. 그는 어떤 신과도 비교할 수 없으며 로마의 황제와도 비교할 수 없다. 이렇게 위대하고 모든 주권을 가진 하나님을 믿는 사람은 궁극적인 하나님의 승리를 믿으며 어떤 어려움도 극복해 나갈 수 있다. 바울은 로마서에서 확신을 가지고 힘 있게 말한다. "만일 하나님이 우리를 위하시면 누가 우리를 대적하리요"(롬 8 : 31).

C. 부자에 대한 권고(6 : 17-19)

17네가 이 세대에서 부한 자들을 명하여 마음을 높이지 말고 정함이 없는 재물
에 소망을 두지 말고 오직 우리에게 모든 것을 후히 주사 누리게 하시는 하나
님께 두며 18선을 행하고 선한 사업을 많이 하고 나누어 주기를 좋아하며 너

그러운 자가 되게 하라 [19]이것이 장래에 자기를 위하여 좋은 터를 쌓아 참된 생명을 취하는 것이니라

1. 개관 및 구조

이 단락에서 바울은 교회 내의 부자들이 취해야 할 태도를 다룬다. 15~16절의 장엄한 송영 다음에 나오는 부자들에 대한 권고는 다소 의외로 여겨지기 때문에 본문은 후대의 삽입으로 간주되기도 하였다. 다른 각도에서 보면 3~10절 다음에 본문이 나왔다면 연결이 자연스럽기 때문에 3~10절과 본문 사이에 위치한 디모데에 대한 격려와 권고(11-16절)를 후대의 삽입으로 생각할 수도 있을 것이다. 그러나 3~19절의 배열은 얼마든지 설명될 수 있다. 바울은 거짓 교사에 대해 비판한 후(3-10절) 바로 그들과 대비되는 디모데의 태도에 대해 권고할 필요가 있었을 것이다(11-16절). 따라서 디모데에 대한 권고가 끝난 후 이제 교회 내의 부자에 대해 권고한다(17-19절). 장엄한 송영(15-16절) 다음에 부자에 대한 권고가 나오는 것이 부자연스럽다고 하지만 그 송영은 원래 편지의 끝맺음으로 의도된 것이 아니다. 디모데를 격려하고 권고하면서(11-14절) 예수의 재림에 대한 언급이 나오자 재림을 이룰 하나님을 향한 찬미가 솟아났던 것으로 보인다.

17~19절은 원문에서 한 문장으로 구성되어 있다. 17~18절은 디모데가 부자들에게 명할 내용을 다섯 개의 부정사를 통해 설명하고, 19절은 명대로 행하였을 때의 결과를 말한다. 이 단락에서 바울은 교회 내의 부자들이 빠지기 쉬운 위험을 경계하면서 그들에게 재물을 신뢰하지 말고 하나님에게 소망을 두도록 권고한다. 그리고 소유한 재물을 다른 사람들과 나눌 수 있도록 권면하고, 그렇게 함으로써 그들이 장래 영원한 생명을 얻을 것이라고 말한다. 본문에는 부의 소유 자체를 죄악으로 보거나 부자를 강하게 정죄하는 논조는 나타나지 않으며, 부를 소유한 사람의 자세와 부의 올바른 사용에 대한

교훈이 담겨 있다.

2. 본문 분석

[6 : 17] 바울은 '이 세대에서 부한 자들'을 향해 권고할 내용을 디모데에게 준다. '이 세대에서 부한 자들'이란 표현은 인간이 세상을 떠날 때 아무것도 가지고 가지 못한다는 7절의 내용을 상기시킨다. 먼저 바울은 부자가 빠지기 쉬운 두 가지 위험을 경계한다. 1) 그들은 '마음을 높이기' 쉽다. 따라서 바울은 그들에게 교만하지 않도록 권고한다. 부 자체는 악이 아닐지라도 부를 소유한 인간은 교만에 빠지기 쉬운 속성을 가지고 있다. 소유로 인한 교만은 그의 소유가 하나님으로부터 온 것임을 망각하는 것이다. 2) 그들은 '재물에 소망을 두기' 쉽다. 따라서 바울은 재물에 소망을 두지 않도록 권고한다. 왜냐하면 재물은 '정함이 없는' 것, 다시 말하면 일시적이며 확실하지 않아 의지할 것이 되지 못하기 때문이다(참조. 마 6 : 19-20 ; 눅 12 : 13-21 ; 약 1 : 9-11 ; 4 : 13-17 ; 5 : 1-6). 바울은 소망을 '우리에게 모든 것을 후히 주사 누리게 하시는' 하나님에게 두라고 권고한다. '후히 줌'은 하나님의 풍부함과 관대함을 나타내며, 그리스도인이 소유하고 있는 부는 하나님으로부터 온 선물임을 암시해 준다. '우리에게'라는 말은 하나님의 후히 줌이 부자들만이 아니라 모든 그리스도인들을 대상으로 함을 암시한다. '누리며' 산다는 것은 쾌락을 추구하는 방종의 삶을 말하는 것이 아니라 부를 하나님의 뜻에 합당하게 사용하는 삶을 가리킨다. 소망을 부에 둘 것이 아니라 하나님에게 두어야 한다는 말은 선물 그 자체보다는 그 선물을 준 이에게 신뢰와 소망을 두어야 함을 의미한다(참조. Collins, 273 ; Stott 1998, 223).

[6 : 18] 17절에서 부자가 경계해야 할 두 가지 위험에 대해 경고한 바울은 18절에서 부의 사용에 관한 세 개의 권고를 준다. 그것은 1) '선을 행하고', 2) '선한 사업을 많이 하고', 3) '나누어 주기를 좋아하며 너그러운 자가 되라'

는 것이다. '너그러운 자가 되라'는 것은 나누어 주는 데 있어서 너그러운 자가 되라는 의미이다. 첫 권고는 두 번째 권고에서 보다 구체화되고, 두 번째 권고는 세 번째 권고에서 더욱 구체화되었다. 결국 부한 자들은 자신이 소유한 부가 하나님의 선물임을 깨닫고 그 선물을 다른 사람들과 함께 나누는 것이 마땅하다는 것이다.

[6 : 19] 바울은 나눔의 결과를 종말론적 관점에서 설명한다. 부를 나누는 것은 '장래에 자기를 위하여 좋은 터를 쌓아 참된 생명을 취하는 것'이다. 참 부자는 재물의 소유가 이 세상에서 끝난다는 것을 안다. 그러나 그는 다음 세상에까지 그것을 가지고 가는 방법을 안다. 그것은 그 부를 다른 사람에게 주는 것이다. 그것이 새로운 세상에 '자기를 위하여 좋은 터를 쌓는' 것이기 때문이다. 그들은 좋은 터를 쌓음으로써 '참된 생명', 즉 영생을 취할 것이다. 물론 이것은 부를 나누어 줌으로써 공적을 쌓고 그 공적으로 영생을 얻는다는 것이 아니다. 구원은 하나님의 은혜와 자비로 얻게 된다(딤전 1 : 12-17). 부를 나눈다는 것은 구원의 수단이 아니라 구원의 열매이다. 하나님의 은혜와 구원을 경험한 사람은 삶을 통하여 그 은혜와 구원을 증언하게 된다.

설교를 위한 묵상

바울은 부자들이 빠지기 쉬운 위험, 즉 거짓된 우월감과 거짓된 안정감을 지적한다. 바울은 교회 내의 부자들에게 재물이 아니라 하나님에게 소망을 두라고 권고한다. 그리고 이 세상의 부를 다른 사람과 나눔으로써 종말론적 보상을 받게 될 것임을 강조한다. 여기에 나오는 부자에 대한 권고는 예수의 교훈에서도 발견된다. 특히 부와 가난에 대해 큰 관심을 보여 주는 누가복음에는 재물이 아닌 하나님에게 소망을 두고(눅 12 : 16-21, 22-32), 재물을 선을 위하여 사용하며(눅 12 : 33 ; 참조. 19 : 8-9), 영생을 위해 보물을 쌓으라는(눅 14 : 12-14 ; 18 : 22) 예수의 권고가 나온다.

바울의 경고는 재물이 어느 것보다 쉽게 사람을 교만하고 오만하게 만든다는 사실을 보여 준다(Chrysostom, 472). 사실 한정된 재물을 많이 소유했다는 것을 능력이 있는 증거로 생각하는 사람들이 많다. 그리고 재물을 통하여 각종 문명의 혜택을 누리며 사는 삶은 그렇지 못한 삶보다 우월하다고 생각하기도 한다. '잘살다'라는 말은 부유하게 사는 것을 지칭하는 말이 되었다. 그래서 가난하게 사는 사람은 '잘살지 못하는 사람'으로 간주된다. 우리의 언어가 부의 소유 여부에 따라 '잘'사는 삶과 '못'사는 삶을 구별하게 된 것은 안타까운 일이다.

재물은 또한 거짓된 안정감을 심어 준다. 사람들은 재물이 자신의 안전과 행복을 보장해 준다고 생각한다. 그러한 생각은 문명의 혜택을 누리기 위해서 재물이 필요한 현대 사회에서 더욱 강화되는 경향이 있다. 그러나 본문은 재물의 일시적인 성격을 강조한다. 그리고 부가 하나님으로부터 온 선물임을 깨닫고 선물에 의지할 것이 아니라 선물을 준 이를 의지하도록 권고한다. 성경은 재물에 소망을 두는 일이 없도록 계속 경고한다(시 52 : 7 ; 잠 23 : 4-5 ; 전 5 : 10-20 ; 눅 12 : 13-21 ; 약 5 : 1-3).

본문은 하나님의 선물로 온 부를 나누어야 한다고 말한다. 자신을 위해 부를 쌓는 가장 좋은 방법은 그것을 나누는 것이다. 그것은 부를 다음 세상에까지 가지고 갈 수 있는 방법이기도 하다. 이것이 바로 가장 '잘'사는 것이다! 예수도 재물을 나눔으로써 하늘의 보상이 있을 것이란 점을 강조하였다(눅 12 : 33 ; 18 : 22 ; 마 6 : 19-20 ; 19 : 21). 버림으로써 얻게 되는 것은 그리스도교의 역설적인 진리이다. 아우구스티누스는 본문에 나오는 부에 대한 역설에 대해 「하나님의 도성」에서 다음과 같이 말한다.

"자신의 재물을 가지고 이런 일을 행한 사람들은 가벼운 손실에 대한 보상으로 큰 이익을 얻은 셈이다. 그들이 기꺼이 줌으로써 자신에게 보다 확실하게 확보한 것에 대한 기쁨은, 근심하며 이기적으로 축적함으로써 완전히 잃어버린 재물에 대한 슬픔을 능가하는 것이었다. 이 세상에서 재물을 내놓기를 주저하는 사람은 그만큼 그것을 잃어버릴 위험이 크다고 할 수 있다"(I -10).

제 VII 부

서신의 끝맺음

디모데전서 6 : 20-21

| 디모데전서 6 : 20-21 |

서신의 끝맺음

바울은 서신을 끝맺으며 디모데의 책무를 다시 한번 강조한다(20-21a절). 그리고 다른 바울서신에서 일반적으로 나타나는 문안 인사 없이 바로 축원으로 서신을 끝맺는다(21b절).

> [20]디모데야 망령되고 헛된 말과 거짓된 지식의 반론을 피함으로 네게 부탁한 것을 지키라 [21]이것을 따르는 사람들이 있어 믿음에서 벗어났느니라 은혜가 너희와 함께 있을지어다

1. 개관 및 구조

본문은 디모데에 대한 바울의 마지막 권고(20-21a절)와 축원(21b절)으로 구성되어 있다. 20~21a절에서 바울은 디모데에게 서신을 끝맺기 전 다시 한

번 책무를 수행하는 데 최선을 다하도록 권고한다. 21b절에 나오는 축원에서 바울은 다른 서신에서와 마찬가지로 '은혜'가 있기를 기원한다.

제 Ⅶ 부

2. 본문 분석

[6 : 20-21a] 바울은 "오, 디모데야"라는 말로 자신의 마지막 권고를 시작한다(20절 ; 감탄사 '오'는 한글성경에서 번역되지 않음). 권고의 핵심은 "네게 부탁한 것을 지키라"는 명령에 있다. '부탁한 것'으로 번역된 헬라어(παραθήκη, '파라데케')는 '맡겨진 것'을 의미한다. '맡겨진 것'은 바울이 디모데에게 지금까지 권고한 내용을 포괄적으로 지칭하는 것으로 볼 수도 있지만, 많은 학자들은 복음의 진리나 그리스도인의 신앙을 가리키는 것으로 이해한다(참조. 딤후 1 : 14 ; 2 : 2).

바울은 '망령되고 헛된 말과 거짓된 지식의 반론'을 피함으로 맡겨진 것을 지키라고 권고한다. '망령되고 헛된 말'과 '거짓된 지식의 반론'은 거짓 교사의 특성이다(참조. 1 : 6-7 ; 4 : 7). '거짓된 지식의 반론'은 지식의 이름으로 포장된 거짓된 반대 이론을 가리킨다(참조. 1 : 7 ; 6 : 4). 여기에 나오는 '지식'에 대한 언급이 영지주의와 관련이 있다고 주장하며 디모데전서의 저작시기를 2세기로 보기도 하지만, '지식'이란 단어는 바울이 직접 쓴 것으로 인정되는 서신에서도 종종 사용된다(롬 2 : 20 ; 고전 1 : 5 ; 고후 6 : 6 등). 바울은 21a절에서 거짓된 지식을 '따르는 사람들'이 있다고 말한다. 그 사람들은 거짓 교사들을 지칭하거나 거짓 교사들과 그들을 좇는 사람들을 함께 가리킬 것이다. 그들은 '믿음에서 벗어난' 자들이다. '벗어나다'로 번역된 단어(ἀστοχέω, '아스토케오')는 원래 과녁에서 벗어남을 가리키는 말로 믿음의 길을 잃고 헤매는 상태를 표현한다.

[6 : 21b] 바울서신에서는 서신을 끝맺기 전 일반적으로 문안 인사나 개인적인 상황에 대한 언급이 나온다. 그러나 여기서는 그러한 언급 없이 바로 '은혜가

너희와 함께'란 축복의 기원으로 편지를 끝맺는다(21b절). 서신의 마지막 부분에서 '은혜'를 기원하는 것은 모든 바울서신에서 공통적이다. 대개 은혜의 근원을 밝혀 '주 예수 그리스도의 은혜'로 나타나지만 여기서는 간략히 '은혜'로 나온다. '너희'라는 말은 이 편지가 교회의 모든 구성원들을 염두에 두고 쓰였음을 암시해 준다.

설교를 위한 묵상

거짓 교사로 인하여 위기에 처해 있는 교회를 바로 세우도록 디모데를 격려하고 권고한 바울은 서신의 마지막에서 다시 한번 사명을 수행하는 데 있어서 최선을 다하도록 권고한다. 디모데는 자신에게 '맡겨진 것'을 지키고 거짓 교사들의 거짓된 주장을 피해야 한다. 복음의 진리나 믿음은 하나님으로부터 맡겨진 것으로, 디모데는 그것을 최선을 다해 안전하게 보관해야 한다(참조. 레 6 : 2, 4). 교회 지도자는 하나님으로부터 맡겨진 귀중품을 안전하게 보관하고 다음 세대로 전달해야 할 의무가 있다. 바울은 편지의 끝에서 다시 한번 '은혜'가 있기를 기원한다. 당시 헬라의 서신에서 일반적인 기원은 건강과 안녕에 대한 기원이었음을 생각할 때 바울의 '은혜'에 대한 기원은 상투적 문구라기보다 모든 사람이 은혜를 받기를 원하는 그의 심정에서 비롯된 것이라 할 수 있다. 은혜를 체험한 자만이 간절한 마음으로 은혜를 빌어 줄 수 있다.

디모데후서

제 I 부

인 사

디모데후서 1 : 1–2

| 디모데후서 1 : 1-2 |

인 사

바울은 당시의 일반적인 서신 양식에 따라 디모데후서를 인사로 시작한다. 이 인사는 디모데전서에 나온 인사(딤전 1 : 1-2)와 약간의 차이를 제외하고는 거의 일치한다. 그러나 이 약간의 차이는 디모데후서를 쓰는 상황이 디모데전서의 경우와는 다르다는 것을 시사해 준다.

> 1하나님의 뜻으로 말미암아 그리스도 예수 안에 있는 생명의 약속대로 그리스도 예수의 사도 된 바울은 2사랑하는 아들 디모데에게 편지하노니 하나님 아버지와 그리스도 예수 우리 주께로부터 은혜와 긍휼과 평강이 네게 있을지어다

1. 개관 및 구조

바울의 인사는 그레코-로만 시대 서신의 일반적인 양식에 따라 발신인의 이름(1절), 수신인의 이름(2a절), 인사말(2b절)의 순서로 구성되어 있다. 신약의 다른 서신들에 나오는 인사처럼 여기서도 발신인, 수신인, 인사말의 각 부분이 확장되어 있으며 그리스도교적 색조를 띠고 있다. 디모데전서의 인사와 비교할 때 발신인 부분과 수신인 부분이 약간 달라졌으나 인사말 부분은 정확히 일치한다.

2. 본문 분석

[1 : 1] 바울은 자신을 '그리스도 예수의 사도'라고 지칭한다(1절). 이 말은 자신이 그리스도에 의해 보냄을 받았으며 그리스도를 위해 사역하는 자라는 바울의 자의식을 보여 준다. 그런데 그는 자신의 사도 됨이 '하나님의 뜻으로 말미암아 그리스도 예수 안에 있는 생명의 약속'에 의거한 것이라고 말한다. 즉, 그가 사도가 된 것은 자신의 뜻이 아니라 하나님의 뜻에 의한 것이며, 그의 사도직은 생명의 약속과 관련이 있다는 것이다. 그 '생명'은 '그리스도 예수 안에' 있다. 그리스도인들은 그 생명을 미래에 온전히 누릴 것이지만 현재의 삶에서도 그리스도와의 연합을 통하여 그 생명에 참여하고 있다(참조. 롬 6 : 3-11).

[1 : 2] 2a절에서 바울은 수신인인 디모데를 '사랑하는 아들'로 지칭한다. 디모데전서에서는 디모데의 권위를 공적으로 인정할 필요가 있었기 때문에 디모데를 '믿음 안에서 참 아들'로 지칭함으로써 자신의 권위가 디모데의 배후에 있음을 암시했다. 그러나 여기서는 '사랑하는 아들'이라고 칭함으로써 이 서신이 보다 개인적 성향을 띨 것임을 예고한다. 2b절에 나오는 인사말은 디모데전서와 동일하다(딤전 1 : 2 주해 참조). 바울의 인사말에는 일반적으로 '은혜'와 '평강'이 언급되지만 여기서는 디모데전서에서와 같이 '긍휼'이 첨가되어 있다(참조. 요이 3절 ; 유 2절).

설교를 위한 묵상

바울은 당시 서신의 일반적인 격식에 따라 인사로 디모데후서를 시작한다. 그는 자신의 사도 됨이 하나님의 뜻에 의한 것이며 그리스도 예수 안에 있는 생명의 약속에 따른 것이라고 말한다. 그러나 바울은 디모데에게 교훈함에 있어서 사도라는 권위만을 내세우지 않는다. 그는 디모데를 '사랑하는 아들'로 지칭한다(참조. 2 : 1 '내 아들'). 바울은 자식의 삶을 바른길로 인도하려는 아버지와 같이 따뜻한 애정을 가지고 디모데에게 글을 쓴다. 이러한 바울의 자세는 오늘날 교회 지도자에게 큰 교훈을 준다. 교회 지도자는 하나님으로부터 생명의 약속과 관련된 구원을 선포할 사명을 받았다는 자긍심과 함께 진실한 사랑으로 성도들에게 복음을 전해야 한다. 그런 자세를 가질 때에야 비로소 참되고 간절한 마음으로, 성도들에게 은혜와 긍휼과 평강이 있기를 기원할 수 있을 것이다.

제 Ⅱ 부

감 사

디모데후서 1 : 3-5

| 디모데후서 1 : 3-5 |

감 사

일반적으로 고대 서신에서는 인사 다음으로 건강과 관련된 기원이나 신에 대한 감사가 나온다. 이러한 격식에 따라 바울도 인사 다음에 감사의 말을 기록한다. 이 감사의 말은 대부분의 바울서신에 나타나지만 목회서신 가운데서는 오직 디모데후서에서만 나타난다. 본문에 나오는 수신자를 향한 기도, 수신자와의 만남에 대한 소망, 수신자의 믿음에 대한 언급 등은 로마서 1 : 8~12에 나오는 감사의 내용과 대응된다.

> 3 내가 밤낮 간구하는 가운데 쉬지 않고 너를 생각하여 청결한 양심으로 조상
> 적부터 섬겨 오는 하나님께 감사하고 4 네 눈물을 생각하여 너 보기를 원함은
> 내 기쁨이 가득하게 하려 함이니 5 이는 네 속에 거짓이 없는 믿음이 있음을
> 생각함이라 이 믿음은 먼저 네 외조모 로이스와 네 어머니 유니게 속에 있더
> 니 네 속에도 있는 줄을 확신하노라

1. 개관 및 구조

바울은 디모데를 기억하면서 하나님에게 감사한다. 그것은 디모데가 거짓 없는 믿음을 가지고 있기 때문이다. 디모데의 거짓 없는 믿음은 외조모와 어머니로부터 받은 것이다. 바울은 디모데가 흘린 눈물을 기억하며 디모데를 다시 만나 기쁨을 나누기를 원한다. 이 감사는 인사(1 : 1-2)와 함께 디모데후서가 개인적 서신의 성격을 띨 것임을 예고해 준다. 헬라어 본문에서는 3~5절이 한 문장으로 구성되어 있으며, "내가 하나님께 감사를 드리는 바(3절) …… 그것은 네 속에 거짓이 없는 믿음이 있음을 생각하기 때문이다(5절)"라는 기본 문장에 수식어구나 삽입어구가 첨가된 형태를 이루고 있다.

2. 본문 분석

[1 : 3] 바울은 자신이 '밤낮' 하나님에게 간구한다고 말한다. 유대인은 아침, 낮, 저녁마다 기도 시간을 가질 정도로 기도생활을 중시했으며, 기도를 경건함을 나타내는 하나의 표지로 인식했다. 바리새인이었던 바울은(빌 3 : 5) 기도에 열심이었을 것이 틀림없으며, 그리스도인이 된 이후로는 더욱 그러했을 것이다. 바울은 하나님에게 기도할 때 '쉬지 않고' 디모데를 기억한다고 말한다. 이는 기도할 때마다 그를 기억한다는 의미이다(공역개정, '기도할 때마다 그대를 기억하면서').

바울은 디모데를 생각하며 '청결한 양심으로 조상적부터 섬겨 오는' 하나님에게 감사한다. '양심'은 목회서신에서 매우 강조된다(딤전 1 : 5, 19 ; 3 : 9 ; 4 : 2 ; 딛 1 : 15). 바울은 깨끗한 양심을 교회 지도자가 갖추어야 할 요건으로 강조하며(딤전 3 : 9), 거짓 교사들은 선한 양심을 버리고(딤전 1 : 19) 더러운 양심(딛 1 : 15), 특히 화인 맞은 양심을 가지고 있다고(딤전 4 : 2) 말한다. 이와 같이 양심을 강조하는 바울은 자신에게 '청결한' 양심이 있다고 말한다. 바울이 구금되어 있다는 사실을 생각할 때, 이러한 진술은 그의 구금이 범죄가 아닌 사도의 사명에서 비롯된 것임을 암시해 준다(Mounce, 468). 바울은 청결한 양심으로 '조상 적부터' 섬겨 오던 하나님에게 감사한다. '조상'은 부모나 조부모를 가리킬 수도, 조상 일반을 가리킬 수도 있다. 만약 바울이 자신의 부모나 조부모를 지칭하는 것이라면 외조모와 어머니의 유산을 받은 디모데의 경우(5절)와 호응을 이룬다. 그러나 유대 조상들을 포괄적으로 지칭하는 것이라면 이는 바울이 자신의 영적 유산을 유대교 유산과 단절된 것으로 보지 않았음을 암시한다.

[1 : 4] 바울은 디모데의 눈물을 생각하며 그를 만나기 원한다고 말한다. 바울은 디모데가 흘린 눈물이 언제, 어디서, 왜 흘린 눈물인지에 대해 언급하지 않는다. 많은 학자들은 바울과 디모데가 눈물로 작별한 적이 있었을 것으로 추측하며(박수암, Fee, Guthrie, Marshall, Mounce), 사도행전 20 : 17~38에 나오는 바울과 에베소교회 지도자들 간에 있었던 눈물의 작별과 관련짓기도 한다. 디모데를 만나기 원하는 바울의 간절한 심정은 이 서신의 마지막 부분에서 더욱 구체적으로 나타난다. 누가만을 곁에 두고 있는 바울은(4 : 10-11) 디모데가 오기만을 기다린다(4 : 9, 21).

[1 : 5] 5절은 3절에서 말한 감사의 이유를 말한다. 바울이 감사하는 것은 디모데의 '거짓이 없는 믿음' 때문이다. '거짓이 없는' 믿음은 '외식이 없는'(ἀνυπόκριτος, '아뉘포크리토스') 믿음이란 뜻으로, 바른 가르침을 따르고 행실이 경건하며 어떠한 상황에서도 하나님을 신뢰하고 의무를 충실히 수행함을 의미한다. 디모데의 외식 없는 믿음은 외조모 로이스와 어머니 유니게에게 있던 것이다. 바울이 하나님을 섬겨 오는 조상들의 믿음을 계승한 것처럼(3절) 디모데도 외조모와 어머니의 거짓 없는 믿음을 계승했다. 여기서 로이스와 유니게의 '믿음'을 유대교적 경건을 가리키는 것으로 이해할 수도 있지만(박수암, 이상

근, Scott), 그보다는 그리스도교 믿음을 가리키는 것으로 보는 것이(Kelly, Marshall, Mounce, Spicq) 옳을 것이다.

설교를 위한 묵상

당시 헬라의 통상적인 서신 형식에 따라 바울은 인사에 이어 감사를 표현한다. 감사의 대상은 조상 적부터 섬겨 오는 하나님이며, 감사의 이유는 디모데에게 그의 외조모와 모친으로부터 물려받은 거짓 없는 믿음이 있기 때문이다. 이러한 바울의 감사는 수사학적으로도 큰 효과가 있다. 거짓 없는 믿음은 서신 전반에 걸쳐 강조되는 충성과 신실함의 주제를 예시(豫示)하는 기능을 한다. 또한 수신자에 대한 애정의 표시는 발신인과 수신인의 관계에 긍정적인 영향을 끼쳐 수신자로 하여금 서신의 권고를 수용하게 하는 데 도움을 준다.

본문에서 바울은 자신이 조상의 전통을 계승하고 있으며, 디모데는 외조모와 어머니로부터 거짓 없는 믿음을 계승하였음을 강조한다. 이것은 오늘날의 그리스도인에게 두 가지 교훈을 준다. 첫째, 우리 부모나 조상들로부터 받은 훌륭한 믿음의 전통에 대해 감사하며 빚진 자의 마음을 가져야 한다. 둘째, 그 빚을 갚는 최선의 길은 그러한 믿음의 전통을 우리 자손들에게 계승해 주는 것이다.

바울은 생의 마지막 시기를 디모데와 함께 보내기를 원한다. 그는 슬픔의 눈물로 이별했던 과거를 기억하며 기쁨의 재회를 기대한다. 인생에서 헤어짐과 만남은 계속될 수밖에 없다. 바울은 헤어져야 할 때에 헤어졌으며 이제 만날 때가 되어 만나려고 한다. 바울은 디모데의 영적인 아버지로 '사랑하는 아들'(1 : 2) 디모데를 위해 아버지로서의 역할을 충실히 수행하고 있다. 바울은 기도할 때마다 디모데를 생각하고 그를 위해 기도한다. 그는 마지막 작별 때 디모데가 흘렸던 눈물을 잊지 않고, 다시 만나 기쁨을 나누기를 원한다. 그는 디모데를 격려하고 권고하기 위하여 편지를 쓴다. 무릇 교회 지도자는 자신의 영적인 자녀를 아끼고 사랑함에 있어 이런 바울과 같아야 한다. 섬김을 받기 위한 자녀가 아닌, 섬기고 사랑하기 위한 자녀를 힘써 길러야 한다.

제 Ⅲ 부

디모데에 대한 격려와 권고

디모데후서 1 : 6–2 : 13

A. 복음을 위한 고난과 사명(1 : 6–14)

B. 본보기들(1 : 15–18)

C. 복음을 위한 고난과 신실함(2 : 1–13)

| 디모데후서 1 : 6-2 : 13 |

디모데에 대한 격려와 권고

6절 첫머리에 나오는 '그러므로'라는 말이 나타내 주듯 6절 이하의 내용은 3~5절의 내용과 연관이 있다. 그러나 6절에서 디모데에 대한 격려와 권고가 시작되기 때문에 서신의 본론은 여기서부터 시작된다고 보는 것이 타당하다. 4 : 18까지 이어지는 서신의 본론은 그 첫 부분(1 : 6-2 : 13)에 디모데를 향한 격려와 권고를 담고 있다. 나누어 살펴보면, 먼저 복음과 복음을 위한 고난을 부끄러워하지 말고 사명을 수행하라는 권고가 나오고(1 : 6-14), 이어서 바울을 버린 사람과 격려한 사람의 본보기가 언급되며(1 : 15-18), 마지막으로 고난을 참으며 신실하게 사명을 완수하라는 권고가 나온다(2 : 1-13).

A. 복음을 위한 고난과 사명(1 : 6-14)

6그러므로 내가 나의 안수함으로 네 속에 있는 하나님의 은사를 다시 불일듯
하게 하기 위하여 너로 생각하게 하노니 7하나님이 우리에게 주신 것은 두려
워하는 마음이 아니요 오직 능력과 사랑과 절제하는 마음이니 8그러므로 너
는 내가 우리 주를 증언함과 또는 주를 위하여 갇힌 자 된 나를 부끄러워하지
말고 오직 하나님의 능력을 따라 복음과 함께 고난을 받으라 9하나님이 우리
를 구원하사 거룩하신 소명으로 부르심은 우리의 행위대로 하심이 아니요
오직 자기의 뜻과 영원 전부터 그리스도 예수 안에서 우리에게 주신 은혜대
로 하심이라 10이제는 우리 구주 그리스도 예수의 나타나심으로 말미암아 나
타났으니 그는 사망을 폐하시고 복음으로써 생명과 썩지 아니할 것을 드러내
신지라 11내가 이 복음을 위하여 선포자와 사도와 교사로 세우심을 입었노라
12이로 말미암아 내가 또 이 고난을 받되 부끄러워하지 아니함은 내가 믿는
자를 내가 알고 또한 내가 의탁한 것을 그날까지 그가 능히 지키실 줄을 확신
함이라 13너는 그리스도 예수 안에 있는 믿음과 사랑으로써 내게 들은 바 바
른말을 본받아 지키고 14우리 안에 거하시는 성령으로 말미암아 네게 부탁한
아름다운 것을 지키라

1. 개관 및 구조

바울은 복음을 위한 사역의 중요성을 강조함으로써 어려운 상황 속에서도 디모데가 충성을 다하도록 격려한다. 본문은 1) 너의 은사를 기억하라(6-7절), 2) 바울이나 복음을 부끄러워 말고 복음을 위해 고난을 받으라(8-12절), 3) 복음을 고수하고 지키라(13-14절)는 권고로 구성되어 있다. 본문이 시작되는 부분(6-7절)과 끝나는 부분(13-14절)에 각각 '하나님의 은사'와 '성령'이 언급됨은 주목할 만하다. 본문의 중심부인 8~12절에서는 그리스도에 대한 증언이나 투옥된 바울을 부끄러워하지 말고 고난을 감수하라는 8절의 권고가 핵심을 이룬다. 그리스도에 대한 증언을 부끄러워하지 말라는 권고는 9~10절에서,

투옥된 바울을 부끄러워하지 말라는 권고는 11~12절에서 부연 설명된다.

2. 본문 분석

[1 : 6] 바울은 감사에 이어 곧바로 서신의 본론을 시작한다. 그는 디모데의 거짓 없는 믿음을 확신하면서('그러므로') 자신이 디모데에게 안수했을 때 디모데가 받았던 하나님의 은사를 일깨워 주려 한다. 디모데에 대한 바울의 안수는 디모데전서 4 : 14에서 언급된 안수와 동일한 사건을 가리키는 것으로 보인다. 보다 공적인 성격이 강한 디모데전서에서는 안수가 장로의 회에서 있었다는 점을 강조한 데 반하여, 보다 사적 성격이 강한 디모데후서에서는 그 장로의 회에서 있었던 바울 자신의 안수에 초점을 두고 있는 것으로 보인다(Fee, 226). 바울이 그 사건을 상기시키는 것은 디모데로 하여금 그때 받았던 하나님의 은사를 '다시 불일듯하게 하기' 위해서이다. '불일듯하게 하다'(ἀναζωπυρέω, '아나조퓌레오')라는 단어에는 '꺼져 가는 불을 다시 타오르게 하다'라는 의미가 있기 때문에 이것을 디모데의 믿음이나 은사가 약해지고 있었다는 암시로 이해하기도 한다(박수암, 374-375 ; 박창환 1995, 37). 그러나 이 단어에는 '불을 잘 타도록 하다', '불길을 더욱 높이다' 등의 의미도 있기 때문에 이 단어가 반드시 디모데의 믿음이나 은사가 약해졌음을 암시한다고 보기는 어렵다. 특히 이 단어가 계속적인 동작을 나타내는 현재 부정사로 나온다는 점은 후자의 의미로 사용되었을 가능성을 높여 준다(McKenzie, 319-320).

[1 : 7] 바울은 디모데가 받은 은사의 구체적인 내용을 언급하는 대신 그 은사의 특성 또는 결과를 말한다. 하나님이 준 것은 '두려워하는 마음'이 아니라 '능력과 사랑과 절제하는 마음'이다. 여기서 '마음'으로 번역된 헬라어(πνεῦμα, '프뉴마')는 '성령'을 의미할 수도, '인간의 영'을 의미할 수도 있다. 따라서 학자에 따라서는 '성령'으로 이해하기도 하지만(Fee, 226-227) 인간

의 영, 즉 인간의 정신이나 마음을 가리키는 것으로 보는 것이 더 자연스럽다. 바울은 하나님으로부터 받은 것이 '능력과 사랑과 절제하는 마음'임을 강조한다. 이러한 마음은 디모데가 어려운 상황 속에서 사역을 행하는 데 반드시 필요한 것이다. 여기서 '능력'은 '두려워 함'과 좋은 대조를 이룬다.

[1 : 8] 8절은 본 단락의 핵심이자(Fee, 227) 2 : 13에 이르는 권고의 중심내용이다(Mounce, 479). 8절은 "부끄러워하지 말라"(8a절)와 "고난을 받으라"(8b절)라는 두 개의 명령을 담고 있다. 먼저 바울은 부끄러워하지 말라고 말한다. 부끄러워하지 않아야 할 내용은 '우리 주를 증언함'과 '주를 위하여 갇힌 자 된 바울'이다. '주를 증언함'은 복음을 위한 사역을 의미한다. 개역개정은 '내가 우리 주를 증언함'으로 번역하고 있으나 헬라어 본문에는 '내가'라는 말이 나오지 않으며, 내용상으로 '나'(바울)의 증언을 가리키는 것이 아니라 디모데의 증언을 가리키는 것이 거의 확실하다. '주를 위하여 갇힌 자'로 번역된 헬라어를 문자적으로 번역하면 '그의[주의] 갇힌 자'이다. 바울은 로마에 의해 투옥되었지만 자신을 그리스도의 포로로 생각하고 있다(참조. 박창환 1995, 38 ; Oden, 195). 당시 주를 증언하는 일과 바울을 따르는 것은 세상의 관점에서 보면 부끄러운 일이었다. 예수는 십자가에 달려 죽음을 당한 범죄자요, 바울은 그런 예수를 구주라고 증언함으로 인해 로마에 의해 구금된 사람이다. 세상 사람들의 눈에는 그런 범죄자를 믿고 따르는 이들이 이해할 수 없는 존재로 보였다.

디모데에게 부끄러워하지 말라고 권고한 바울은 "함께 고난을 받으라"고 말한다. 그런데 누구 또는 무엇과 함께 고난을 받아야 하는지가 분명치 않다. 개역개정은 이 단어 뒤에 나오는 명사 '복음'과 연결시켜 "복음과 함께 고난을 받으라"라고 번역한다. 그러나 여격으로 나오는 명사 '복음'은 '복음을 위하여'라고 이해하는 것이 타당하다. 따라서 많은 번역들은 "복음을 위하여 고난을 함께 겪으십시오."(새번역)라고 번역하거나 '나'를 보충하여 "복음을 전하는 일을 위해서 나와 함께 고난에 참여하시오."라고 번역한다(공역개정 ; 참조. NKJV, NIV, NRSV, CEV). 함께 고난을 받을 대상이 명시되지 않았을지라도 그 권고의 의미는 분명하다. 그것은 복음의 사역으로 인해서 오는 고난을 각오하라는 것이다. 바울은 디모데를 격려하기 위해 '하나님의 능력을 따라' 고난을 받으라고 말한다. 디모데는 자신의 힘이 아닌 하나님의 능력에 의지할 것을 요청받는다. 복음을 위해 고난을 견딜 수 있는 능력도 하나님으로부터 오는 은사이기 때문이다(Collins, 199).

[1 : 9–10] 8절에서 복음을 위한 사역을 부끄러워하지 말고 복음을 위해 고난을 받으라고 한 바울은 이제 9~10절에서 복음의 본질에 대해 설명한다. 먼저 바울은 하나님이 '우리'를 구원하고 '거룩한 소명으로' 불렀다고 말한다(9a절). 하나님의 부름은 바울의 핵심사상이지만(참조. 롬 8 : 28–30 ; 고전 7 : 17–24 ; 갈 1 : 15 ; 살전 2 : 12), '거룩한 소명'으로 불렀다는 말의 의미는 분명치 않다. 그것은 '거룩한 부르심(소명)으로써' 불렀음을 의미할 수도 있으며(NRSV, NASB) '거룩한 삶으로' 또는 '거룩한 백성이 되기 위해' 불렀음을 의미할 수도 있다(공역개정, TNIV, REB, CEV). 어쩌면 두 의미 모두가 포함되었을 수도 있다(참조. Collins, 199–200). 바울은 하나님의 구원과 부르심은 인간의 '행위'에 근거한 것이 아니라 '자기[하나님]의 뜻'과 '은혜'에 근거한 것임을 강조한다(9b절). '자기의 뜻'에 근거했다는 것은 구원사건이 하나님의 주도로 이루어졌음을 나타내며, '은혜'에 근거했다는 것은 구원이 하나님의 선물로 주어진 것임을 말해 준다. 그런데 그 은혜는 '영원 전부터 그리스도 예수 안에서' 준 것이다. 다시 말하면 그 은혜는 창조 이전에 그리스도를 통해 주기로 이미 결정된 것이다.

'영원 전부터' 준 은혜는 '이제' 드러났다(10a절). 그것은 '우리 구주 그리스도 예수의 나타나심으로 말미암아' 된 것이다. 다시 말하면 그리스도 예수의 삶과 죽음과 부활을 통해 인간은 영원 전부터 결정된 하나님의 은혜를 볼 수 있게 되었다. 왜냐하면 그는 '사망을 폐하시고 복음으로써 생명과 썩지 아니할 것'을 드러내었기 때문이다(10b절). 그리스도는 자신의 죽음을 통하여 죽음의 권세를 무력화시켰으며 '생명과 썩지 아니할 것', 즉 '불멸의 생명'(공역개정)을 밝히 드러내었다. 이 생명은 종말에 온전히 성취될 것이지만 그리스도인은 이미 그 생명을 선취하고 있다.

9~10절은 바울의 의에 대한 핵심사상을 담고 있는 구절로, 목회서신이 행위를 강조하지만 그 행위는 은혜를 기반으로 한 것임을 잘 드러내 준다. 나아가 이 구절은 디모데가 고난에 대한 각오를 새롭게 할 수 있도록 격려하는 역할을 한다. 하나님의 은혜를 기반으로 한 구원과 부름, 그리스도를 통한 영원한 생명에 대한 강조는 디모데에게 하나님을 향한 감사와 영생에 대한 소망을 불러일으켜 어려움을 견디며 사명을 수행하려는 각오를 새롭게 해 줄 것이다.

[1 : 11–12] 9~10절이 8절에서 언급한 '우리 주를 증언함'을 부끄러워하지 말라는 권고와 관련된 것이라면 11~12절은 8절에서 언급한 '주를 위하여 갇힌 자 된 바울'을 부끄러워하지 말라는 권고와 관련된다. 바울은 먼저 '복음'에 대한 자신의 사명을 말한다(11절). 그는 '복음'을 위하여 '선포자와 사도와 교사'로 세움을 받았다. 바울은 디모데전서 2 : 7에서도 동일한 표현을 사용하여 복음을 위한 자신의 역할을 언급한다(그곳에서는 각각 '전파하는 자', '사도', '스승'으로 번역되었으나 여기에 나오는 세 용어와 동일한 단어임). '세우심을 입었노라'란 수동태는 그러한 사명이 하나님으로부터 주어진 것임을 말해 준다.

바울은 '이로 말미암아', 즉 복음을 위한 자신의 사명 때문에 '이 고난'을 받는다고 말한다(12a절). '이 고난'은 일차적으로 바울의 투옥된 상황(1 : 8 ; 2 : 9)을 가리키는 것으로 보인다. 바울은 그러한 고난 속에서도 부끄러워하지 않는다고 말한다. 여기서 '부끄러워하다'라는 동사의 목적어가 나타나 있지 않아 바울이 무엇을 부끄러워하지 않는지에 대해서는 논란이 있다. 1) '복음'을 부끄러워하지 않는다는 의미로 이해할 수 있다. 동일한 동사가 사용된 로마서 1 : 16에서 바울은 '복음'을 부끄러워하지 않는다고 말한다. 다시 말하면 복음을 위한 사명의 수행으로 인해 투옥되었을지라도 그 복음을 부끄러워하지 않는다는 것이다. 2) 부끄러워하지 않는 대상을 투옥의 상황으로 볼 수 있다. 고대의 문헌들은 당시 투옥이 큰 수치로 간주되었음을 분명히 보여 준다(참조. Magee, "Paul's Response", 343-345). 그러나 바울은 그러한 일반적인 사고에 대항하여 복음으로 인해 투옥된 자신의 상황을 결코 부끄럽게 여기지 않는다는 것이다. 문맥으로 볼 때 후자의 경우일 가능성이 높다.

바울은 그가 부끄럽게 여기지 않는 두 가지 이유를 든다(12b절). 첫째, '내가 믿는 자를 내가 알기' 때문이다. '내가 믿는 자'는 그리스도를 가리키는 것으로 볼 수도 있지만 하나님이 구원을 주관하시는 분임을 강조하는 본문의 문맥으로 볼 때 하나님을 가리키는 것으로 보는 것이 더 자연스럽다. '믿는'이라는 동사는 현재완료형으로 '믿어 온'이란 의미이다(공역개정, 새번역 : '내가 믿어 온 분'). 즉, 바울은 자신이 지금까지 믿어 온 하나님이 어떤 분임을 잘 알기 때문에 부끄러워하지 않는다고 말한다. 이 말은 바울이 자신의 고난, 특히 투옥된 상황에도 불구하고 여전히 하나님을 신뢰하고 있음을 나타내 준다. 둘째, '내가 의탁한 것을 그날까지 그가 능히 지키실 줄을 확신하기' 때문이다. 여기서 '내가 의탁한 것'으로 번역된 헬라어(τὴν παραθήκην μου, '텐 파라데켄 무')는 두 가지 뜻으로 이해될 수 있다. 1) 개역개정에서처럼 바울이 하나님께 맡긴 것을 의미할 수 있다(KJV, NASB, TNIV, NRSV ; Lock, Fee, Marshall). 이때 맡긴 내용으로는 바울의 생명, 구원, 천국의 상급, 사명 등을 생각할 수 있다. 2) 하나님이 바울에게 맡긴 것을 의미할 수도 있다(TEV, CEV ; Dibelius-Conzelmann, Guthrie, Kelly). 이 경우 맡긴 것은 복음이나 복음을 위한 사명이 될 것이다. '그날까지'에서 '그날'은 종말을 의미한다. 바울은 자신이 믿는 하나님에 대한 진술을 통하여 복음을 위한 사역을 수행하고 있는 디모데에게 자신을 따르도록 격려하고 있다.

[1 : 13-14] 이제 바울은 6~12절에서 준 교훈을 바탕으로 두 가지 명령을 내림으로써 단락을 마무리한다. 첫 번째 명령은 자신으로부터 들은 '바른말'을 "본받아 지키라"는 것이다(13절). '바른말'은 디모데전서 1 : 10에 나온 '바른

교훈'과 같은 개념으로, 여기서도 디모데전서의 경우처럼 거짓 교사들의 상황을 염두에 두고 있을 가능성이 높다. 바른말을 "본받아 지키라"는 의미는 분명치 않으나, 바울의 가르침을 지켜야 할 본보기로 삼으라는 의미일 것으로 생각된다. '믿음과 사랑으로써' 본받아 지키라는 것은 바울에게서 들은 '바른말'을 믿음과 사랑으로 입증하면서 지키라는 뜻으로 이해된다. 믿음과 사랑은 바울에게 있어서 그리스도인의 삶의 특성으로 강조되며(고전 13 : 13 ; 갈 5 : 6 ; 살전 3 : 6 ; 몬 5절) 목회서신에서도 역시 강조된다(딤전 1 : 14 ; 2 : 15 ; 4 : 12 ; 6 : 11 ; 딤후 2 : 22). '그리스도 예수 안에 있는 믿음과 사랑'이란 어구는 믿음과 사랑이 그리스도 안에 있을 때 주어지는 은사임을 나타낸다.

두 번째 명령은 "네게 부탁한 아름다운 것을 지키라"는 것이다(14절). '네게 부탁한 아름다운 것'은 13절에 나온 디모데가 본받아 지켜야 할 '바른말'을 가리킨다. 여기서 '부탁한 것'으로 번역된 헬라어(παραθήκη, '파라데케')는 12절에서 '의탁한 것'으로 번역한 단어와 동일하다. 만일 12절에 나온 '의탁한 것'이 하나님으로부터 바울에게 맡겨진 것을 의미한다면, 14절은 바울이 하나님으로부터 자신에게 맡겨진 것을(12절) 다시 디모데에게 맡기고 그것을 지키라고 권고하는 것으로 이해할 수 있다. 이러한 권고는 디모데가 바울에게 들은 바를 또 다른 사람들에게 부탁하라는 2 : 2의 내용과도 부합된다. 그런데 바울은 '성령으로 말미암아' 부탁받은 것을 지키라고 말한다. 개역개정에서는 '성령으로 말미암아'라는 어구가 '부탁하다'에 연결되는지 아니면 '지키다'에 연결되는지 분명히 드러나지 않지만, 헬라어 본문에서 이 어구는 '지키다'에 연결된다. 바울은 자기에게 맡겨진 것을 지키는 것은 자신의 힘이 아니라 '성령'으로부터 오는 힘을 통해 가능함을 강조한다.

설교를 위한 묵상

바울은 디모데가 안수 때 받았던 은사를 일깨우며 두려워하지 말고 하나님의 능력에 의지하여 사역에 힘쓰라고 권고한다(6-7절). 또한 복음을 부끄러워하지 말며 아울러 복음을 위하여 갇힌 자신을 부끄러워하지 말라고 명령한다(8절). 복음은 구원의 소식을 담고 있는 바, 그 구원은 하나님의 뜻과 은혜로 인하여 영원 전부터 준 것으로 사망을 폐하고 불멸의 생명을 드러낸 그리스도 예수를 통해 나타나게 되었다(9-10절). 바울은 복음을 위해 세움을 받고 그것으로 인해 고난을 받고 있으나 부끄러워하지 않는다(11-12절). 바울처럼 디모데도 바울로부터 들었던 '바른말'을 붙들고 성령의 능력에 의지하여 바울이 부탁한 것을 지켜야 한다(13-14절).

본문에서 바울은 그리스도에 대한 증언을 부끄러워하지 않아야 함을 강조한다. 주후 1세기 지중해 연안에서는 명예와 수치에 대한 의식이 매우 강했다. 그에 따라 당시 그리스도인들은 큰 어려움을 겪을 수밖에 없었다. 그들은 유대 종교지도자들과 로마의 관리로부터 정죄를 받고 십자가상에서 죽은 예수를 구주로 믿는 데 대한 외부의 따가운 시선을 받아야 했다. 사실 인간의 관점에서 본다면 복음은 부끄러운 것이다. 십자가의 도는 표적을 구하는 유대인에게 거리낌이 되고 지혜를 구하는 헬라인에게는 어리석은 것으로 보였다(고전 1 : 22-23). 현대 그리스도인들은 국가나 지역에 따라 차이가 있기는 하지만 일반적으로 주후 1세기의 그리스도인만큼 외부의 따가운 시선을 의식할 필요가 없는 시대를 살고 있다. 그럼에도 불구하고 많은 그리스도인들은 복음의 증언을 부끄러워하고 있다. 우리는 복음을 부끄러워하지 않는다는 바울의 고백(롬 1 : 16)과 복음을 부끄러워하지 말라는 예수의 권고(막 8 : 38)를 기억할 필요가 있다.

본문은 부끄러워하지 말라는 권고와 더불어 복음으로 인한 고난을 받으라 권고한다. '복된 소식' 또는 '기쁜 소식'을 의미하는 복음과 고난은 겉보기에 어울리지 않는 것처럼 보인다. 또한 하나님의 구원하는 능력과 그리스도인의 고난이 모순적으로 느껴질 수도 있다. 사실 바울은 자신이 옥에 갇혀 있는 상황에 대해 디모데가 당황했음을 알고 있다. 하나님의 복음을 위해 선포자와 사도와 교사로 세움을 받고 사명을 수행하던 바울이 옥에 갇혀 있다는 사실 앞에서 디모데는 하나님의 능력을 의심할 수도 있었을 것이다(Johnson, 「디모데전 · 후서, 디도서」, 33). 그러나 바울은 본문에서 하나의 역설적인 진리를 제시한다. 복음을 위한 고난도 하나님의 능력으로 말미암는다(8절).

바울은 본문에서 복음의 내용인 구원에 관해 설명한다(특히 9-10절). 스토트(Stott)

는 오늘날 '구원'이란 용어의 품격을 떨어뜨리는 저급하고 빈약한 개념들로부터 그 용어를 건져 내야 할 필요가 있다고 말한다(1985, 38). 구원은 단순히 예수 믿고 만사형통한 삶을 누리다 죽어서 천국에 간다는 개념이 아니다. 이런 개념은 은혜를 한갓 싸구려로 전락시킨다. 구원은 하나님이 그의 백성을 불러 의롭게 하고, 성화시키고, 영화롭게 하는 놀라운 과정을 포괄적으로 나타낸다. 이러한 과정 속에는 종종 고난이 수반된다. 그러나 그 과정의 종국은 영광임을 확신하기 때문에 바울은 디모데에게 고난을 두려워하지 말고 바울 자신의 모범을 따르라고 권고하는 것이다. 바울이 부끄러워하지 않는 것처럼(12절), 디모데는 부끄러워하지 않아야 한다(8절). 바울이 고난을 받는 것처럼(12절), 디모데도 고난을 받아야 한다(8절). 이처럼 바울은 자신의 삶을 통해 디모데를 가르치고 권면한다. 이는 모든 교회 지도자들이 마땅히 본받아야 할 가르침의 자세일 것이다.

바울은 디모데에게 사명을 수행하는 데 있어서 자신의 힘에 의존할 것이 아니라 하나님의 능력에 의존하라고 권고한다. 바울이 '하나님의 은사'를 일깨우는 것으로 본문의 서두를 열고, 성령의 도움을 받으라는 권고로 본문을 마치는 것은 의미심장하다. 복음을 위한 사역은 인간의 능력으로 수행하는 것이 아니다. 세상 사람들에게 거리낌이 되고 어리석게 보이는 복음의 증언이 성공적으로 수행되기 위해서는 위로부터의 능력이 필요하다. 복음으로 인한 고통을 견디며 구원에 대한 확신을 가지고 소망 가운데 살아가기 위해서도 위로부터의 능력이 필요하다. 바울은 말한다. "내게 능력 주시는 자 안에서 내가 모든 것을 할 수 있느니라"(빌 4 : 13).

B. 본보기들(1 : 15-18)

15아시아에 있는 모든 사람이 나를 버린 이 일을 네가 아나니 그중에는 부겔
로와 허모게네도 있느니라 16원하건대 주께서 오네시보로의 집에 긍휼을 베
푸시옵소서 그가 나를 자주 격려해 주고 내가 사슬에 매인 것을 부끄러워하

지 아니하고 [17]로마에 있을 때에 나를 부지런히 찾아와 만났음이라 [18](원하건 대 주께서 그로 하여금 그날에 주의 긍휼을 입게 하여 주옵소서) 또 그가 에베소에서 많이 봉사한 것을 네가 잘 아느니라

1. 개관 및 구조

이 단락의 내용은 디모데에 대한 격려와 권고(1 : 6-2 : 13)라는 주제에서 다소 벗어난 것으로 생각될 수 있다. 그러나 본문은 주에 대한 증언과 갇힌 자 된 바울을 부끄러워하지 말라는 앞 단락의 내용과 깊은 관련이 있다. 본문은 투옥된 바울을 버린 자들(15절)과 바울을 부끄러워하지 않고 신실함을 지킨 사람(16-18절)의 본보기를 보여 준다. 나아가 디모데도 부끄러워하지 않아야 한다는 권고를 간접적으로 주고 있다. 이 단락은 교차대칭구조(a-b-c-b'-a')를 이룬다. 15절(a)과 18b절(a')은 각각 디모데가 이미 알고 있는 사실을 언급한다. 16a절(b)과 18a절(b')에서는 오네시보로의 집과 오네시보로를 향한 하나님의 긍휼을 기원하는 내용이 나온다. 16b~17절(c)은 교차대칭구조의 중심으로, 바울을 부끄러워하지 않은 오네시보로의 행동을 서술한다.

2. 본문 분석

[1 : 15] 바울은 디모데가 이미 알고 있는 한 가지 일을 상기시키는 것으로 본문을 시작한다. '아시아에 있는 모든 사람'이 바울을 '버린' 일이 그것이다. '아시아'는 로마의 행정구역으로 에베소를 수도로 한 소아시아의 서부 지역을 가리킨다. 바울이 이 일에 대해 구체적으로 설명하지 않는 것은 디모데가 그 상황을 잘 알고 있기 때문이다. '아시아에 있는 모든 사람'을 문자적으로 이해해서는 곤란하다. 왜냐하면 바울을 따르는 디모데와 바울을 도와준 오네시보로도 아시아 사람이었기 때문이다. 따라서 '아시아에 있는 모든 사람'은 아시

아에 있는 특정 그리스도교 지도자들이나 바울의 동료들을 의미한다고 보는 것이 타당하다.

피(Fee)는 바울을 버렸다는 것은 그의 복음을 버린 것을 의미한다고 본다. 그리고 목회서신의 다른 곳에서 쓰인 동사 '버리다'(ἀποστρέφω, '아포스트레포')의 용법(딤후 4 : 4 ; 딛 1 : 14)은 이를 뒷받침한다고 주장한다(236). 그러나 '아시아에 있는 모든 사람'이 누구를 가리키든, 그들 모두가 복음에서 떠났다고 보기는 매우 어렵다. 따라서 여기서 바울을 버렸다는 것은 바울에 대한 도움을 거절하거나 바울과의 관계를 단절했음을 의미하는 것으로 보는 것이 타당할 것이다. 이들이 바울을 버리게 된 구체적인 상황에 대해서는 정확히 알 수 없지만 바울의 투옥이 그들로 하여금 바울을 버리게 했을 가능성이 높다(참조. Magee, "Paul's Response", 344-345). 그들은 로마 권력에 의해 범죄자로 몰려 갇힌 바울을 도움으로써 오는 불이익을 감수할 준비가 되어 있지 않았다. 바울은 자기를 버린 자들 중 '부겔로'와 '허모게네'를 거명한다. 두 사람은 바울을 버린 자들 가운데 지도적 위치에 있었거나, 바울과 가까웠던 사람들이었을 가능성이 높다.

[1 : 16-18] 16~18절에서 바울은 자기를 버렸던 사람들과는 대조적으로 투옥된 바울을 부끄러워하지 않고 오히려 격려했던 오네시보로에 대해 언급한다. 바울은 '주께서 오네시보로의 집에 긍휼을 베푸시기를' 원한다(16a절). 4 : 19은 오네시보로의 가정이 에베소에 있었음을 보여 준다. 대부분의 학자들은 다음의 이유로 그가 이 편지를 쓰는 당시에 이미 죽었을 것으로 생각한다. 1) 현재 하나님의 긍휼이 있기를 소원하는 16a절에서 오네시보로를 언급하지 않고 그의 가정만을 언급한다. 2) 심판 때 하나님의 긍휼이 있기를 소원하는 18a절에서는 오네시보로 개인만을 언급한다. 3) 마지막 인사(4 : 19-22)에서 바울은 '(그 외) 모든 형제'란 표현을 제외하고는 모두 개인의 이름을 들어 문안을 요청하는 데 반해 오네시보로의 경우 그 집에 문안을 요청한다. 물론 이 중 어느 하나도 오네시보로가 이미 죽었다는 사실을 결정적으로 증명하지

는 못한다(참조. Knight, 386). 그러나 위에서 언급한 내용들을 종합해 볼 때 오네시보로가 이미 죽었을 가능성이 높다고 생각된다.

16b~17절은 바울에게 행한 오네시보로의 신실한 행동에 대해 설명한다. 1) 오네시보로는 자주 바울을 격려해 주었다. '격려하다'로 번역된 헬라어(ἀναψύχω, '아나프쉬코')는 '기운이 나게 하다', '소생하게 하다'의 의미를 가진 말로, 이로 미루어 오네시보로는 바울과 함께하였을 뿐만 아니라 그에게 음식을 공급하였던 것으로 보인다. 2) 그는 바울이 '사슬에 매인 것'을 부끄러워하지 않았다. '사슬에 매임'은 투옥의 상황에 대한 비유적 표현으로 볼 수도 있으나 실제 사슬에 매여 있는 상황에 대한 표현일 수도 있다. 오네시보로가 바울의 매임을 부끄러워하지 않았다는 것은 앞 단락(6-14절)의 내용으로 미루어 디모데가 따라야 할 하나의 모범이 된다. 3) 그는 로마에 있을 때 바울을 부지런히 찾아와 만났다. 이것은 그가 바울을 찾는 데 큰 어려움을 겪었음을 말해 주고 있으며, 바울이 감금되어 있는 장소가 대중에게 잘 알려진 곳이 아니었음을 암시해 준다. 그는 감금된 바울을 '부지런히'(새번역, '열심으로') 찾은 끝에 만났다. 여기서 '만나다'로 번역된 헬라어(εὑρίσκω, '휴리스코')는 문자적으로 '발견하다'를 뜻한다.

오네시보로의 가정에 하나님의 긍휼이 있기를 소원했던 바울은(16a절) 이제 오네시보로에게 하나님의 긍휼이 있기를 소원한다. "원하건대 주께서 그로 하여금 그날에 주의 긍휼을 입게 하여 주옵소서"(18a절). '그날'은 종말의 날, 즉 심판의 날을 가리킨다. 이 구절에 두 번 나오는 '주'가 누구를 가리키는지에 대해서는 논란이 있다. '주'란 용어가 목회서신에서 경우에 따라 하나님을 가리키기도 하고 그리스도 예수를 가리키기도 하기 때문이다. 많은 학자들은 앞에 나오는 '주'(관사와 함께 사용)는 그리스도를 가리키고 뒤에 나오는 '주'(관사 없이 사용)는 하나님을 가리킨다고 본다. '입게 하다'로 번역된 헬라어는 17절에서 '만나다'로 번역된 단어와 동일하며, 문자적으로 '발견하다'라는 의미를 가지고 있다. 바울은 "오네시보로가 바울을 발견했던 것처럼 그가 주의 긍휼을 발견하게 해 달라."는 의미를 염두에 두고 있는지도 모른다. 학자에 따라서는 18a절에 나오는 이 바울의 소원을 죽은 자를 위한 중보적 기도로 해석하기도 하지만, 바울의 간절한 소망을 나타내는 18a절을 중보적 기도로 보기에는 무리가 있다(참조. Towner, 485).

바울은 18b절에서 디모데에게 바울을 위해 봉사한 오네시보로가 에베소에서도 많은 봉사를 하였음을 상기시킨다. 여기서 말하는 오네시보로의 봉사는 바울에 대한 것(Stott 1985, 53)이라기보다는 에베소교회를 위한 것으로 보인다(Collins, 218). 오네시보로의 봉사가 언제 있었던 것인지는 알 수 없다. 예전에 바울과 디모데가 함께 에베소에 있었을 때의 일일 수도 있고, 바울이 떠난 후 디모데가 사역을 하고 있을 때의 일일 수도 있다. 오네시보로는 로마에 있었을 때나 에베소에 있었을 때나 한결같이 신실하게 섬기는 삶을 살아간 모범적인 그리스도인이었다.

설교를 위한 묵상

분문은 바울의 고난을 보여 준다. 고대의 문헌들은 투옥된 상황에 있는 사람이 겪는 심한 신체적, 정서적 고통에 대해 증언한다(참조. Magee, "Paul's Response", 347–349). 특히 그는 일반인들이 쉽게 접근할 수 없는 곳에 투옥되어 사슬에 매여 있다. 그러나 그에게는 신체적 고난 못지않게 심리적 고충이 컸던 것으로 보인다. 많은 사람들이 바울이 투옥되자 그를 버렸다. 특히 '아시아에 있는 모든 사람'이 바울을 버린 것은 그에게 큰 고통이다. 사도행전에 의하면 바울은 수도 에베소를 중심으로 아시아 선교를 위해 최선의 노력을 기울였으며, 에베소교회에 대하여 큰 사랑과 관심을 가지고 있었다(행 19 : 1–41 ; 20 : 17–38). 그런데 그 아시아 사람들이 바울을 버린 것이다. 디모데후서 4 : 6~8과 9~12에 의하면 투옥된 바울은 이제 죽음에 직면해 있고 그의 곁에는 함께하는 사람이 거의 없는 상태에 있다. 이러한 바울의 모습은 마치 예수가 잡히고 버림을 받았을 때의 모습을 상기시킨다.

이러한 바울에게 오네시보로는 큰 격려와 위로가 되었다. 다른 사람들이 바울을 버린 것과는 달리 그는 바울을 '부지런히' 찾았다. 바울은 국가에 대한 범죄자로 정죄받고 곧 죽게 될 처지에 있는 사람으로 그의 동료가 된다는 것은 위험이 따랐다. 그러나 그는 애써서 바울을 찾아 방문하여 함께했으며, 그에게 음식을 공급해 주기도 했다. 무엇보다도 그는 바울을 부끄러워하지 않았다. 그레코 로마 시대에 명예와 수치는 어떤 행동을 일으키기도 하고 위축시키기도 하는 강력한 동인으로 작용했다. 그가 바울을 부끄럽게 여기지 않고 격려한 것은 그에게 바울의 고난에 대한 참 의미를 인식할 수 있는 믿음의 눈이 있었음을 의미한다. 바울에게 이보다 더 큰 위로와 격려가 어디에 있었겠는가! 본문은 한 사람의 삶에 있어서 가장 어려운 순간에 참다운 친구가 되어 주는 것이 얼마나 아름다운 일인지를 보여 준다.

바울은 오네시보로의 가정과 오네시보로를 위한 간절한 소망을 갖고 있다. 그것은 오네시보로가 자기에게 긍휼을 베풀었던 것처럼 오네시보로와 그의 가정이 하나님으로부터 긍휼히 여김을 받게 되는 것이다. 감금된 상황, 죽음을 앞둔 상황에서 오네시보로와 그의 가정을 위한 바울의 간절한 소망대로 오네시보로는 하나님의 긍휼함을 받았을 것이다. 왜냐하면 "긍휼히 여기는 자는 복이 있나니 그들이 긍휼히 여김을 받을 것임이요"(마 5 : 7)라는 예수의 말씀은 진리이기 때문이다.

본문은 '우리 주를 증언함'과 '주를 위하여 갇힌 자'를 부끄러워하지 않고 복음을 위해 고난을 함께 받는 것(8절)이 얼마나 어려운지를 보여 준다. 많은 사람들은 그 길을 버렸다. 그 문은 좁고 그 길은 협착하기 때문이다(참조. 마 7 : 14). 본문은 디모데에게 두 가지 길을 보여 주며 어떤 길을 선택할 것인지를 묻고 있다. 부겔로와 허모게네가 간 길을 선택할 것인가? 아니면 오네시보로가 간 길을 선택할 것인가?(Collins, 217 ; 참조. Knight, 387 ; Marshall, 716). 이는 본문을 읽는 그리스도인 모두에게 던져진 질문이기도 하다.

C. 복음을 위한 고난과 신실함(2 : 1-13)

1내 아들아 그러므로 너는 그리스도 예수 안에 있는 은혜 가운데서 강하고 2또
네가 많은 증인 앞에서 내게 들은 바를 충성된 사람들에게 부탁하라 그들이
또 다른 사람들을 가르칠 수 있으리라 3너는 그리스도 예수의 좋은 병사로
나와 함께 고난을 받으라 4병사로 복무하는 자는 자기 생활에 얽매이는 자가
하나도 없나니 이는 병사로 모집한 자를 기쁘게 하려 함이라 5경기하는 자가
법대로 경기하지 아니하면 승리자의 관을 얻지 못할 것이며 6수고하는 농부
가 곡식을 먼저 받는 것이 마땅하니라 7내가 말하는 것을 생각해 보라 주께서
범사에 네게 총명을 주시리라 8내가 전한 복음대로 다윗의 씨로 죽은 자 가운
데서 다시 살아나신 예수 그리스도를 기억하라 9복음으로 말미암아 내가 죄
인과 같이 매이는 데까지 고난을 받았으나 하나님의 말씀은 매이지 아니하니
라 10그러므로 내가 택함 받은 자들을 위하여 모든 것을 참음은 그들도 그리
스도 예수 안에 있는 구원을 영원한 영광과 함께 받게 하려 함이라 11미쁘다
이 말이여 우리가 주와 함께 죽었으면 또한 함께 살 것이요 12참으면 또한 함
께 왕 노릇 할 것이요 우리가 주를 부인하면 주도 우리를 부인하실 것이라
13우리는 미쁨이 없을지라도 주는 항상 미쁘시니 자기를 부인하실 수 없으시
리라

1. 개관 및 구조

1 : 15~18에서 그를 버린 사람들과 그를 격려했던 오네시보로에 대해 언급한 바울은 본문에서 디모데를 향한 권고를 재개한다. 이 권고에는 1 : 6~14에 나왔던 고난이란 주제가 계속 다루어진다. 본문은 1~7절과 8~13절 두 부분으로 나눌 수 있다. 상당수의 학자들은 1~7절과 8~13절을 분리하여 다루

지만(Fee, Collins, Johnson), 두 부분은 모두 고난 속에서도 주어진 사명의 수행을 위해 최선을 다하라는 메시지를 전하고 있다는 점에서 하나의 단락으로 보는 것이 타당하다. 1~7절에서 바울은 고난에 동참할 것과 온전한 마음으로 사역에 충성할 것을 그레코-로만 세계에서 널리 사용되던 세 개의 유비(병사, 운동선수, 농부)를 들어 권면한다. 8~13절에서는 복음의 핵심인 고난받고 부활하신 예수 그리스도를 상기시킨 후, 4행으로 구성된 찬미시를 인용함으로써 고난을 견디며 충성을 다하도록 권고한다.

2. 본문 분석

[2 : 1–2] 헬라어 본문에서 1절은 2인칭 대명사 '너'를 강조함으로 시작된다. '그러므로'라는 말은 1 : 15~18에 나온 본보기들뿐만 아니라 멀리는 1 : 6 이하에서 주어진 교훈을 환기시킨다. '내 아들'이란 표현은 디모데에 대한 바울의 애정을 다시 한번 보여 준다(참조. 1 : 2). 바울은 디모데가 맡은 바 사명을 감당하기 위해서는 강해야 한다고 말한다. 여기서 '강하라'로 번역된 헬라어(ἐνδυναμοῦ, '엔뒤나무')는 현재 수동태 명령형이다. 수동태(공역개정, 새번역 : '굳세어지다')는 하나님에 의해 강하게 될 수 있음을 암시해 주며, 현재형은 계속적으로 하나님에게 의존함으로써 강한 상태를 유지해야 함을 말해 준다. 그런데 바울은 '그리스도 예수 안에 있는 은혜 가운데서' 강하게 되어야 한다고 말한다. '은혜 가운데서'(KJV, TNIV, NRSV)로 번역된 헬라어는 '은혜를 통하여'(공역개정, 새번역, TEV)로도 해석될 수 있다. 그리스도인은 은혜 안에 있을 때, 그리고 은혜를 통하여 하늘의 능력을 받기 때문에 두 의미 모두 가능하다.

2절은 강하게 된 디모데가 해야 할 책무를 설명한다. 디모데는 바울에게서 들은 바를 '충성된 사람들'에게 부탁해야 한다. '충성된'으로 번역된 헬라어(πιστός, '피스토스')는 여기서 '믿는'의 의미보다 '신실한' 또는 '신뢰할 만한'의 의미로 사용되었다. 에베소교회에는 진리에 대하여 거역하는 사람들(25절), 바른 교훈을 받지 아니하고 진리에서 돌이켜 허탄한 이야기를 따르는 사람들이(4 : 3-4) 있기에 '충성된' 사람들을 찾는 것은 매우 중요하다. 특히 1 : 15은 '아시아에 있는 모든 사람'이 바울을 버렸다고 말한다.

'내게 들은 바', 즉 디모데가 바울로부터 들었던 것은 1 : 13~14에서 언급된 '내게 들은 바 바른말'과 동일한 것이다. 바울은 디모데가 바울의 말을 '많은 증인 앞에서' 들었다고 말한다. 이 어구에 나오는 전치사(διά, '디아')는 속격이 따를 경우 일반적으로 '통하여'라는 의미로 사용되기 때문에 '많은 증인을 통하여'(새번역, NRSV) 들은 것으로도 이해할 수 있다. 그러나 '디아'에는 '앞에서'라는 의미도 있기 때문에 '많은 증인 앞에서'(TNIV, REV, TEV)로 이해하는 것이 보다 자연스럽다. 그렇게 이해할 경우 '증인'은 바울의 복음을 듣고 디모데가 회심을 했을 때 곁에 있던 사람들을 가리키거나, 디모데가 세례나 안수를 받을 때 그 의식에 참여하여 바울이 디모데에게 주는 말을 들었던 사람들을 가리킨다고 볼 수 있다.

바울은 디모데가 충성된 사람들을 찾아 그들에게 바울에게서 들은 바를 부탁하면 "그들이 또 다른 사람들을 가르칠 수 있으리라"고 말한다. 4 : 9에 의하면 디모데는 에베소를 떠나 바울에게 가야 한다. 그리고 에베소를 떠나기 전 자신이 바울로부터 받은 것을 신실한 사람들에게 전해 주고 그들로 하여금 사람들을 가르치도록 해야 한다. 학자들 중에는 2절의 내용을 사도직 계승에 관한 것으로 해석하기도 하지만(Oberlinner 1995, 67-68) 그러한 해석은 본문의 문맥과 잘 어울리지 않는다.

[2 : 3-4] 3절에서 바울은 1 : 8에서 준 "함께 고난을 받으라"는 명령을 반복한다. 개역개정에서는 '나와 함께'라는 말을 보충하여 "나와 함께 고난을 받으라"고 번역했지만 원문에는 1 : 8에서와 마찬가지로(1 : 8절 주해 참조) 그 대상이 명시되어 있지 않다. 바울은 함께 고난을 받되 '그리스도 예수의 좋은 병사로' 고난 받을 것을 권고한다. 군사의 유비는 바울서신에서 흔히 사용된

다(고전 9 : 7 ; 고후 10 : 3–5 ; 엡 6 : 10–17 ; 몬 2절). 본문에서 바울은 이 유비를 통하여 복음의 사역자인 디모데의 삶은 병사의 삶과 공통점이 있음을 강조한다. 그것은 고난이 필요할 때 그 고난을 감수해야 할 뿐 아니라 심지어 생명까지도 버릴 각오가 있어야 한다는 것이다.

4절은 3절의 유비를 보다 구체화한다. 병사는 자기 생활에 얽매이지 않고 병사로 모집한 자를 기쁘게 하는 자이다. 모집한 자에 대한 온전한 충성은 절대적 순종과 고난에 대한 각오를 포함한다. 그리스도 예수의 병사인 디모데는 고난을 감수해야 하며, 그를 부른 그리스도에게 온전한 마음으로 헌신해야 한다. 그렇게 함으로써 그는 '좋은' 병사가 될 수 있다.

[2 : 5–6] 온전한 헌신과 고난에 대한 강조는 5절과 6절에서 운동선수와 농부의 유비를 통하여 반복된다. 5절에 나오는 운동선수의 유비에서 '법대로' 경기를 하는 것이 무엇을 의미하는지는 분명치 않으나, 여기서 '법대로'는 훈련이나 경기의 규칙을 의미하는 것으로 보인다. 당시 경기에 참여하기 위해서는 10개월 동안 훈련을 받고 훈련을 마쳤다는 맹세를 해야 했다. 경기에 임하는 자는 온전한 마음으로 경기에 참여해야 하며 경기의 규칙을 준수해야 했다. 엄격한 훈련과 경기 과정은 고난과 인내를 요구했다. 그런데 이 유비에는 고난과 온전한 헌신이라는 주제 외에 병사의 유비에서 명확히 드러나지 않았던 보상이라는 주제가 밝히 나타난다. 운동선수는 경기를 통해 '승리자의 관'을 얻는다. 디모데도 규칙을 지켜 사명을 다한 후 종말론적 보상을 얻게 될 것이다. 고난과 보상이라는 주제는 6절에 나오는 농부의 유비에서도 잘 나타난다. '수고하는'이라는 말에는 고난과 고통의 개념이 내포되어 있다. 헬라어 본문에서 이 단어가 강조의 위치에 있음은 주목할 만하다. '곡식을 먼저 받음'은 수고하는 농부가 받는 보상이다. 고린도전서 9장에도(특히 7절) 군사와 농사의 유비가 나오지만 그곳에서 보상은 복음을 위해 사역하는 자들이 갖는 경제적 지원에 초점이 있는 반면, 여기서는 그 수고에 대한 종말론적 보상에 초점이 있다.

[2 : 7] 세 개의 유비를 언급한 바울은 "내가 말하는 것을 생각해 보라"고 말한다(7a절). 이는 유비를 통해 주고자 하는 구체적인 의미를 명시하지 않았기 때문에 디모데가 그 유비들을 깊이 생각해 그 의미를 깨달으라는 뜻이다. 디모데는 이 유비들이 주는 온전한 헌신, 고난에의 참여, 종말론적 보상에 대한 교훈을 깨달을 뿐 아니라 그 교훈이 자신의 상황에 어떻게 적용될 수 있는지를 알아야 한다. 바울은 "주께서 범사에 네게 총명을 주시리라"라는 말을 덧붙인다(7b절). '총명'으로 번역된 헬라어(σύνεσις, '쉬네시스')는 '이해', '이해하는 능력', '통찰력' 등을 의미하는 단어로, 여기서는 '이해하는 능력'을 의미하는 것으로 보인다. 그 이해의 능력은 '주'로부터 오는 것이다. 결국 강하게 되는 것도(1절), 고난을 이해하는 것도 모두 인간의 힘이 아닌 하늘의 은사로 가능하다(참조. Fee, 243).

[2 : 8-9] 8~13절은 디모데에게 고난을 겪으라는 권고에 대한 신학적 근거를 제공한다. 8절에서 바울은 자신이 전한 복음의 핵심을 요약하며 그것을 기억하라고 말한다. 복음의 핵심은 '다윗의 씨로 죽은 자 가운데서 다시 살아나신 예수 그리스도'이다. 예수 그리스도의 죽음과 부활은 초대교회가 선포한 복음의 핵심이었다. 본문에서 '살아나다'라는 단어(분사)에 완료형을 사용한 것은 그리스도가 여전히 살아 있음을 나타낸다. 고난에 이은 승리의 강조는 고난을 각오해야 할 상황에 있는 디모데를 격려하는 역할을 한다. 그런데 바울이 예수 그리스도는 '다윗의 씨'임을 강조하는 이유는 분명치 않다. 학자들은 그 이유에 대하여 다음과 같은 가능성을 제시한다. 1) 8절에 나오는 복음의 요약은 바울이 사용한 자료, 즉 초대교회의 신조에서 온 것으로(참조. 롬 1 : 3-4), 바울은 자료에 있었던 '다윗의 씨' 부분을 그대로 둔 것이다. 2) '다윗의 씨'는 예수의 성육신을 강조한다. 3) '다윗의 씨'는 하나님의 약속(참조. 삼하 7 : 12)과 그의 백성이 가졌던 기대를 성취한 이임을 강조한다. 이 서신에 나오는 거짓 교사를 영지주의라고 보는 학자들은 두 번째 견해를 지지한다. 그러나 그러한 특정 상황을 가정하지 않고 문맥상의 자연스러운 흐름에서 본

다면 세 번째 견해가 가장 타당하다고 볼 수 있다.

복음의 핵심을 요약한 바울은 9절에서 자신이 받는 고난이 바로 복음과 관련된 것임을 강조한다. 바울은 이미 자신의 고난이 복음으로 인한 것임을 말한 바 있다(1 : 8). 바울은 복음으로 인하여 '죄인과 같이 매이는 데까지' 고난을 받고 있다(헬라어 본문에서 '고난을 받다'라는 동사는 현재형임). '죄인'으로 번역된 헬라어(κακοῦργος, '카쿠르고스')는 범죄자를 가리키는 말로, 여기서는 '큰 악행과 중대한 범죄를 저지른 사람'(BDAG, 502)의 의미로 사용되었을 가능성이 높다. 신약의 다른 곳에서 이 단어는 오직 예수와 함께 못 박힌 두 사람에 대한 묘사에서만 나타난다(눅 23 : 32, 33, 39). 마치 예수가 중죄인으로 간주되었던 것처럼 바울도 그렇게 간주되고 있으며, 죄 없는 예수가 체포되고 심문을 받은 것처럼 '의'의 복음을 위해 헌신하는 바울도 체포되고 투옥되어 있으며, 예수가 십자가에서 죽음을 당한 것처럼, 바울도 이제 사형의 집행을 기다리고 있다. 그러나 바울은 비록 자신은 매여 있지만 "하나님의 말씀은 매이지 아니하니라"라고 말한다. 메신저는 막을 수 있을지 몰라도 메시지는 막을 수 없다(Fee, 247). 로마의 권력이 바울을 투옥함으로써 그의 선교 활동은 막을 수 있을지라도 복음이 전파되는 것은 어떤 것으로도 결코 막을 수 없다.

[2 : 10] 바울은 자신이 투옥당하고 고난을 받지만 모든 것을 참는 것은 '택함 받은 자들'을 위함이라고 말한다. '택함 받은 자들'은 하나님의 택함을 받았지만 아직 믿지 않는 상태에 있는 자들을 가리키는 것으로 이해할 수도 있다. 그 경우 바울은 그들이 복음을 들을 수 있도록 복음을 전파하기 위해 고난을 받는 것이 된다. 그러나 '택함 받은 자들'은 구약이나 신약에서 일반적으로 하나님의 백성을 의미하기 때문에 여기서도 이미 그리스도를 믿는 사람들을 가리킨다고 보는 것이 자연스럽다. 바울의 사역은 아직 믿지 않은 사람들을 위한 것일 뿐만 아니라 이미 그리스도를 믿는 사람들이 종말에 성취될 완전한 구원에 이르도록 하려는 목적도 있다. 왜냐하면 구원이란 과거의 사실(엡

2 : 8)과 현재의 경험(빌 2 : 12)일 뿐 아니라 미래의 희망(롬 13 : 11)이기도 하기 때문이다(참조. Towner, 505). 바울의 고난과 인내는 바로 이러한 목적과 관련이 있다. "그들도 그리스도 예수 안에 있는 구원을 영원한 영광과 함께 받게 하려 함이라"는 어구는 이를 분명히 해 준다. '그들도'란 말은 바울(또는 바울과 디모데)도 구원을 기다리는 대상임을 암시해 주며, '영원한 영광과 함께'라는 어구는 여기서 말하는 구원이 종말론적 구원임을 가리킨다.

[2 : 11–13] 11절은 "미쁘다 이 말이여"란 말로 시작된다(11a절). 목회서신에서 이 어구는 주로 전해 오는 말을 공감하며 인용할 때 사용된다. 이 어구는 디모데전서에서는 3회 사용되지만(1 : 15 ; 3 : 1 ; 4 : 9), 디모데후서에서는 여기에서만 나온다. 그런데 여기서 '이 말'이 무엇을 가리키는가에 대해서는 논란이 있다. 학자에 따라서는 '이 말'은 앞에 나온 8절이나 9절을 가리킨다고 본다(Ellicott, 120). 특히 8절은 신조적인 요소가 강한 것이 사실이다. 그러나 뒤따르는 11b~13절의 내용을 가리킬 가능성이 더 높다. 11b~13절은 시적 운율을 가진 4행의 찬미나 신조로, 전승된 자료에서 바울이 인용한 것으로 보인다. 4행은 모두 εἰ('에이,' 만일)로 시작하는 전제절이 나오며, 이 전제절에서는 '우리'의 행위가 기술되고 귀결절에서는 '주'와 관련된 결과가 기술된다. 다만 마지막 행에서는 이러한 병행을 깨뜨리고 한 어구가 첨가되어 있다. 앞의 두 행은 긍정의 형식으로, 뒤의 두 행은 부정의 형식으로 구성된 점과 1~3행의 전제절에서 동사의 시제가 과거, 현재, 미래로 진행되는 점은 주목할 만하다.

1) "우리가 주와 함께 죽었으면 또한 함께 살 것이요"(11b절). 이 행은 로마서 6 : 8(참조. 골 2 : 20 ; 3 : 1–3)의 내용과 거의 동일하다. 로마서 6장에서 바울은 그리스도인의 세례와 새로운 삶에 대해 설명하면서 그리스도와 함께 죽고 그리스도와 함께 새 생명을 누리는 삶을 강조한다. 여기서도 그리스도인의 회심과 회심 후의 새로운 삶을 묘사하고 있는 것으로 보인다. 전제절의 시제가 과거인 것은 그리스도인은 이미 회심의 단계를 지난 사람들이기 때문이다. '함께 살 것'이란 말은 그리스도의 재림으로 이루어질 부활을 가리

킨다기보다는 새로운 생명을 가지고 살아가는 그리스도인의 현재적 삶을 가리킨다. 일부 학자들은 이 행을 순교와 관련하여 이해하기도 한다. 바울이 복음을 위하여 고난을 받고 순교할 상황에 놓여 있다는 점에서, 그리고 고난을 각오해야 하는 디모데의 상황과 부합된다는 점에서 그러한 이해도 가능하다.

2) "참으면 또한 함께 왕 노릇 할 것이요"(12a절). 여기서 '참다'(ὑπομένω, '휘포메노')라는 동사는 문맥으로 볼 때 고난에 대한 인내를 포함한다. 신약에서 이 단어는 박해나 환난이라는 상황과 관련하여 사용되기도 한다(참조. 막 13 : 13 ; 롬 12 : 12). 이 단어가 현재형으로 사용된 것은 그리스도인이 현재의 삶에서 겪어야 할 상황임을 보여 준다. 귀결절에 나오는 '함께 왕 노릇 할 것'이라는 말은 '주'와 함께 다스릴 것이란 의미로 종말론적 승리를 가리킨다.

3) "우리가 주를 부인하면 주도 우리를 부인하실 것이라"(12b절). 전제절에 나오는 동사 '부인하다'에 미래형이 사용된 것은 배교가 미래의 가능성이기 때문이다. 이 행은 복음서에 기록된 예수의 말씀을 상기시킨다(참조. 마 10 : 33 ; 눅 12 : 9). 이 예수의 말씀은 고난과 박해의 상황을 전제하고 있는데, 여기서도 그러한 상황이 전제되어 있다. 긍정의 형식으로 된 1~2행이 격려에 초점을 두고 있다면, 부정의 형식으로 된 이 행은 강한 경고의 성격을 지닌다.

4) "우리는 미쁨이 없을지라도 주는 항상 미쁘시니"(13a절). 3행을 읽은 후 '우리가 미쁨이 없다면'이란 전제절을 읽은 독자는 아마 '주도 우리에게 미쁨이 없을 것이다'란 귀결절을 예상할지 모른다. 그러나 그러한 예상과 달리 귀결절에는 '주는 항상 미쁘시다'라는 말이 나온다. 여기서 '미쁨이 없다'로 번역된 동사(ἀπιστέω, '아피스테오')는 '믿지 않다'라는 의미와 '신실하지 않다'라는 의미가 있기 때문에 크리소스톰은 전자의 의미로 이해한다(492). 그러나 귀결절에 나오는 πιστός('피스토스')가 '신실한'의 의미로 사용된 것으로 보아 전제절의 '아피스테오'도 '신실하지 않다'의 의미로 이해하는 것이 타당하다. 그런데 13a절이 의미하는 바는 분명하지 않다. 1) 13a절은 3행과 관련하여 배교한 그리스도인에 대한 하나님의 공정하고 엄정한 심판을 말한다.

2) 13a절에서 '미쁨이 없는' 사람들은 2행에서 말하는 인내를 실천하지는 못했을지라도 3행에서 말하는 배교에는 이르지 않은 사람들(예. 베드로의 경우)에 대한 언급으로, 그러한 사람들에게도 그리스도는 은혜를 베푸심을 말한다. 3) 백성에 대한 종말론적 구원이라는 은혜로운 선물에 대한 그의 신실함은 사람들의 신실하지 못함으로 인하여 변하지 않음을 말한다. 이 가운데 세 번째의 견해가 문맥상 가장 자연스러우며 뒤따르는 어구와도 잘 조화된다.

이 행의 마지막에는 "자기를 부인하실 수 없으시리라"(13b절)는 어구가 첨가되어 있다. 헬라어 본문에는 이 어구가 이유를 나타내는 접속사(γάρ, '가르')로 연결되어 있으며 새번역은 이를 잘 나타낸다. "그분은 자기를 부인할 수 없으시기 때문입니다." 이 어구는 하나님[그리스도]은 신실한 본성에 따라 행하므로 어떤 경우에도 신실하다는 것이다. 그리스도인들의 신실하지 못함에도 불구하고 그는 신실하지 않게 행할 수 없다. 아우구스티누스(Augustinus)는 이 어구를 인용하며 하나님은 본성에 위배되는 일을 할 수 없기 때문에 전능하다는 역설적인 진리를 말한다(*On the Creed*, 2, NPNF 1st ser. 3, 369).

설교를 위한 묵상

본문에서 가장 두드러진 주제는 고난에 대한 각오이다. 디모데는 바울로부터 고난을 각오하도록 강력하게 요청받는다. 디모데가 사역하는 에베소교회는 어려움에 처해 있다. 에베소교회에는 진리에 대하여 바로 서 있지 않은 사람들이 많이 있다(참조. 2 : 25 ; 4 : 3-4). 1 : 15에 의하면 '아시아에 있는 모든 사람'이 바울을 버렸다. 에베소는 바로 그 아시아의 수도이다. 바울은 디모데에게 복음을 위해 고난을 받도록 권고한다. 본문에 나오는 세 개의 유비도(3-6절), 마지막에 나오는 '미쁜 말'의 내용(11-13절)도 모두 고난과 인내에 초점이 맞추어져 있다.

오늘날의 그리스도인들이 본문에서와 같은 상황으로 인해 고난을 받는 일은 드물 것이다. 그러나 그리스도의 좋은 병사로 살기 위해서는 어느 시대, 어느 공간에서 살든 고난을 각오하지 않으면 안 된다. 왜냐하면 복음이 지시하는 삶과 세상의 풍조는 방향이 다르기 때문이다. 세상의 풍조를 거슬러 사는 삶은 많은 고난을 수반할 수밖에 없기 때문에 복음은 그 자체에 고난이라는 요소를 내포할 수밖에 없다. 예수 그리스도가 세상에서 배척을 받았던 것도 상당 부분 그가 세상의 풍조를 따르지 않았던 데에 기인한다.

본문은 고난의 끝은 패배가 아니라 위대한 승리임을 강조한다. 본문은 "죽은 자 가운데서 다시 살아나신 예수 그리스도를 기억하라"고 요청한다(8절). 그리스도의 고난은 죽음을 끝으로 하지 않았다. 복음을 위한 고난과 인내에는 반드시 보상이 따른다. 고난을 견디며 훈련하고 경기하는 운동선수에게 '승리자의 관'이 주어지며(5절), 수고하는 농부에게 '먼저' 곡식이 주어질 것이다(6절). 우리의 구원은 '영원한 영광과 함께' 받는 것이며(10절), 고난을 참는 자는 주와 함께 '왕 노릇 할' 것이다(12절). 바울이 고난에 동참하라는 권고와 함께 이러한 종말론적 승리와 보상을 강조하는 이유는 명백하다. 그것은 종말론적 소망이 이 세상의 고난을 이기고 그리스도의 좋은 군사로 충성할 수 있는 힘을 주기 때문이다. 오늘날 교회가 세상을 이길 힘을 잃어 가고 있는 하나의 근본적인 이유는 바로 이 소망이 희미해져 가는 데 있다.

본문은 고난을 이길 수 있는 힘의 근본적인 원천에 대해서 말한다. 그 원천은 그리스도 안에 있는 은혜이다. 고난을 강조하는 본문이 첫 부분에서 그리스도 안에 있는 은혜로부터 오는 힘을 강조하는 것은 의미심장하다(1절). 고난을 견디기 위해서는 은혜 안에 있는 자들에게 내리는 능력이 있어야 한다(참조. 1 : 8, 12). 다른 한편 본문은 복음의 능력에 대해서도 말한다. 복음은 힘이 있어 어떤 것으로도 막지 못한다. 이 세상의 권력이나 힘이 바울을 매어 놓을 수 있을지라도 복음은 결코 매어 놓을 수 없다. 복음에는 하나님의 능력이 있기 때문이다(롬 1 : 16 ; 고전 1 : 18, 24). 그리스도교 역사상 많은 박해가 있었지만 복음의 전파는 그러한 박해로 인하여 결코 위축되지 않았다.

본문은 신실함을 강조한다. 그리스도인에게 반드시 있어야 할 것은 하나님과 그리스도에 대한 신실함이다. 고난을 각오하고 한마음으로 섬기는 것은 결국 신실성의 문제이다. 특별히 이러한 신실성은 교회 지도자가 갖추어야 할 근본적인 자격요건이다. 그래서 바울은 디모데에게 충성된 사람들을 찾아 그들에게 복음을 부탁하고 그들로 하여금 교회를 가르치게 하도록 권고한다(2절). 신실한 그리스도인은 결코 주를 부인하지 않는다(참조. 12b절).

본문은 그리스도인의 신실함을 강조하는 동시에 그리스도인에 대한 하나님과 그리스도의 신실함을 강조한다. 특히 본문이 주의 신실함을 선언함으로써 끝나는 것은 주목할 만하다. "우리는 미쁨이 없을지라도 주는 항상 미쁘시니 자기를 부인하실 수 없으시리라" 주의 신실함은 그리스도인의 불신실함으로 결코 변치 않는다. 특히 주는 '자기를 부인하실 수 없다'라는 마지막 어구에 주목할 필요가 있다. 왜냐하면 흔히 저자가 강조하려는 메시지는 병행을 깨뜨리는 부분에 있는 경우가 많기 때문이다. 주는 왜 자기를 부인할 수 없는가? 전능한 하나님이 할 수 없는 것이 있는가? 그렇다. 하나님은 자신의 본성과 일치하지 않는 것은 결코 할 수 없다. 하나님은 전능한 존재이지만 '그의 권능을 임의로 행사하고 무엇이든 절대적으로 실행하는 전제적인 폭군'이 아니다(Stott 1985, 79). 여기에 우리의 희망이 있다. 우리가 때로는 하나님과 그리스도를 향하여 온전한 헌신을 하는 데 실패하기도 하지만, 우리를 향한 하나님과 그리스도의 신실함에 의지하여 다시 일어설 수 있다. 불신실했던 베드로가 새로운 삶을 살 수 있게 된 것도 그리스도 예수의 신실함 때문이었다.

제 Ⅳ 부

거짓 교사들의 문제와 디모데에 대한 권고

디모데후서 2 : 14-3 : 17

A. 거짓 교사들의 문제와 디모데가 취해야 할 자세(2 : 14-26)

B. 마지막 때의 특성과 거짓 교사들(3 : 1-9)

C. 디모데가 본받아야 할 삶(3 : 10-17)

| 디모데후서 2 : 14-3 : 17 |

거짓 교사들의 문제와 디모데에 대한 권고

2 : 14부터 본론의 두 번째 부분이 시작된다. 첫 부분(1 : 6-2 : 13)에서 디모데에 대한 개인적인 교훈에 중점을 두었다면 여기서 바울은 에베소교회의 문제, 특히 거짓 교사와 관련된 문제를 거론한다. 그러나 여기서 거짓 교사의 문제가 전면에 등장할지라도 교훈의 초점은 디모데의 삶과 거짓 교사에 대한 그의 대처 방식에 있다. 이 부분에서 바울은 거짓 교사의 문제와 디모데가 취해야 할 자세에 대해 말하고(2 : 14-26) 마지막 때의 특성을 언급한(3 : 1-9) 후, 디모데가 본받아야 할 삶을 기술한다(3 : 10-17).

A. 거짓 교사들의 문제와 디모데가 취해야 할 자세 (2 : 14-26)

14너는 그들로 이 일을 기억하게 하여 말다툼을 하지 말라고 하나님 앞에서
엄히 명하라 이는 유익이 하나도 없고 도리어 듣는 자들을 망하게 함이라
15너는 진리의 말씀을 옳게 분별하며 부끄러울 것이 없는 일꾼으로 인정된 자
로 자신을 하나님 앞에 드리기를 힘쓰라 16망령되고 헛된 말을 버리라 그들은
경건하지 아니함에 점점 나아가나니 17그들의 말은 악성 종양이 퍼져 나감과
같은데 그중에 후메내오와 빌레도가 있느니라 18진리에 관하여는 그들이 그
릇되었도다 부활이 이미 지나갔다 함으로 어떤 사람들의 믿음을 무너뜨리느
니라 19그러나 하나님의 견고한 터는 섰으니 인침이 있어 일렀으되 주께서 자
기 백성을 아신다 하며 또 주의 이름을 부르는 자마다 불의에서 떠날지어다
하였느니라 20큰 집에는 금 그릇과 은 그릇뿐 아니라 나무 그릇과 질그릇도
있어 귀하게 쓰는 것도 있고 천하게 쓰는 것도 있나니 21그러므로 누구든지
이런 것에서 자기를 깨끗하게 하면 귀히 쓰는 그릇이 되어 거룩하고 주인의
쓰심에 합당하며 모든 선한 일에 준비함이 되리라 22또한 너는 청년의 정욕을
피하고 주를 깨끗한 마음으로 부르는 자들과 함께 의와 믿음과 사랑과 화평
을 따르라 23어리석고 무식한 변론을 버리라 이에서 다툼이 나는 줄 앎이라
24주의 종은 마땅히 다투지 아니하고 모든 사람에 대하여 온유하며 가르치기
를 잘하며 참으며 25거역하는 자를 온유함으로 훈계할지니 혹 하나님이 그들
에게 회개함을 주사 진리를 알게 하실까 하며 26그들로 깨어 마귀의 올무에서
벗어나 하나님께 사로잡힌 바 되어 그 뜻을 따르게 하실까 함이라

1. 개관 및 구조

11~13절에서 '미쁜 말'을 통해 배교의 문제를 암시했던 바울은 이제 거짓 교사들에 의해 위협받고 있는 공동체의 문제를 보다 직접적으로 거론한다. 이 단락은 세 부분(14-19, 20-21, 22-26절)으로 구성되어 있으며, 각 부분이 접속사 δέ('데', 20, 22절)로 밀접하게 연결되어 있다. 세 부분 모두 디모데가

취해야 할 자세에 대한 교훈을 담고 있는데, 긍정형식의 교훈(15, 21, 22b, 24b-25a절)과 부정형식의 교훈(14a, 16a, 22a, 23, 24a절)을 혼합하여 디모데가 피해야 할 것과 추구해야 할 것이 무엇인지를 보여 준다. 14~19절에서 바울은 거짓 교사들이 점점 경건과 반대 방향으로 나아가고 있으며, 그들의 말은 악성 종양처럼 공동체 속으로 스며들어 믿음을 무너뜨리고 있지만, 하나님의 교회는 흔들리지 않을 것임을 확언한다. 20~21절에서는 그릇에 대한 유비를 통해 디모데가 하나님의 집에서 유용하게 사용될 수 있도록 자신을 깨끗하게 하라고 권고한다. 22~26절에서 바울은 '주의 종' 디모데가 깨끗한 그릇이 되기 위하여 취해야 할 자세를 설명한다.

2. 본문 분석

[2 : 14] 이 단락은 "너는 이 일을 기억하게 하라."는 명령으로 시작한다. 헬라어 본문에는 이 명령이 누구로 하여금 기억하게 하라는 것인지 명시되어 있지 않으나 대부분의 번역은 개역개정처럼 '그들로'라는 말을 첨가하여 '그들로 기억하게 하라'로 번역한다. '그들'은 '충성된 사람들'(2절)을 가리킬 수 있으나(Knight, Lock) 에베소교회의 그리스도인 일반을 가리킨다고 보는 것이(Collins, Marshall, Mounce) 자연스럽다. '이 일'(직역 : '이것들')은 직접적으로는 바로 앞에 나오는 2 : 11~13을, 보다 넓게는 2장에서 이미 준 교훈을 가리킨다. 바울은 동시에 "말다툼을 하지 말라고 하나님 앞에서 엄히 명하라"고 한다. 말다툼은 디모데전서에서 거짓 교사들로 인하여 야기된 문제로 묘사되고 있으며(딤전 6 : 4 ; 참조. 딛 3 : 9), 여기서도 거짓 교사들의 활동이 전제되어 있다. '하나님 앞에서'와 '엄히 명하라'는 말은 명령의 긴급성과 준엄함을 보여 준다. '말다툼'을 하지 않아야 할 이유는 그것이 아무런 유익이 없으며 오히려 듣는 자들을 망하게 하기 때문이다.

[2 : 15] 15절은 디모데가 거짓 교사와 구별되는 일꾼이 되어야 함을 강조한다.

첫째, 디모데는 '진리의 말씀'을 바르게 가르치는 사람으로 그 말씀을 '옳게 분별하는' 자가 되어야 한다. '옳게 분별하다'로 번역된 헬라어(ὀρθοτομέω, '오르도토메오')는 신약에서 여기서만 나오는 단어로 문자적으로는 '바르게 자르다'란 의미를 가지고 있다. 진리의 말씀을 바르게 자름은 하나님의 말씀을 바르게 해석할 뿐만 아니라 바르게 선포하고 가르치는 것을 의미한다. 디모데는 '말다툼'(14절)과 '망령되고 헛된 말'(16절)에 빠진 거짓 교사와 달라야 한다. 둘째, 디모데는 '부끄러울 것이 없는' 일꾼이 되어야 한다. 디모데는 그들의 잘못으로 하나님에게 부끄러운 모습을 보이는 거짓 교사와는 달리 하나님에게 인정받는 일꾼이 되도록 '힘써야' 한다. '힘쓰다'로 번역된 헬라어(σπουδάζω, '스푸다조')는 '급히 서두르다', '최선을 다하다'란 의미를 가지고 있다(BDAG, 939).

[2 : 16-17] 바울은 디모데에게 거짓 교사의 특성인 '망령되고 헛된 말'을 버리도록 요청한다(16a절). 디모데전서 6 : 20에서도 바울은 동일한 교훈을 준다. 이유를 나타내는 접속사(γάρ, '가르')로 연결되어 있는 16b절과 17a절은 그것을 버려야 할 두 가지 이유를 제시한다. 첫째 이유는 망령되고 헛된 말에 빠진 거짓 교사들이 '경건하지 아니함에 점점 나아가기' 때문이다(16b절). 바울은 발전과 진보를 나타내는 단어 '나아가다'를 사용함으로써 하나의 아이러니를 보여 준다. 그들의 진보는 마땅히 진부해야 할 방향, 즉 경건을 향한 방향과는 반대 방향으로 이루어지고 있다. 둘째 이유는 '그들의 말은 악성 종양이 퍼져 나감과 같기' 때문이다(17a절). '악성 종양'은 그들의 영향과 파괴력이 심각함을 나타낸다. 17b절에서 바울은 거짓 교사 중 두 사람, 후메내오와 빌레도를 언급한다. 후메내오는 당시 흔하지 않은 이름이어서 디모데전서 1 : 20에서 언급된 인물과 동일한 사람일 가능성이 크다. 빌레도는 신약에서 여기에만 나타나기 때문에 그에 대하여 더 이상 알 수 없다. 이 두 사람이 언급된 것은 아마 그들이 거짓 교사들의 지도자 위치에 있었기 때문인 것으로 보인다.

[2 : 18] 18절은 관계대명사로 이어지는 절로 직접적으로는 후메네오와 빌레도에 관해 묘사하고 있지만 거짓 교사들 일반에 관한 묘사로도 볼 수 있다. 그들은 '진리'에 관하여 '그릇되었다'(18a절). 바울은 이미 15절에서 그들이 진리의 말씀을 옳게 분별하지 못함을 암시한 바 있다. 여기서 '그릇되다'로 번역된 단어(ἀστοχέω, '아스토케오')는 문자적으로 '과녁을 벗어나다'라는 의미를 갖고 있으며 길을 잃고 방황함을 의미하기도 한다(참조. 딤전 1 : 6 ; 6 : 21). 그들이 진리를 벗어난 것은 "부활이 이미 지나갔다"는 주장에서 잘 드러난다(18b절). 부활이 이미 지나갔다는 것은 부활을 영적으로 재해석한 데서 기인한 것으로 보인다. 즉, 부활은 그리스도와 함께 영적으로 죽고 사는 것으로 이미 완전히 성취되었다는 것이다. 이러한 생각은 물질세계, 특히 인간의 육체를 저급한 것으로 생각하는 사상에서 비롯된 것일 수 있으며, 그리스도인들은 그리스도와 함께 일으킴을 받았다는 바울의 말(롬 6 : 1-11 ; 엡 2 : 6 ; 골 2 : 12 등)을 오해한 데서 온 것일 수도 있다. 바울은 그러한 잘못된 견해가 "어떤 사람들의 믿음을 무너뜨린다."고 말한다(18c절). 바울은 미래에 있을 몸의 부활에 대한 부인을 복음 자체에 대한 부인으로 본다(고전 15 : 12-19).

[2 : 19] 강한 반의(反意)를 나타내는 단어(μέντοι, '멘토이' : '그러나', '그럼에도 불구하고')로 시작하는 19절은 거짓 교사들의 잘못과 공동체에 미치는 심각한 영향에도 불구하고 "하나님의 견고한 터는 섰다."고 선언한다. '하나님의 견고한 터'가 무엇을 가리키는지에 대해서는 다양한 견해가 있으나(참조. 박수암, 396) 교회를 가리키는 것으로 보는 것이 타당하다. '섰다'로 번역된 헬라어는 완료형으로 '서 있다'(새번역)의 의미이다. 존슨(Johnson)은 이를 '여전히 서 있다'로 번역함으로써(386) 그 의미를 더욱 분명히 한다. 이 은유는 그의 백성을 위한 하나님의 구원은 거짓 교사들의 활동에 의해서 흔들리지 않음을 의미한다. 이것은 뒤따르는 '인침'에 관한 말에서 보다 분명히 드러난다. '인침'이란 건축가나 건축주가 기초석 위에 새겨 놓은 소유권의 표시를 의미한다. 거기에는 다음 두 개의 글이 새겨져 있다. 1) "주께서 자기 백성을 아신

다.” 민수기 16 : 5에서 인용된 이 구절은 본문의 문맥에서 특별한 의미가 있다. 민수기 16 : 5은 모세의 지도력에 반기를 든 고라와 그를 따르는 자들을 향해 모세가 한 말이다. 하나님은 고라 및 그를 따르는 자들과 모세 중 누가 하나님의 백성인지를 안다. 마찬가지로 하나님은 에베소교회에서 누가 하나님의 백성인지를 알고 있다. 2) “주의 이름을 부르는 자마다 불의에서 떠날지어다.” 학자에 따라서는 이 구절도 첫 번째 글과 마찬가지로 민수기 16장에서 인용된 것으로(26절) 보기도 하지만(Knight, 416 ; Stott 1985, 87), 이사야 26 : 13, 52 : 11, 잠언 3 : 7(참조. 집회서 17 : 25-26) 등을 반영하는 것으로 보인다. 이 두 번째 글은 하나님의 백성에게 하나님의 구원에 대한 올바른 응답을 요구한다. 그것은 ‘불의에서 떠나는’ 것으로 거짓 교사들의 가르침과 행위에서 떠남을 포함한다.

[2 : 20-21] 건물(집)에 관한 은유를 통해 교훈을 준 바울은 20~21절에서 집에 있는 두 종류의 그릇에 대한 유비를 통하여 디모데를 권고한다. 집과 관련된 은유나 유비는 초대교회가 가정에서 모였다는 사실을 생각할 때 더욱 의미가 있다. 이 유비는 19절에 나온 “주의 이름을 부르는 자마다 불의에서 떠날지어다”라는 내용과 관계가 있으며 22~26절에 나오는 디모데에 대한 교훈과도 밀접한 관련이 있다.

20절의 그릇에 대한 유비는 ‘큰 집’에 있는 여러 종류의 그릇에 대해 말한다. ‘큰 집’은 보다 많은 종류의 그릇이 있다는 점을 강조하기 위한 표현이다. 그 집에는 ‘금 그릇’, ‘은 그릇’, ‘나무 그릇’, ‘질그릇’이 있다. 여기서 ‘금 그릇’과 ‘은 그릇’은 ‘귀하게 쓰는 것’을, ‘나무 그릇’과 ‘질그릇’은 ‘천하게 쓰는 것’을 가리킨다. 그릇을 소재로 한 유비는 로마서 9 : 19~24에도 나오며, 그곳에서 바울은 토기장이가 귀하게 쓸 그릇과 천하게 쓸 그릇을 만들 권한이 있음과 같이 하나님도 그 뜻에 따라 그릇을 구별하여 만들 권한이 있음을 강조한다.

이 유비에 대한 적용이 나오는 21절은 이 유비가 로마서 9장의 경우와는 다른 강조점을 가지고 있음을 보여 준다. 이 유비를 통해 강조하려는 것은

"이런 것에서 자기를 깨끗하게 하면 귀히 쓰는 그릇이 된다."(21a절)는 점이다. '이런 것'이 무엇을 가리키는지는 분명하지 않다. '이런 것(들)'(중성)로 번역된 헬라어(τούτων, '투톤')는 '이런 자들'(남성)로 이해할 수도 있기 때문에 민경식은 17절에 나온 후메내오와 빌레도를 지칭한다고 주장한다(95-97). 그러나 중성으로 이해하여 거짓 교사들의 잘못된 주장과 행동을 의미하는 것으로 보는 것이 더 자연스럽다.

21b절은 21a절에서 말한 '귀히 쓰는 그릇'의 내용을 보다 구체화한다. 1) 그러한 그릇은 '거룩하다'. '거룩하다'라는 동사가 수동형인 것은 하나님에 의해 거룩하게 됨을 보여 준다. 거룩하기 위한 노력은 인간에게 요청되지만 그것을 이루는 이는 하나님이다. 2) 그러한 그릇은 '주인의 쓰심에 합당하다'. 다시 말하면 하나님이 쓰고자 하는 목적에 부합한다. 3) 그러한 그릇은 '모든 선한 일'을 위해 준비된다. 이것은 하나님의 선한 목적에 따라 삶을 통하여 여러 사역을 할 수 있음을 의미한다.

[2 : 22] 22~26절은 거짓 교사의 영향을 받고 있는 에베소교회의 상황에서 디모데가 해야 할 행동과 책임을 다룬다. 20~21절의 유비에서 강조된 "깨끗하게 하라"는 주제가 여기서도 계속된다. 22절에는 '피하라'와 '따르라'라는 두 개의 명령이 나온다(참조. 딤전 6 : 11). 피해야 할 것은 '청년의 정욕'으로, '정욕'(ἐπιθυμία, '에피뒤미아')은 관능적 욕망을 가리킬 때 사용되기도 하지만 여기서는 나쁜 욕망을 포괄적으로 지칭하는 것으로 보인다. '청년의' 정욕은 청년이기 때문에 더 쉽게 빠질 수 있는 욕망을 가리킨다. 사실 청년들은 이기적인 야망이나 논쟁과 변론을 통한 승리를 추구하기 쉽다. 바울은 디모데에게 청년으로서 가질 수 있는 그러한 욕망을 피하고 "의와 믿음과 사랑과 화평을 따르라"고 명령한다. 여기서 '따르다'는 '추구하다'라는 의미이다. 바울은 디모데전서 6 : 11에서도 디모데가 추구해야 할 여러 덕목들을 열거하면서 의와 믿음과 사랑을 언급한다. 바울은 여기서 특별히 '화평'을 추가한다. '화평'(평강)은 목회서신에서 인사 부분에 나오지만(딤전 1 : 2 ; 딤후 1 : 2 ;

딛 1 : 4), 본론에서 언급되는 곳은 이곳이 유일하다. '화평'의 추구는 뒤따르는 권고(23-26절)를 실천하기 위해 필수적인 요소이다. 그런데 바울은 그러한 덕목들을 '주를 깨끗한 마음으로 부르는 자들과 함께' 추구하라고 한다. '주를 부르다'라는 표현은 구약에서 빈번히 사용되며(예. 창 12 : 8 ; 13 : 4 ; 21 : 33), 초대교회에서 그리스도인은 '주의 이름을 부르는 자'로 알려지기도 했다(행 9 : 14, 21 ; 참조. 롬 10 : 13). '깨끗한 마음'(참조. 딤전 1 : 5)은 하나님의 백성이 가져야 할 특성으로 거짓 교사들의 부패한 마음(참조. 딤전 6 : 5)과 대조를 이룬다.

[2 : 23] 디모데가 피해야 할 또 다른 하나는 '어리석고 무식한 변론'이다. 물론 바울이 모든 변론을 부정하는 것은 아니다. '변론'을 한정하는 관사는 여기서 말하는 변론이 거짓 교사들에 의한 변론을 의미하고 있음을 보여 준다. 변론을 좋아하는 자들이 지혜롭고 많은 것을 아는 것처럼 보일지라도 실상 그들은 어리석고 진리를 알지 못하는 자들이다. 그들의 변론은 필연적으로 '다툼'을 불러일으킨다(참조. 딤전 6 : 4). 디모데는 '화평'을 추구하는 자로 '다툼'을 야기하는 변론을 버려야 한다.

[2 : 24-26] 24~26절은 한 문장으로 구성되어 있으며, '주의 종'으로 디모데가 취해야 할 자세를 말한다. 24~25a절에 나오는 덕목들은 감독이나 장로의 자질을 열거한 디모데전서 3장이나 디도서 1장에서도 부분적으로 언급된다. 먼저 바울은 주의 종은 '다투지 아니해야' 한다고 말한다(24a절). 다툼은 거짓 교사의 특성이기도 하다. 디모데는 거짓 교사와 대항해서 '선한 싸움'을 싸워야 하지만(딤전 1 : 18) 다툼을 통해 싸워서는 안 된다(Fee, 265).

바울은 이제 디모데가 적극적으로 취해야 할 자세를 말한다(24b-25a절). 1) 디모데는 '모든 사람'에 대해 '온유해야' 한다(24b절). '모든 사람'은 거짓 교사들까지도 포함한다. 2) 그는 또한 '가르치기를 잘해야' 한다(24c절). 디모데는 하나님의 진리를 가르치는 자로서 필요한 능력을 갖춰야 한다. 3) 그는

'참아야' 한다(24d절). '참다'(ἀνεξίκακος, '아넥시카코스')라는 형용사는 신약에서 여기서만 나타나며 '분을 내지 않고 악을 견디는'이란 의미를 가지고 있다(BDAG, 77). 4) 그는 '거역하는 자를 온유함으로 훈계해야' 한다(25a절). '훈계하다'로 번역된 헬라어(παιδεύω, '파이듀오')는 '가르치다', '교육하다'(KJV, TNIV)라는 의미와 '징계하다', '교정하다'(TEV, CEV)라는 의미가 있다. '거역하는 자'는 거짓 교사들뿐 아니라 그들에 의해 영향을 받은 사람들까지도 포함한다. 디모데는 '화평'을 추구하는 자로서 적대자들에게까지도 온유함으로 훈계해야 한다.

이러한 디모데의 태도로 기대되는 하나의 결과는 '혹 하나님이 그들에게 회개함을 주실' 수 있다는 것이다(25b절). '하나님이 …… 주시다'라는 어구는 그들의 회개가 그들 자신의 결단이나 디모데의 노력으로 이루어지는 것이 아니라 하나님의 선물임을 강조한다. 그들이 회개함에 이른다면 그들은 '진리를 알게' 된다(25c절). 진리를 아는 것은 목회서신에서 구원을 받고 하나님의 백성이 되는 것과 같은 의미이다. 목회서신에서 거짓 교사에게 대항해야 하는 궁극적 목표는 처벌 자체에 있는 것이 아니라 치료에 있다(참조. 딤전 1 : 20 / Mounce, 536).

26절은 대적자의 회개와 구원을 다른 관점에서 묘사한다. "그들로 깨어 마귀의 올무에서 벗어나 하나님께 사로잡힌 바 되어 그 뜻을 따르게 하실까 함이라." '깨다'(ἀνανήφω, '아나네포')란 '의식을 되찾다'란 의미이다(BDAG, 68). '하나님께 사로잡힌'으로 번역된 헬라어 본문은 '그에 의해 사로잡힌'으로 되어 있어 '그'가 '하나님'을 가리킬 수도 있지만 마귀를 지칭할 가능성도 있다. '그[그의] 뜻'도 하나님의 뜻을 가리킬 수 있지만 마귀의 뜻을 가리킬 수도 있다. 따라서 26절은 다음과 같은 몇 가지의 이해가 가능하다. 1) 개역개정처럼 앞에 나오는 '그'와 뒤에 나오는 '그'를 모두 하나님을 지칭하는 것으로 이해할 수 있다(Johnson). 학자에 따라서는 앞의 '그'를 '주의 종'으로 보고 주의 종에 의해 사로잡힌 것으로 이해하기도 한다(Lock). 2) 앞의 '그'는 마귀를, 뒤의 '그'는 하나님을 지칭하는 것으로 보고 "마귀에게 사로잡힌 바 된 사람들이 깨어 마귀의 올무에서 벗어나 하나님의 뜻을 따르게 하실까 함이라."로 이해할 수도 있다(Scott). 3) 가장 많은 지지를 받는 것은 앞의 '그'와 뒤의 '그'를 모두 마귀를 가리키는 것으로 보고, 26절을 "마귀에게 사로잡힌 바 되어 마귀의 뜻을 따르던 사람들이 깨어 마귀의 올무에서 벗어나게 될까 함이라."로 이해하는 것이다(공역개정, 새번역, TNIV, TEV ; Dibelius-Conzelmann, Fiore, Kelly). 어떻게 이해하든 26절의 요지는 분명하다. 그것은 마귀에게 속박되었던 자들이 해방되어 구원을 얻게 될 수 있다는 것이다.

설교를 위한 묵상

이 단락에서 바울의 관심은 거짓 교사들의 위협 아래 있는 공동체로 향한다. 이 단락은 거짓 교사들이 주장하는 내용을 들어 비판하기도 하지만 전체적으로 논쟁을 좋아하는 그들의 태도에 초점을 두고 비판한다. 바울이 그들을 주시하고 비판하는 근본적인 이유는 그들이 공동체에 끼치는 영향 때문이다. 그들의 말다툼은 전혀 유익이 없고 듣는 자들을 파멸에 이르게 한다(14절). 그들의 말은 악성 종양과 같이 퍼져 나간다(17절). 그들은 부활이 이미 지났다고 주장하며 사람들의 믿음을 무너뜨린다(18절). 본문은 교회가 왜 거짓 교사들을 경계해야 하는지를 잘 보여 준다. 신약성경과 교회의 역사는 거짓 교사들로 인하여 교회가 얼마나 큰 어려움을 겪었는지를 보여 준다. 오늘날도 많은 교회들이 거짓 교사들로 인하여 어려움을 겪고 있다. 이러한 거짓 교사의 출현은 종말에 이르기까지 계속될 것이다(참조. 마 24 : 4-5, 11, 23-24 ; 막 13 : 5-6, 21-22 ; 눅 21 : 8).

본문은 그럼에도 불구하고 하나님의 교회는 결코 흔들리지 않음을 선언한다(19절). 거짓 교사의 영향이 아무리 강하고, 하나님의 집을 무너뜨리려는 마귀의 시도가 아무리 끈질길지라도, 하나님의 터는 여전히 서 있다. 거짓 교사들이 무익한 논쟁을 통하여 사람들을 미혹하고, 육체의 부활을 부인함으로써 그리스도교의 핵심적인 신앙을 무너뜨리려고 할지라도 인간을 구원하는 하나님의 위대한 계획은 흔들리지 않는다. 인간은 미쁨이 없을지라도 하나님은 항상 미쁘다!(2 : 13) 하나님의 터에는 "주께서 자기 백성을 아신다."라는 말이 새겨져 있다. 하나님은 누가 하나님의 백성인지를 안다. 하나님의 터에는 또한 "주의 이름을 부르는 자마다 불의에서 떠날지어다."라는 말이 기록되어 있다. 첫 번째의 말씀으로 격려를 받은 그리스도인들에게 두 번째의 말씀은 불의에서 떠날 것을 준엄하게 요청한다. 하나님은 은혜로 구원받은 그리스도인에게 그 은혜에 대한 응답을 요구한다. 오늘날 예배하기 위하여 교회에 가는 자들은 교회의 터에 기록된 이 두 말씀을 볼 수 있는 영적인 눈을 가져야 한다. 그리고 그 말씀을 이해할 수 있는 신령한 은사가 있어야 한다.

본문은 거짓 교사의 위협에 처한 공동체를 보살피기 위해 디모데가 어떻게 해야 할 것인지를 설명한다. 본문은 무엇보다 디모데가 거짓 교사와 구별되는 교사가 되어야 함을 강조한다. 거짓 교사들은 마귀의 지배를 받고 있는 데 비해(26절) 디모데는 '주의 종'이다(24절). 주의 종으로 거룩한 하나님의 집에서 귀하게 사용되는 그릇이 되기 위해서는 자신을 깨끗하게 해야 한다(21절). 본문은 깨끗한 그릇이 되기 위해 디모데가 피하고 버려야 할 것, 그리고 취해야 할 것이 무엇인지를 구체적으로 설명한다(22-25a절). 이러한 바울의 교훈은 '주의 종'을 배출하기 위한 신학교육에 하나의 경종이 된다. 신학교육이 훈련이 없고 논쟁만 있어서는 안 된다는 오덴(Oden)의 말은 경청할 만하다(121). 신학적 논쟁이 필요하긴 하지만 깨끗한 그릇이 되도록 하기 위한 삶의 훈련은 그보다 더욱 필요하고 긴급한 것이다.

본문의 마지막 부분(25b-26절)은 하나의 놀라운 교훈을 담고 있다. 그것은 거짓 교사들의 회개와 구원의 가능성을 말한다. 이것은 어느 누구를 향해서도 회개와 구원을 위한 노력을 포기해서는 안 된다는 것을 말해 준다. 물론 이들이 돌아오는 것은 쉽지 않다. 26절은 거짓 교사들을 마귀의 올무에 빠진 자들로 묘사한다. 그들은 마귀에게 사로잡혀 마귀의 뜻을 행하고 있다. 다시 말하면, 그들은 철저히 마귀에게 지배당하고 있다! 디모데의 궁극적인 대적자는 거짓 교사가 아니라 마귀이며, 디모데가 벌여야 할 선한 싸움은 궁극적으로는 마귀와의 싸움이다. 이 마귀와의 싸움에서 이겨 그에게 사로잡혀 있는 자들을 풀어 주고 그들이 진리에 이르도록 하는 것은 인간의 힘으로 이루어지지 않는다. 그것은 근본적으로 하나님이 자신의 뜻에 따라 하는 일이다(25절). 하나님의 종은 하나님의 뜻을 실현하는 도구로 하나님이 그들에게 회개할 수 있는 기회를 줄 수 있다는 사실을 항상 염두에 두고 그들을 대해야 한다. 그것은 악을 견딜 수 있는 인내를 요구하며, 그러한 인내는 온유한 마음에서 비롯된다(24절).

B. 마지막 때의 특성과 거짓 교사들(3 : 1-9)

1너는 이것을 알라 말세에 고통하는 때가 이르러 2사람들이 자기를 사랑하며
돈을 사랑하며 자랑하며 교만하며 비방하며 부모를 거역하며 감사하지 아니
하며 거룩하지 아니하며 3무정하며 원통함을 풀지 아니하며 모함하며 절제하
지 못하며 사나우며 선한 것을 좋아하지 아니하며 4배신하며 조급하며 자만
하며 쾌락을 사랑하기를 하나님 사랑하는 것보다 더하며 5경건의 모양은 있
으나 경건의 능력은 부인하니 이 같은 자들에게서 네가 돌아서라 6그들 중에
남의 집에 가만히 들어가 어리석은 여자를 유인하는 자들이 있으니 그 여자
는 죄를 중히 지고 여러 가지 욕심에 끌린 바 되어 7항상 배우나 끝내 진리의
지식에 이를 수 없느니라 8얀네와 얌브레가 모세를 대적한 것같이 그들도 진
리를 대적하니 이 사람들은 그 마음이 부패한 자요 믿음에 관하여는 버림 받
은 자들이라 9그러나 그들이 더 나아가지 못할 것은 저 두 사람이 된 것과
같이 그들의 어리석음이 드러날 것임이라

1. 개관 및 구조

이 단락에서 바울은 거짓 교사들의 행위를 말세의 현상과 관련시켜 그들을 비판한다. 이 단락은 1~5절과 6~9절 두 부분으로 나누어진다. 1~5절에는 종말에 있을 악의 목록과 함께 악에 대한 경고가 나온다. 악의 목록은 일반적

인 성격이 강하지만 자세히 살펴보면 거짓 교사들의 행위와 연결되어 있음을 알 수 있다. 바울은 거짓 교사들의 행위를 종말론적 악으로 규정함으로써 그리스도인들에게 그들이 종말의 시기를 살고 있음을 인식시키는 동시에 거짓 교사들에 대해 경계심을 가지도록 한다. 6~9절에는 거짓 교사들의 행위에 대한 직접적인 묘사와 그들에 대한 정죄가 나온다. 6~7절은 어리석은 여인들에게 접근하여 그들을 유인하는 거짓 교사의 모습을 서술함으로써 거짓 교사의 죄를 구체적으로 드러낸다. 8~9절은 모세에 대항했던 이집트의 마술사들과 거짓 교사들 사이의 유비를 통하여 거짓 교사들의 속성과 한계를 설명한다.

2. 본문 분석

[3 : 1] 바울은 디모데에게 '말세'에 '고통하는 때'(새번역, '어려운 때')가 이를 것임을 인식시킴으로 단락을 시작한다(1절). '말세'라는 용어와 함께 '이르다'라는 동사가 미래형으로 나오지만 '말세'의 현상이 이미 나타나고 있음은 5b절과 6절에서 분명히 드러난다(참조. 딤전 4 : 1 / Towner 1986, 431-433). 사실 초대교회의 그리스도인들은 '말세'가 예수 그리스도의 초림으로 시작되어 자신들이 '말세'를 살고 있는 것으로 인식하였다. 말세가 고통의 시기라는 것은 유대교와 그리스도교 묵시문학 전통의 공통적 요소이다.

[3 : 2-4] 2~4절은 종말에 나타날 악의 목록을 담고 있다. 이 악의 목록은 말세가 왜 '고통하는 때'가 될 것인지를 보여 준다. 이는 2절이 이유나 원인을 나타내는 접속사 γάρ('가르')로 1절과 연결되고 있다는 사실에서 분명히 드러난다. 악의 목록을 5a절까지로 볼 수도 있지만 4절까지를 목록으로 보고 5a절은 목록에 대한 결론으로 보는 것이 일반적이다. 이 목록에는 모두 18개의 항목이 나오며 다음과 같은 특징이 나타난다. 1) '사랑'을 의미하는 어근 φιλ('필')을 사용하는 단어가 자주 나타난다. 2) 부정과 결여를 나타내는 접두어 α('아')로 시작하는 복합어가 빈번히 사용된다. 3) 두 항목이 하나의 짝을 이

루는 경우가 많다.

악의 목록은 다른 바울서신에도 종종 나타난다(롬 1 : 29-31 ; 13 : 13, 고전 5 : 10-11 ; 6 : 9-10 ; 고후 12 : 20-21 ; 갈 5 : 19-21 ; 딤전 1 : 9-10). 18개의 항목을 담은 본문의 목록은 21개의 항목을 담은 로마서 1장의 목록 다음으로 길다. 본문에 나오는 목록은 로마서 1 : 29~31의 목록과 유사한 점이 많으며, 특히 '자랑함'(ἀλαζών, '알라존'), '무정함'(ἄστοργος, '아스토르고스')은 신약에서 오직 본문과 로마서 1장의 목록에서만 발견된다. 따라서 어떤 학자들은 이 악의 목록이 로마서 1 : 29~31에서 기초한 것이라고 주장하기도 한다(박익수, 348-349 ; Hanson, 144).

이 목록이 '자기를 사랑하며'라는 말로 시작되는 것은 주목할 만하다. 사실 많은 악이 이기주의에서 나온다는 것을 생각하면 아마 이 항목은 악의 근원으로 간주되었을 가능성이 높다. 이 항목은 뒤이어 나오는 '돈을 사랑하며'라는 어구와 병행을 이룬다. 디모데전서 6 : 10은 돈에 대한 사랑을 '일만 악의 뿌리'로 규정한다. '선한 것을 좋아하지 아니하며'(ἀφιλάγαθος, '아필라가도스', 3절)라는 용어도 '사랑'을 의미하는 어근 '필'을 사용하고 있다. 특히 이 목록이 "쾌락을 사랑하기를 하나님 사랑하는 것보다 더하며"(4절)라는 항목으로 끝나는 것은 의미심장하다. 첫 항목이 자기 사랑이라는 잘못된 사랑의 방향을 강조한 것처럼 이 항목도 역시 잘못된 사랑의 방향을 말해 준다. 최우선적으로 설정되어야 할 사랑의 지향점이 하나님이어야 함에도 불구하고(참조. 신 6 : 4-5 ; 마 22 : 34-40), 인간은 자기 사랑에서 나온 쾌락을 향하여 사랑의 방향을 설정하고 있다.

2~4절의 목록이 비록 특정한 상황이나 특정한 사람들을 전제로 하기보다는 보편적인 성격을 가진 것이라 할지라도, 그것은 또한 거짓 교사들로 인하여 위협받고 있는 에베소교회의 상황에 잘 부합된다. 특히 돈 사랑(딤전 6 : 5-10 ; 딛 1 : 11), 자랑과 교만(참조. 딤전 1 : 7), 비방(딤전 6 : 4), 자만(딤전 6 : 4, '교만'으로 번역됨.) 등은 목회서신에서 거짓 교사들을 묘사할 때 언

급되는 특성들이다.

[3 : 5] 5a절 "경건의 모양은 있으나 경건의 능력은 부인하니"라는 어구는 악의 목록에 대한 결론의 역할을 한다. '경건의 모양'이 있다는 것은 겉으로 보기에는 그들을 경건한 자들로 착각할 수도 있다는 것이다. 사실 종교적인 문제에 대해 사소한 부분을 두고 끝없는 논쟁을 벌이는 것을 경건에서 우러나온 것으로 착각하기 쉽다. 무엇보다도 거짓 교사들 스스로 그러한 착각에 빠져 있다. 그러나 실상 그들은 '경건의 능력'을 부인하는 자들이다. 여기서 '부인하다'란 신앙고백적인 측면이 아닌 행위의 측면을 말한다(참조. Johnson, 406). 참 경건은 삶을 통해 나타나야 하지만, 거짓 교사들의 행위는 그들의 경건함을 전혀 증명해 주지 못한다. 그들은 복음의 진리를 하나의 논쟁거리로 전락시킬 뿐 사람을 변화시키는 복음의 능력에 대해서는 무지하다. 5b절, "이 같은 자들에게서 네가 돌아서라"는 명령은 지금까지 언급한 종말론적 악이 이미 실재하고 있음을 분명히 한다. 디모데는 그의 삶에서 그러한 악을 행하는 자들을 좇아서는 안 된다. 디모데는 말세를 살고 있으며, '이 같은 자들'로부터 돌아서야 한다.

[3 : 6-7] 6~9절은 거짓 교사들의 행위를 구체적으로 기술함으로써 그들이 바로 5b절에서 말한 '이 같은 자들'에 속함을 분명히 한다. 사실 말세에 거짓 교사들과 거짓 예언자들이 나타나리라는 것은 그리스도교의 묵시론적 종말 사상에 있어서 하나의 특징을 이룬다(참조. 마 24 : 11, 23-26 ; 막 13 : 21-22). 6a절은 여인들을 유인하는 거짓 교사들의 행위를 서술한다. 그들은 '남의 집에 가만히 들어가 어리석은 여자를 유인하는' 자들이다. '가만히 들어가다'란 용어는 그들의 행위가 교활하고 은밀함을 나타낸다. 그리고 '유인하다'(αἰχμαλωτίζω, '아이크말로티조')라는 용어는 '포로로 삼다'라는 뜻을 가지고 있지만, 비유적으로 기만과 미혹함을 통하여 마음대로 지배함을 의미하기도 한다. '어리석은 여자'로 번역된 헬라어(γυναικάριον, '귀나이카리온')는 문

자적으로 '작은 여인'을 의미한다. 그러나 여기서는 '어리석은 여자'(새번역, KJV), '의지가 약한 여자'(NIV), '잘 속는 여자'(TNIV) 등의 부정적인 의미로 사용되었다.

6b~7절은 비판의 방향을 거짓 교사들에서 그들에 의해 미혹된 여인들에게로 향한다. 바울은 여기서 교사들에게 미혹된 여인들을 세 가지를 들어 비판한다. 1) 그들은 '죄를 중히 지고' 있다. '중히 지다'라는 동사는 완료분사로 그들이 죄에 짓눌려 있는 상태를 묘사한다. 2) 그들은 '여러 가지 욕심에 끌리고' 있다. 여기서 '욕심'으로 번역된 단어(ἐπιθυμία, '에피뒤미아')는 '정욕'을 가리키기도 한다. 특히 6a절에 나온 거짓 교사들의 묘사는 이 여인들과 거짓 교사들 사이에 성적인 관계가 있었음을 암시한다고 볼 수도 있다(박수암). 그러나 그러한 추론은 본문의 이해에 필요한 것이 아니다. 이 구절을 통해 바울이 말하려고 하는 초점은 그 여인들이 '여러 가지' 악한 욕심에 이끌려 죄를 짓는다는 데 있다. 3) 그들은 "항상 배우나 끝내 진리의 지식에 이를 수 없다"(7절). 그들은 아무리 배울지라도 온갖 악한 욕망과 무거운 죄로 인하여 진리의 말씀을 바로 이해할 수가 없다. 하물며 그들에게 가르치는 자들이 종교 사기꾼에 불과한 거짓 교사들임에야 더 말할 필요조차 없다. 6b~7절에 나오는 어리석은 여인들에 대한 묘사는 디모데전서에 나온 여인들에 대한 언급들(딤전 2 : 9-15 ; 3 : 11 ; 5 : 3-16)을 이해하는 데에도 도움이 된다.

[3 : 8-9] 바울은 다시 거짓 교사에 대한 묘사로 되돌아간다. 그는 거짓 교사들이 진리를 대적하는 것을 '얀네'와 '얌브레'가 모세를 대적했던 것에 비유한다(8a절). 이들은 바로의 편에 서서 모세에게 대적했던 이집트의 마술사들이다. 구약에는 이들의 이름이 나오지 않지만 후에 그 마술사들은 '얀네'와 '얌브레'였다는 전승이 생겼다. 바울은 이집트 마술사들의 이야기를 유비로 사용하여 에베소교회의 거짓 교사들은 요술을 부리는 자들에 불과하다고 말한다. 바울은 그들이 '진리'를 대적한다고 말한다. 그들은 자신들이 진리의 교사라고 자부하고 있지만, 복음을 바르게 이해하지 못하고 그것을 하나의 논쟁거리로

전락시키며 경건과는 반대 방향으로 달음질하고 있다. 이어서 바울은 거짓 교사들을 '마음이 부패한 자'라고 말한다(8b절). '부패하다'로 번역된 헬라어는 수동태로서, 바울은 이를 통해 그것이 마귀에 의한 것임을 암시하는 것일 수도 있다(참조. 2 : 26). 그들은 또한 '믿음에 관하여는 버림받은 자들'이다. '버림받은'이란 형용사(ἀδόκιμος, '아도키모스')는 '시험을 통과하지 못한' 또는 '자격요건을 갖추지 못한'의 의미를 가진 말로, 믿음에 관하여 버림받았다는 것은 결국 그들의 믿음이 기준 미달로 거부당했음을 의미한다.

바울은 그들이 '더 나아가지 못할 것'임을 선언한다(9a절). 이것은 그들의 활동이 목표하는 곳에 이르지 못할 것임을 의미한다. 그들이 실패할 수밖에 없는 이유는 '얀네'와 '얌브레'처럼 그들의 어리석음이 드러날 것이기 때문이다(9b절). 얀네와 얌브레는 처음에 몇 가지 요술로 모세를 대적했으나(출 7 : 11, 22 ; 8 : 7), 후에는 한계가 드러나 모세를 대적할 수 없었다(출 8 : 18-19 ; 9 : 11). 물론 이 말은 거짓 교사들의 미혹이 곧 공동체 내에서 사라질 것임을 의미하지는 않는다. 바울이 말하려는 것은 거짓 교사들이 사람들을 미혹하여 동조자를 얻는 데 성공하고 있을지라도 그들의 잘못은 언젠가 밝혀지게 되며 그들은 최종적인 승리자가 될 수 없다는 것이다.

설교를 위한 묵상

유대교나 그리스도교의 묵시문학적인 세계관에 의하면 심판의 날이 이르기 전에 두렵고 힘든 시기가 오게 된다. 마가복음 13장이나 요한계시록은 말세에 전쟁, 지진, 기근 등의 현상뿐만 아니라 우주적인 격변이 있을 것임을 말한다. 본문에서 말세의 현상으로 강조된 것은 악의 성행이다. 바울은 말세에 있을 악의 목록을 통해 말세는 하나님의 백성들에게 큰 어려움의 시기가 될 것이라고 말한다. 그리고 악으로 인한 고통의 시대는 먼 장래에 올 것이 아니라 이미 와 있음을 강조한다.

본문에 나오는 악의 목록(2-4절)은 사랑은 올바른 방향을 향해야 함을 강조한다.

본문은 하나님과 이웃을 향해야 할 사랑의 방향이 자기 자신과 재물과 쾌락을 향하고 있음을 강하게 경고한다. 악의 목록 중 첫 두 항목은 자기중심주의와 재물에 대한 탐욕이다. 사랑의 주된 목표가 자신과 재물이 될 때 모든 도덕적 가치는 파괴될 수밖에 없으며, 뒤이어 나오는 악의 항목들은 사랑의 목표가 잘못된 당연한 결과물이다(Guthrie, 169). 목록의 마지막 항목은 하나님을 향해야 할 사랑의 방향이 쾌락을 향해 있음을 비판한다. 자신을 위한 쾌락에 눈이 어두워진 인간은 하나님을 볼 수가 없다. 말세에 사탄이 하나님을 대적하는 하나의 방법은 사람들로 하여금 방향 감각을 잃게 하는 것이며, 특히 사랑에 있어서 방향을 잃게 하는 것이다.

본문에 나오는 악의 목록에 부정 또는 결여를 나타내는 접두어로 이루어진 낱말들이 계속적으로 나오는 것은 주목할 만하다. 이는 말세가 되면 마땅히 있어야 할 덕목들이 사라지고 그와 반대되는 온갖 악이 난무하리라는 것을 암시한다. 사람들이 마땅히 가야 할 방향과 반대로 향하고 있는 것은 사랑뿐만 아니라 다른 여러 덕목들의 측면에서도 마찬가지이다.

바울은 이러한 말세의 현상을 설명하면서 "너는 이것을 알라"(1절)라는 명령으로 시작한다. 그리고 그 설명을 "이 같은 자들에게서 네가 돌아서라"(5절)는 명령으로 마무리한다. 칼뱅은 본문에 언급된 악의 실재는 그리스도의 승천과 재림 사이에 있는 그리스도교회가 처한 보편적 상황과 관련 있다고 말한다(322). 그리스도인은 말세를 살면서 이러한 말세의 현상을 직시할 수 있어야 한다. 말세의 특성인 악의 범람은 마지막 날이 가까울수록 더욱 그 정도가 심해질 것이다. 그렇다면 오늘날의 그리스도인들은 본문을 읽으면서 디모데보다도 더 심각하게 바울의 경고를 들어야 한다.

본문은 악이 아무리 성행하고 마귀의 올무에 매여 있는 거짓 교사들이 난무한다 할지라도 최후의 승리는 하나님과 그의 백성에게 있음을 강조한다. 하나님의 종 모세를 대적했던 이집트의 마술사들이 처음에는 모세가 행하는 이적을 행할 수 있는 것처럼 보였다. 그러나 그들은 최종적인 승리자가 될 수 없었다. 에베소교회의 거짓 선지자들도 교회에서 추종자를 얻고 있지만 그들의 어리석음은 곧 드러날 것이며 최후의 승리자가 될 수 없을 것이다. 물론 이 말은 거짓 교사들이 곧 교회에서 완전히 떠날 것임을 의미하지는 않는다. '말세'에 거칠게 몰아칠 악의 성행과 거짓 교사들의 활동에 대한 강조는 그러한 낙관적인 전망을 허락하지 않는다. 거짓 교사는 교회공동체에 상존하는 위협이다. 하나님은 그들의 존재와 활동으로 인하여 위협을 받지 않을지라도 교회에게 그것은 믿음과 인내를 위한 시련이다(Oden, 130).

C. 디모데가 본받아야 할 삶(3 : 10-17)

10 나의 교훈과 행실과 의향과 믿음과 오래 참음과 사랑과 인내와 11 박해를 받
음과 고난과 또한 안디옥과 이고니온과 루스드라에서 당한 일과 어떠한 박해
를 받은 것을 네가 과연 보고 알았거니와 주께서 이 모든 것 가운데서 나를
건지셨느니라 12 무릇 그리스도 예수 안에서 경건하게 살고자 하는 자는 박해
를 받으리라 13 악한 사람들과 속이는 자들은 더욱 악하여져서 속이기도 하고
속기도 하나니 14 그러나 너는 배우고 확신한 일에 거하라 너는 네가 누구에게
서 배운 것을 알며 15 또 어려서부터 성경을 알았나니 성경은 능히 너로 하여
금 그리스도 예수 안에 있는 믿음으로 말미암아 구원에 이르는 지혜가 있게
하느니라 16 모든 성경은 하나님의 감동으로 된 것으로 교훈과 책망과 바르게
함과 의로 교육하기에 유익하니 17 이는 하나님의 사람으로 온전하게 하며 모
든 선한 일을 행할 능력을 갖추게 하려 함이라

1. 개관 및 구조

마지막 때의 특성을 통하여 거짓 교사들을 정죄한 바울은 이 단락에서 거짓 교사들과 대비를 이루어야 할 디모데의 삶에 대해 교훈한다. 이 단락은 두 부분(10-13, 14-17절)으로 나누어지며, 두 부분 모두 디모데가 따라야 할 삶의 지침과 관련이 있다. 첫 부분(10-13절)은 바울 자신의 삶에 대하여, 그리고 둘째 부분(14-17절)은 성경에 대하여 말하고 있는 바, 바울의 삶과 성경

은 디모데가 따라야 할 삶에 대한 본보기와 지침을 제공한다. 두 부분 모두 '그러나 너는'이라는 어구로 시작함으로써(개역개정에는 10절의 경우 나타나지 않음.) 디모데의 삶은 말세의 현상이나 거짓 교사들의 삶과 뚜렷하게 대비되어야 함을 강조한다.

2. 본문 분석

[3 : 10–11] 헬라어 본문에서 10절은 '그러나 너는'(σὺ δέ, '수 데')이라는 어구로 시작된다. 접속사 '그러나'는 대조를 위해, 인칭대명사 '너'는 강조를 위해 사용되었다. 이 어구는 디모데가 앞 단락에서 말한 거짓 교사들과는 대조적인 삶을 지향해야 함을 분명히 나타낸다. 바울은 디모데가 지향해야 할 삶의 본보기로 바울 자신의 삶을 제시한다. 10~11절은 바울의 삶과 관련된 아홉 개의 항목을 나열한다. 처음 일곱 항목은 규범이나 개념으로 주로 덕목의 성격이 강하며, 마지막 두 항목은 바울의 상황과 관련된 것이다. 여기에 나오는 덕목들의 목록은 앞 단락에서 말세의 현상으로 언급된 악의 목록과 대조를 이룬다.

아홉 개의 항목 중 '교훈'(가르침/διδασκαλία, '디다스칼리아')이 첫 번째로 언급된다. '교훈'은 목회서신에서 매우 강조되는 개념으로, 신약에서 이 단어가 사용된 경우의 2/3 이상이 목회서신에 집중되어 있다(Collins, 255). '교훈'에 이어 나오는 '행실'도 목회서신에서 강조되는 덕목으로, 목회서신은 가르침과 행실의 일치를 강조한다. '의향'으로 번역된 헬라어(πρόθεσις, '프로데시스')는 '목적', '계획', '의지' 등의 의미를 가지고 있으며, 여기서는 '삶의 목적'(참조. 공역개정, TEV) 또는 '삶의 방식'(참조. CEV)을 가리킨다. '믿음'과 '사랑'과 '인내'는 목회서신에서 자주 언급되며, 디모데전서 6 : 11이나 디도서 2 : 2에서도 이 세 덕목이 함께 나온다. '오래 참음'(μακροθυμία, '마크로뒤미아')은 '인내'(ὑπομονή, '휘포모네')와 비슷한 개념으로, 전자는 내면적 상태와 관련하여(예. 분노에 대한 통제), 후자는 외적 상황과 관련하여(예. 어려운 상황에 대한 극복) 자주 사용된다(Collins, 256).

일곱 개 항목 중 마지막에 언급된 '인내'는 뒤이어 나오는 '박해를 받음'과 '고난'이라는 두 항목을 통해 구체화된다. 바울은 그가 받은 박해와 고난에 대한 예증으로(새번역, 공역개정 참조) 소아시아의 남부 중앙지역에 위치한 안디옥과 이고니온과 루스드라에서 당한 일을 디모데에게 상기시킨다. 이 지역에서 바울이 받은 박해와 고난은 사도행전에 자세히 기록되어 있다(행 13 : 13-14 : 23). 바울은 그것을 디모데가 알고 있다고 말한다. 이 말에는 바울의 모범을 따르라는 의미가 함축되어 있다.

많은 학자들은 바울이 디모데와 동행하면서 겪었던 박해와 고난을 언급하지 않고 디모데를 만나기 전에 있었던 일을 언급한 것에 대해 이상하게 생각하며, 이를 바울이 목회서신의 저자가 아닐 수 있다는 하나의 근거로 생각하기도 한다(참조. Dibelius-Conzelmann, 119). 그리고 목회서신이 누가문서의 저자에 의해 기록되었을 것으로 추정하는 퀸(Quinn)은 이 대목과 사도행전 13~14, 16장 사이의 일치점에 주목하며, 이 대목을 자신의 견해를 지지해 주는 하나의 근거로 제시한다(1978, 66). 그러나 루스드라는 디모데의 고향임을 감안한다면(행 16 : 1-3) 디모데가 바울을 만난 것이 바울의 2차 선교 여행 때였을지라도 그가 바울이 1차 여행 당시 그 지역에서 당한 박해와 고난을 알고 있었을 가능성이 높다. 만약 이곳에서의 박해 받음과 고난이 가장 초기의 박해(Knight, 440) 또는 가장 혹독한 박해였거나(Ellicott, 141) 디모데에게 큰 충격과 영향을 준 박해였다면(이종윤, 522 ; Kelly, 199 ; Mounce, 558) 바울이 그것을 언급하는 것은 분명히 의미가 있을 것이다.

바울은 '주께서 이 모든 것 가운데서' 자신을 건져 주었음을 강조한다. '이 모든 것'은 박해 받음과 고난을 가리키며, '건져 주었다'는 것은 박해를 받고 죽음의 상황에 있는 자신을 구해 주었음을 의미한다(참조. 딤후 4 : 17-18). 물론 바울의 말은 그가 어떠한 경우에도 박해와 고난 가운데서 죽음을 당하는 일이 없을 것임을 확신한다는 의미는 아니다. 바울은 투옥된 자신의 임박한 죽음을 분명히 인식하고 있다(딤후 4 : 6–8). 그러나 그는 하나님이 박해와 고난 가운데서도 그를 인도하고 천국에 이르게 할 것임을 확신한다(딤후 4 : 17–18).

[3 : 12–13] 자신의 고난에 대해 구체적으로 언급한 바울은 12절에서 그러한 박해와 고난은 바울 자신만 겪는 것이 아니라 '무릇 그리스도 예수 안에서 경건하게 살고자 하는 자'가 일반적으로 겪는 것임을 강조한다. '그리스도 예수 안에서'란 그리스도 예수에 대한 믿음을 통해서 그리스도와 연합된 상태를 가리킨다. 13절에서 바울은 '악한 사람들과 속이는 자들'에 대해 언급한다. '속이는 자'(γόης, '고에스')는 원래 '마법사'를 의미하지만 문맥으로 볼 때 여기서는 '사기꾼'이나 '협잡꾼'의 의미로 사용되었다. 13절에 나오는 접속사 δέ('데', '그러나' : 개역개정에는 번역되지 않음.)는 '악한 사람들과 속이는 자들'이 '경건하게 살고자 하는 자'와 대비됨을 암시한다. 그들은 경건과는 반대 방향으로 계속 나아가 '더욱 악하여진다'. 그들은 또한 '속이기도 하고 속기도 한다'. 이것은 모든 악한 자들과 속이는 자들에게 적용되는 말이지만 바울은 특히 거짓 교사들을 염두에 두고 있다. 그들이 속기도 한다는 것은 다른 사람들로부터 속임을 당한다는 의미일 수도 있지만(공역개정) 사탄으로부터 속임을 당하는 것을 의미할 가능성이 높다(참조. 2 : 26 ; 딤전 4 : 1–2 ; 박수암, Knight, Mounce)

[3 : 14–15] 10~13절에서 바울이 디모데가 본받아야 할 모범으로 바울 자신을 제시했다면 14~17절에서는 디모데가 따라야 할 지침을 위해 성경을 제시한다. 14절은 10절과 마찬가지로 '그러나 너는'이란 문구로 시작된다. 디모데는 악하고 속이는 자들, 특히 에베소교회의 거짓 교사들과는 달리 '배우고 확신한 일'에 거해야 한다. 이는 디모데가 복음의 가르침에 충실히 머물러야 함을 뜻한다. 그런데 디모데는 자신이 '누구에게서'(복수) 그 진리를 배웠는지를 알고 있다. 여기서 '누구'는 적어도 디모데의 어머니와 외조모(1 : 5), 그리고 바

울(1 : 2)을 포함할 것이다.

뒤따르는 15절은 디모데가 '어려서부터' '성경'을 알았다고 말한다. '어려서부터'란 말은 디모데가 그의 어머니와 외조모로부터 성경을 배웠음을 암시한다. 유대 전통에서 아들에게 어렸을 때부터 성경을 가르치는 것은 부모의 신성한 의무였다. 당시 신약문헌의 경전화는 아직 이루어지지 않았기 때문에 '성경'은 일차적으로 구약을 가리키는 것으로 보인다. 그러나 '성경'에 복음의 진리도 포함하고 있을 가능성을 배제할 수 없다(참조. Knight, Mounce, Spicq). 바울은 성경이 "구원에 이르는 지혜가 있게 한다."고 말한다. '지혜가 있게 하다'(σοφίζω, '소피조')란 여기서 '가르치다', '교훈하다'의 의미를 함축한다. 성경이 가르치는 목표는 '구원'으로, '구원'은 신약에서 일차적으로 죄의 속박에서 벗어남을 가리킨다. 그런데 그 구원은 '그리스도 예수 안에 있는 믿음으로 말미암아' 온다. 다시 말하면 구원은 성경이 증언하는 그리스도 예수를 믿고 그와 연합함으로써 얻게 된다.

[3 : 16–17] 16절은 성경의 신적 기원과 유용성을 강조한다. "모든 성경은 하나님의 감동으로 된 것이다"(16a절). '모든 성경'은 성경의 각 책을 가리킬 수도 있으며 성경 전체를 총괄적으로 가리킬 수도 있으나 그 의미에 있어서 크게 다르지 않다. '하나님의 감동으로 된'으로 번역된 단어(θεόπνευστος, '데오프뉴스토스')는 신약에서 이곳에만 나타나며 문자적으로 '하나님이 불어넣은'이란 의미이다(TNIV). 이것은 성경의 영감 방식을 말하는 것이 아니라 영감의 근원을 나타낸다. 성경은 하나님으로부터 온 것으로 '허탄한 이야기'나 '사람들의 명령'이 아니다(참조. 딛 1 : 14). 바울은 성경이 신적 기원을 가졌을 뿐만 아니라 극히 유용함을 선언한다(16b절). 성경은 '교훈과 책망과 바르게 함과 의로 교육하기에' 유익하다. 여기에 나열된 항목들은 모든 사람들에게 적용되는 것이지만 특히 디모데의 상황과 직접적인 관련이 있다. '교훈'(가르침)은 디모데의 기본적 직무이다. 그리고 디모데는 에베소교인들의 잘못을 '책망'하고, 그것을 '바르게' 교정해 주며, 그들을 '의로 교육할' 의무가 있다. '의'라

는 용어는 목회서신에서 주로 인간의 올바른 행위에 초점을 두고 사용된다.

17절은 접속사 ἵνα('히나')로 16절과 연결된다. 접속사 '히나'로 시작되는 가정법은 목적을 나타내기도 하고 결과를 나타내기도 한다. 따라서 17절을 성경의 영감과 유용성의 결과를 기술한다고 볼 수도 있다(참조. 공역개정). 그러나 여러 번역에 나타난 대로 성경의 영감과 유용성의 목적을 말하는 것으로 이해하는 것이 더 타당하다. 그 목적은 그리스도인을 '하나님의 사람으로 온전하게 하며 모든 선한 일을 행할 능력을 갖추게' 하는 것이다. '온전한'으로 번역된 헬라어는 '충분한 자격을 갖춘'이란 의미를 갖는다. '모든 선한 일'은 그리스도인으로서의 합당한 행위뿐만 아니라 복음을 위한 사역도 포함한다(Fee, 280). 바울은 디모데가 어렸을 때부터 배워 온 성경을 계속적으로 배움으로써 하나님의 사람으로 온전하게 되어 그에게 주어진 사역을 수행할 수 있다고 말한다.

설교를 위한 묵상

바울은 디모데가 따라야 할 본보기로 자신의 삶을 제시한다. 자신이 추구하는 덕목과 자신이 받은 박해와 고난을 설명하며 디모데가 그러한 자신의 모습을 닮기를 원한다. 바울은 다른 서신에서도 그리스도인들에게 자신의 모범을 따르도록 요청한다. 그는 고린도의 그리스도인들에게 "너희는 나를 본받는 자가 되라"(고전 4 : 16), "내가 그리스도를 본받는 자가 된 것같이 너희는 나를 본받는 자가 되라"(고전 11 : 1)고 말하며, 빌립보의 그리스도인들에게 "너희는 내게 배우고 받고 듣고 본 바를 행하라"(빌 4 : 9)고 말한다(참조. 살후 3 : 7, 9). 바울은 자신의 모범을 통해 가르친다. 이러한 바울의 말은 자기자랑이나 자기선전이 결코 아니다. 바울은 자신을 위해서가 아니라 오직 수신자인 그리스도인들을 위해서 말한다. 이는 오늘날 개인의 영달을 위해 자신을 내세우는 많은 교회 지도자들의 모습과는 뚜렷하게 구별된다. 바울은 자신이 겪는 고난이 특별한 것이 아니라 그리스도 안에서 경건하게 살고자 하는 자에게 일반적으로 닥쳐오는 것이라고 말한다. 복음의 메시지에 합당한 삶은 본디 세상과 조화될 수 없어 박해를 받을 수밖에 없다. 하물며 악이 성행하는 말세에 있어서(참조. 3 : 1–9), 특히 악한 자들이 더욱더 악하게 되어 가는 시대에 있어서야(13절) 말할 필요가 없다. 이것은 오늘날 십자가 없는 영광의 신학을 추구하는 현대 그리스도인에게 큰 경종이 된다. 많은 그리스도인들이 예수를 믿음으로 인해 '만사형통'을 기대한다. 그들에게 만사형통이란 모든 것이 순탄하여 어떠한 고난도 없는 삶이다. 그러나 성경은 그러한 신학을 가르치지 않는다. 예수의 제자 됨은 어떤 의미에서 고난의 소용돌이 속으로 뛰어드는 것이다(마 5 : 11–12 ; 막 8 : 34 ; 참조. 롬 8 : 17 ; 빌 1 : 29 ; 살전 3 : 4).

바울은 또한 성경을 구원과 삶을 위한 지침서로 삼을 것을 디모데에게 요청한다. 디모데가 어렸을 적부터 배워 온 성경은 하나님으로부터 온 것으로 무엇보다 구원에 이르는 길을 가르친다. 뿐만 아니라 그리스도인들을 가르치고 책망하고 바르게 하고 의로 교육하여 하나님의 사람으로 온전하게 하고 선한 일을 행할 수 있도록 인도한다. 악한 사람들과 속이는 자들이 더욱 악해지는(13절) 시대에 살고 있는 그리스도인들과 특히 교회의 지도자들은 '내 발에 등'이 되고 '내 길에 빛'이 되는(시 119 : 105) 성경을 통해 인도함을 받아야 한다.

본문은 바른 성경공부의 중요성을 일깨워 준다. 성경은 바르게 사용할 때 하나님의 말씀이 된다. 거짓 교사들도 성경을 사용하고 가르친다는 사실은 성경이 쉽게 오용될 수 있음을 말해 준다. 성경공부는 구원에 대한 복음의 진리를 더욱 확신하도록 도와주어야 한다. "너는 배우고 확신한 일에 거하라"(14절)는 바울의 권고는 본문의 핵심 메시지이기도 하다. 또한 성경공부는 '교훈과 책망과 바르게 함과 의로 교육하는' 기회가 되어야 한다. 삶의 변화가 수반되지 않고 지식만을 축적하는 성경공부는 성경의 주어진 목적을 망각하는 행위이다. 교회 지도자는 교회 내에서 다양하게 이루어지고 있는 성경공부가 과연 성도의 삶을 변화시키고 있는지 점검해 보아야 한다. 성경은 지식의 보고가 아니라 구원과 삶의 지침서임을 명심해야 한다.

제 V 부

마지막 권고

디모데후서 4 : 1–8

| 디모데후서 4 : 1-8 |

마지막 권고

4 : 1~8은 디모데에 대한 바울의 마지막 권고이다. 이 권고 후에는 자신의 상황에 대한 설명과 개인적 부탁(4 : 9-18), 그리고 서신을 끝맺는 마지막 인사(4 : 19-22)가 있을 뿐이다. 이 마지막 권고에서 바울은 죽음을 앞두고 디모데에게 자신의 사역을 계승할 것을 엄중하게 명령한다.

> 1하나님 앞과 살아 있는 자와 죽은 자를 심판하실 그리스도 예수 앞에서 그가
> 나타나실 것과 그의 나라를 두고 엄히 명하노니 2너는 말씀을 전파하라 때를
> 얻든지 못 얻든지 항상 힘쓰라 범사에 오래 참음과 가르침으로 경책하며 경
> 계하며 권하라 3때가 이르리니 사람이 바른 교훈을 받지 아니하며 귀가 가려
> 워서 자기의 사욕을 따를 스승을 많이 두고 4또 그 귀를 진리에서 돌이켜 허
> 탄한 이야기를 따르리라 5그러나 너는 모든 일에 신중하여 고난을 받으며 전
> 도자의 일을 하며 네 직무를 다하라 6전제와 같이 내가 벌써 부어지고 나의

떠날 시각이 가까웠도다 [7]나는 선한 싸움을 싸우고 나의 달려갈 길을 마치고 믿음을 지켰으니 [8]이제 후로는 나를 위하여 의의 면류관이 예비되었으므로 주 곧 의로우신 재판장이 그날에 내게 주실 것이며 내게만 아니라 주의 나타나심을 사모하는 모든 자에게도니라

1. 개관 및 구조

본문은 내용상 1~5절과 6~8절 두 부분으로 나누어진다. 1~5절에서 바울은 디모데에게 복음 전파와 가르침에 있어서 자신을 본받도록 요청한다. 이 요청은 엄숙한 명령의 형태를 띠고 있으며, 모두 아홉 개의 명령어로 이루어져 있다. 6~8절에서 바울은 죽음의 임박함을 인식하고, 자신의 삶을 되돌아보며, 자신을 위해 예비된 면류관을 바라본다. 자신의 삶에 대한 회고와 장차 받을 면류관에 대한 바울의 언급은 디모데를 향한 권고와 격려 목적의 성격이 강하다. 개역개정의 본문에는 1~5절과 6~8절의 관계가 명확하게 드러나지 않지만, 헬라어 본문에서 6절은 이유나 원인을 나타내는 접속사 '왜냐하면'(γάρ, '가르')으로 시작된다. 따라서 1~5절의 권고는 바울이 죽음을 앞두고 디모데에게 자신의 직무를 계승하도록 요청하는 성격을 띠고 있다. 스미스(Smith)는 본문을 '임무 부여'라는 문학양식에 따라 분석하지만(151-154, 특히 153) 본문에 고별의 말이나 유언의 성격이 있음은 부인하기 어렵다. 본문 처음(1절)과 마지막(8절)에 나오는 '심판'과 '나타나심'의 주제는 본문 전체의 종말론적 분위기를 고조시킨다.

2. 본문 분석

[4 : 1] 1절은 2절 이하에 나오는 바울의 명령이 얼마나 긴급하고 엄중한 것인지를 보여 준다. 1) 바울은 '엄히 명하다'(διαμαρτύρομαι, '디아마르튀로마이')

라는 용어를 사용한다(참조. 딤전 5 : 21 ; 딤후 2 : 14). 이 용어는 서약, 직무의 이전, 재판 등에서 사용된 전문용어일 가능성이 있다(참조. Mounce, 571–572). 2) 바울의 명령은 '하나님 앞'과 '그리스도 예수 앞에서' 주어진다. 그리스도 예수는 '살아 있는 자와 죽은 자를 심판하실'이다(참조. 행 10 : 42 ; 벧전 4 : 5). 사도신경에도 나오는 '살아 있는 자'와 '죽은 자'란 표현은 영적으로 살아 있는 자와 죽은 자를 가리키는 것이 아니라 예수 그리스도의 재림 시에 생존해 있는 자와 이미 죽은 자를 가리킨다. 따라서 '살아 있는 자와 죽은 자'는 모든 사람을 포괄한다. 3) 바울은 '그가 나타나실 것과 그의 나라'를 두고 명령한다. '그가 나타나실 것'은 그리스도의 재림을 가리키며 '그의 나라'는 그리스도의 재림을 통해 실현될 종말론적 하나님의 나라를 가리킨다.

[4 : 2] 2절은 명령의 내용으로, 다섯 개의 명령어로 이루어져 있다. 첫 번째로 나오는 '말씀을 전파하라'는 명령은 복음전도의 사명을 강조한다. 바울은 복음을 전하지 않으면 자신에게 화가 있을 것이라고 할 만큼(고전 9 : 16) 복음전도의 사명을 중시했다. 복음전도는 디모데가 수행해야 할 가장 기본적인 사역이기도 하다. 이 명령은 이어 나오는 "때를 얻든지 못 얻든지 항상 힘쓰라"는 명령에서 구체화된다. '때를 얻든지(εὐκαίρως, '유카이로스') 못 얻든지(ἀκαίρως, '아카이로스')'는 '때'(καιρός, '카이로스')가 좋든지(접두어 ευ) 좋지 않든지(접두어 α)라는 의미이다. 그런데 때의 좋고 나쁨이 디모데를 기준으로 한 것인지 듣는 자들을 기준으로 한 것인지는 분명하지 않지만, 3~4절의 내용으로 볼 때 후자의 경우로 생각된다. 고대의 문헌에 나타난 '카이로스'의 용법도 이를 지지한다(Malherbe, 241). '항상 힘쓰다'로 번역된 단어(ἐφίστημι, '에피스테미')는 정확한 의미를 단정하기 어려우며, '준비되어 있다'(NKJV, NASB), '끊임없이 지속하다'(NRSV) 등으로도 번역된다. 이 동사의 목적어가 명시되지 않았지만 문맥으로 볼 때 앞에 나온 말씀 전파로 보는 것이 자연스럽다. 나머지 세 개의 명령 '경책하라', '경계하라', '권하라'는 디모데가 그리스도인들을 가르칠 때 필요한 행동들과 관련된다. 그는 잘못을

범한 그리스도인을 책망해야 하고, 잘못된 것에 대해 주의를 기울이게 해야 하며, 그들을 권면하고 격려해야 한다. 그런데 경책과 경계와 권면은 '범사에 오래 참음과 가르침으로' 해야 한다. 이 어구는 마지막 세 명령뿐만 아니라 다섯 명령 전체와 관련된 것으로도 이해할 수 있다. 뒤따르는 3~4절은 왜 디모데가 오래 참으면서 가르쳐야 하는지를 설명해 준다.

[4 : 3-4] 헬라어 본문 3절에는 '왜냐하면'이란 단어가 문장의 첫 부분에 나온다. 이것은 3~4절의 내용이 2절에서 주어진 명령의 이유임을 나타내 준다. 그 이유는 악한 '때'가 이를 것이기 때문이다. 때의 도래가 비록 미래시제로 표현되어 있지만 3 : 1~5에서처럼 그때는 이미 실현되어 있다(참조. 딤전 4 : 1-2). 뒤따르는 악한 때에 대한 묘사에는 에베소교회의 상황이 반영되어 있다. 그러나 거짓 교사들에 초점을 두었던 이전의 경우(3 : 1-9)와는 달리 여기서는 거짓 교사들에게 쉽게 미혹되는 그리스도인들에 대한 묘사에 초점을 두고 있다. 1) 그들은 "바른 교훈을 받지 아니할 것이다"(3a절). '바른' 교훈은 '건전한' 교훈으로(참조. 딤전 1 : 10) 복음에 부합하는 교훈을 말한다. 2) 그들은 "귀가 가려워서 자기의 사욕을 따를 스승을 많이 둘 것이다"(3b절). '많이 두다'(ἐπισωρεύω, '에피소류오')란 단어는 쌓아 두는 것을 의미하며, 거짓 교사의 수가 많음을 암시한다. 그들은 자신들의 이익과 정욕을 따라 자신들이 듣기를 원하는 말만을 들으려고 한다. 3) 그들은 "귀를 진리에서 돌이켜 허탄한 이야기(μῦθος, '뮈도스' : '신화', 딤전 1 : 4 ; 4 : 7)를 따를 것이다"(4절). 그들은 디모데와 같은 하나님의 종으로부터 진리를 듣기보다는 거짓 교사들로부터 허탄한 이야기를 듣기 원한다. 확실히 디모데가 사역해야 할 '때'는 좋은 '때'라기보다 나쁜 '때'이다. 그렇지만 디모데는 때를 얻든지 못 얻든지 복음을 전해야 하며, 인내를 가지고 가르치면서 사람들을 경책하고 경계하며 권해야 한다(2절).

[4 : 5] 5절은 '그러나 너는'이란 어구로 시작되며(3 : 10 주해 참조), 이 어구는 디모데가 3~4절에 나오는 사람들과는 달라야 함을 암시한다. 5절은 네 개의

명령을 담고 있다. 1) 디모데는 모든 일에 신중해야 한다. '신중하다'로 번역된 단어(νήφω, '네포')는 '취하여 있지 않다', '맑은 정신으로 있다'라는 의미를 가진 동사로 깨어 있어 자신을 통제할 수 있음을 나타내는 말이다. 2) 디모데는 고난을 받아야 한다. 이것은 디모데가 고난을 두려워하지 않고 기꺼이 받아야 함과(CEV) 고난을 참고 견디어야 함을(공역개정, 새번역, TNIV, TEV) 의미한다. 고난에 대한 각오는 디모데후서에서 매우 강조되는 주제이다(1 : 8 ; 2 : 3 ; 3 : 12). 3) 디모데는 전도자의 일을 해야 한다. 2절에서도 강조된 복음전파는 디모데의 기본적 직무이다. 4) 디모데는 자신의 직무를 완수해야 한다. 이 명령은 앞에서 말한 모든 명령들을 포괄하는 역할을 한다. 디모데는 죽음을 앞두고 있는 바울(6-8절)을 본받아 자신에게 맡겨진 직무를 완수해야 한다.

[4 : 6] 바울은 자신의 죽음이 멀지 않았음을 두 개의 은유를 통해 나타낸다. 1) 그는 이미 '전제와 같이 부어졌다'. '전제'(奠祭)란 제의의 하나로 포도주나 독주를 붓는 의식을 가리킨다(민 15 : 5 ; 28 : 7). '부어졌다'란 수동형은 바울의 생명이 그러한 제물로서 하나님에게 이미 드려지고 있음을 의미한다(참조. 빌 2 : 17). 2) 바울은 '떠날 시각'이 가까웠다. '떠남'(ἀνάλυσις, '아날뤼시스') 이란 명사는 병사가 진영을 떠나거나 선원이 정박된 배를 풀 때 사용된 단어로 죽음에 대한 완곡한 표현으로 사용되기도 했다. 그런데 헬라어 본문에서 6절은 '왜냐하면'이란 의미를 가진 접속사가 첫머리에 나온다는 사실에 주목할 필요가 있다. 이것은 1~5절에 나온 바울의 명령은 그의 죽음이 임박했기 때문에 주어진 것임을 암시한다. 즉, 바울의 명령은 유언과 같은 성격을 띤다. 따라서 6절은 1~5절에서 말한 바울의 명령을 더욱 엄숙한 것으로 만든다.

[4 : 7] 바울은 자신이 수행해 온 사역을 되돌아보며 자기평가를 내린다. 여기에 사용된 세 개의 어구는 모두 바울이 자신에게 주어진 직무에 최선을 다했음을 강조한다. 이 세 어구에 사용된 동사는 모두 완료형으로, 바울의 사역이 마지막 지점에 와 있음을 암시해 준다. 1) 그는 '선한 싸움을 싸웠다'. 이 표현

은 군사적인 싸움과 운동경기에서 모두 사용할 수 있는 표현으로(딤전 6 : 12 주해 참조), 여기서 전자의 의미로 사용되었는지(Collins) 후자의 의미로 사용되었는지는(박익수, Fee, Johnson, Mounce) 분명하지 않다. 그러나 어떤 것으로 이해하든 근본적인 의미는 다르지 않다. 2) 그는 '달려갈 길'을 다 달렸다. 바울이 운동경기 중 경주를 은유로 사용하여 그리스도인의 삶을 묘사하는 것은 다른 서신에서도 찾아볼 수 있다(참조. 고전 9 : 26 ; 빌 3 : 13-14). 그는 주자가 달려가야 할 거리를 다 달린 것과 같이 자신에게 주어진 사역을 완수하였다. 3) 그는 '믿음을 지켰다'. 이것은 ① 맡겨진 사역의 신실한 수행, ② 사역 수행 시의 하나님에 대한 절대적 신뢰, ③ 외부의 공격으로부터 복음의 진리 수호, ④ 정결한 믿음의 유지 등의 의미를 내포할 수 있다.

[4 : 8] 6절이 바울의 현재 상황과 관련이 있고 7절이 과거에 대한 회고를 담고 있다면 8절은 미래에 대한 확신을 보여 준다. 운동경기에서 승리한 자에게 상이 주어지는 것처럼 바울을 위해 '의의 면류관'이 예비되어 있다! 그 면류관은 의로운 삶을 산 사람들에게 주어지는 상으로 '그날'에 '의로우신' 재판장이 줄 것이다. '의로우신 재판장'은 그리스도 예수를 가리키며, '그날'은 마지막 날을 가리킨다(참조. 1절). 그 면류관은 바울에게만이 아니라 '주의 나타나심을 사모하는 모든 자'에게도 주어진다. 이것은 이 단락의 초점이 바울의 자기 자랑에 있는 것이 아니라 디모데에 대한 격려에 있음을 분명히 보여 준다.

설교를 위한 묵상

바울은 자신의 죽음이 임박했음을 인식하고 있다. 동시에 그는 악한 시대를 헤쳐 가야 할 교회의 상황, 특히 에베소교회의 상황이 어렵다는 사실도 인식하고 있다. 사람들은 진리를 외면하고 사리사욕을 따르며, 바른 교훈을 가르치는 스승보다 자신들이 듣기를 원하는 것을 말해 주는 스승을 따른다. 이러한 상황에서 복음을 전하고 진리를 가르쳐야 하는 데에는 큰 어려움이 따를 수밖에 없다. 바울은 바로 그러한 상황에서 자신의 뒤를 이어 사역을 수행해야 하는 디모데에게 종말론적 상을 바라보며 최선을 다해 직무를 행하도록 권고한다.

본문은 사람의 평가와 하나님의 평가가 다를 수 있음을 강하게 암시한다. 3~4절은 많은 그리스도인들이 진정한 복음의 메시지를 전하는 사람보다 자신들의 욕심과 이익에 부합하는 메시지를 전하는 사람을 선호하며 그를 따를 것이라고 말한다. 그러한 시대에 진리를 전하는 사람들은 때로는 무능한 지도자로, 때로는 고지식한 지도자로 낙인찍힐 수도 있을 것이다. 본문은 진정한 지도자는 사람들의 가려운 귀를 긁어 줌으로써 자신을 따르도록 하는 거짓 교사들과 같아서는 안 된다고 말한다. 오늘날 교회 지도자들은 진리를 선포하기보다 사람들이 듣기 원하는 것을 들려줌으로써 교회의 양적 성장을 지향하는 경향은 없는지 진지하게 생각해 보아야 한다. 교회 지도자는 흔들림 없이 복음을 선포하고 잘못된 점을 바로잡으며 바르게 가르치는 일에 최선을 다해야 한다. 사람들이 아무리 진리를 듣지 않으려고 할지라도 포기해서는 안 된다. 그들을 포기해서는 안 되는 이유는 그들도 회개에 이르기를 원하시는 하나님의 사랑 때문이며, 진리를 선포하는 일을 포기해서 안 되는 것은 그것이 하나님으로부터 부름을 받은 이유이기 때문이다.

본문은 죽음 앞에서 흔들림 없는 바울의 모습을 보여 준다. 그는 죽음이 끝이 아니라 세상을 '떠나' 다른 곳으로 이동하는 것임을 알고 있으며, 자신이 죽음을 당하더라도 그것이 하나님의 실패가 아님을 확신한다. 하나님과 그리스도에 대한 그의 신뢰에는 변함이 없다. 마치 죽음을 향해 나아가던 예수가 하나님에 대한 신뢰를 잃지 않았던 것처럼 바울도 그러하다. 여기에 바울의 위대함이 나타나며, 이 위대함이야말로 그가 디모데의 참된 스승이 될 자격이 있음을 보여 준다. 바울이 죽음 앞에서도 담대할 수 있었던 이유 중 하나는 자신이 승리의 삶을 살았다는 확신이 있었기 때문이다. 그는 선한 싸움을 싸웠으며 달려갈 길을 다 달렸으며 믿음을 지켰다고 확신한다. 바울은 그의 삶을 통하여 무엇을 이루었느냐가 아니라 어떻게 살았느냐에 초점을 두고 삶을 회고하고 있다. 교회의 지도자가 우선적으로 생각해야 할 것은 그가 이루어 놓은 외형적인 업적보다 그가 살아온 삶의 방식이다. 바울은 그가 살아온 삶의 방식에 대해 만족하며 세상을 떠날 수 있다.

바울이 자신의 삶을 돌아보며 내린 평가에 대해 독자들은 바울이 자기 자랑에 빠져 있다고 생각할 수도 있을 것이다(참조. 3 : 10-11). 디벨리우스와 콘첼만은 바울이 실패에 대해서는 말하지 않은 채 성공만을 말하고 하나님의 행동보다는 자신의 행위를 칭송하는 것에 대해 질문의 여지가 있다고 말한다(121). 그러나 참된 자부심과 자기 자랑은 구별되어야 한다. 로크는 본문에서 그리스도에 의해 주어진 능력 가운데서 이루어진 성취로 인한 참된 자부심을 발견한다(114). 크리소스톰은 바울의 당당한 말에 처음에는 당황하였지만 최선을 다한 삶과 영광스런 종말을 강조함으로써 디모데를 격려하고자 하는 목적이었음을 깨닫고 바울을 이해하게 되었다고 말한다(511).

디모데가 바울과 작별할 때, 그 작별이 슬퍼 눈물을 흘렸다면(딤후 1:4 주해 참조), 바울과 이 세상에서 다시 만날 수 없는 이별을 해야 함은 디모데에게 말할 수 없는 큰 슬픔을 주었을 것이다. 그러나 그 슬픔을 견디어 내며 종말론적 소망을 가지고 자신에게 맡겨진 사역에 최선을 다하는 것이 바울을 위해 할 수 있는 가장 선한 길이라는 것을 디모데는 깨달았을 것이다. 바울이 임박한 죽음을 인식하며 말하고 있는 운동경기의 은유(7절)는 마치 경주에서 배턴을 넘겨주는 모습을 연상시킨다(Fee, 283). 바울의 경주는 끝나지만 배턴을 이어받은 디모데의 경주는 계속될 것이다.

제 VI 부

바울의 상황과 개인적 부탁

디모데후서 4 : 9–18

| 디모데후서 4 : 9-18 |

바울의 상황과 개인적 부탁

바울은 서신을 끝맺기 전 자신의 상황에 대한 설명과 개인적인 부탁을 기록한다. 이 단락의 개인적 성격은 본문에서 '나'라는 인칭대명사가 반복적으로 나타나는 데에서도 잘 드러난다.

> 9너는 어서 속히 내게로 오라 10데마는 이 세상을 사랑하여 나를 버리고 데살
> 로니가로 갔고 그레스게는 갈라디아로, 디도는 달마디아로 갔고 11누가만 나
> 와 함께 있느니라 네가 올 때에 마가를 데리고 오라 그가 나의 일에 유익하니
> 라 12두기고는 에베소로 보내었노라 13네가 올 때에 내가 드로아 가보의 집에
> 둔 겉옷을 가지고 오고 또 책은 특별히 가죽 종이에 쓴 것을 가져오라 14구리
> 세공업자 알렉산더가 내게 해를 많이 입혔으매 주께서 그 행한 대로 그에게
> 갚으시리니 15너도 그를 주의하라 그가 우리 말을 심히 대적하였느니라 16내가
> 처음 변명할 때에 나와 함께한 자가 하나도 없고 다 나를 버렸으나 그들에게

허물을 돌리지 않기를 원하노라 [17]주께서 내 곁에 서서 나에게 힘을 주심은 나로 말미암아 선포된 말씀이 온전히 전파되어 모든 이방인이 듣게 하려 하심이니 내가 사자의 입에서 건짐을 받았느니라 [18]주께서 나를 모든 악한 일에서 건져 내시고 또 그의 천국에 들어가도록 구원하시리니 그에게 영광이 세세무궁토록 있을지어다 아멘

1. 개관 및 구조

본문은 9~13, 14~15, 16~18절 세 부분으로 나눌 수 있다. 9절에 나오는 "속히 내게로 오라"는 요청이 이 단락 전체를 지배한다. 첫 부분인 9~13절에서 바울은 속히 오라는 부탁과 함께 속히 와야 할 이유, 데리고 올 사람, 가지고 올 물건에 대해 언급한다. 둘째 부분인 14~15절에서는 디모데가 경계해야 할 인물에 대해, 그리고 16~18절에서는 로마에 있는 바울 자신의 상황에 대해 설명한다.

2. 본문 분석

[4 : 9] 6~8절에서 임박한 죽음을 예고했던 바울은 9절에서 디모데에게 '어서 속히' 자신에게 오라고 요청한다. '어서 속히'라는 말은 죽음을 앞두고 있는 바울에게 디모데가 가능한 한 빨리 와야 할 필요성을 강조한다. 그러나 멀리 떨어진 곳에 있는 디모데를 자신에게 오도록 요청하고 있다는 사실은 바울의 처형이 단시일 내에 시행되지는 않을 것임을 암시해 주기도 한다. 왜냐하면 이 서신이 디모데에게 전달되고 디모데가 에베소를 떠나 로마에 도착하기에는 적어도 수개월의 시일이 필요하기 때문이다. 바울은 자신의 죽음이 가까이 왔음을 인식하고 있지만 아직 디모데가 로마로 와서 만날 수 있을 정도의 시간은 남아 있음을 알고 있다(참조. 21절).

[4 : 10-11a] 헬라어 본문 10절 서두에 나오는 접속사 γάρ('가르', '왜냐하면')가 보여 주듯이 10~11a절은 디모데가 속히 와야 할 이유를 설명한다. 누가를 제외한 바울의 동료들이 여러 이유로 그를 떠났기 때문에 죽음을 앞두고 있는 바울은 외로운 상황에 있다. 데마는 '이 세상을 사랑하여' 바울을 버리고 데살로니가로 갔다. 데마가 바울의 동역자라는 사실 외에는(몬 24절 ; 골 4 : 14) 그에 대한 언급이 신약에 나오지 않는다. 데마가 데메드리오의 축약형일 가능성이 있지만(BDAG, 222), 요한3서 12절에 나오는 데메드리오와 동일인일 가능성은 높지 않다. '이 세상을 사랑하여'라는 표현은 데마가 바울과의 관계를 의식적으로 단절했다기보다는 신앙을 버리고 바울을 떠났음을 암시한다. '이 세상'이란 표현에는 현 시대를 악이 지배하는 시대로 보며 '오는 세계'와 대비하는 묵시론적 세계관이 반영되어 있다. 데마가 왜 데살로니가로 갔는지는 분명하지 않지만 데살로니가가 그의 고향일 가능성이 있다. 데마가 바울을 떠난 것을 처음에 기록하고 있다는 사실은 그의 떠남이 바울에게 큰 고통을 주었기 때문일지도 모른다(참조. Fee, 293).

데마에 이어 바울은 그레스게와 디도도 자신을 떠났다고 말한다. 이들의 경우도 데마처럼 바울을 버린 것으로 볼 수 있지만(참조. Collins, 280), 그들의 경우는 데마와는 달리 사역을 위해 떠난 것으로 보인다. 그레스게는 신약의 다른 곳에서 언급되지 않는다. 그는 소아시아 중부지역에 위치한 지역인 갈라디아로 갔다. '갈라디아'(Γαλατία, '갈라티아', A, D, F, G 등)는 일부 초기 사본(א C)에 '골'(Γαλλία, '갈리아')로 나오기도 하지만, 사본의 지역적 다양성 등을 고려할 때 '갈라디아'가 원문의 읽기로 보인다(참조. *TCGNT*, 581). 디도는 달마디아로 갔다. 달마디아는 아드리아해의 동부 해변에 접한 일루리곤 지방의 남서부 지역에 위치해 있다. 바울은 누가만 자신과 함께 있다고 말한다(11a절). 누가는 바울의 동역자로 빌레몬서 24절과 골로새서 4 : 14에서 데마와 함께 언급된다. 누가는 의사로(골 4 : 14), 교회의 전통은 그가 바울과 함께 선교여행을 했으며 누가복음과 사도행전을 기록한 것으로 본다.

[4 : 11b] 바울은 디모데가 자신에게 올 때에 마가를 데리고 오라고 요청한다. 마가는 바나바의 사촌이었다. 골로새서 4 : 10에 나오는 헬라어 ἀνεψιός('아넾시오스')는 일반적으로 '사촌'을 의미하며, 개역개정과 KJV은 '생질'(sister's son)로 번역하고 있으나 대부분의 현대 번역들은 '사촌'으로 번역한다. 브루스(Bruce)는 마가를 바나바의 생질로 생각하게 된 것은 마가가 바나바보다 상당히 어리다는 인상을 사도행전에서 받았기 때문일 것으로 추측한다(80). 마가는 바울과 바나바와 함께 1차 선교여행에 참여했으나 중도에 이탈하여 예루살렘으로 돌아갔다(행 13 : 13). 2차 선교 여행을 앞두고 바울과 바나바는 마가의 동행 여부를 두고 끝내 의견의 일치를 보지 못하고 서로 갈라서게 되었다(행 15 : 36-41). 이때 바울은 마가의 동행에 반대하였으며, 마가는 바나바와 함께 선교여행을 떠났다. 그 후 바울과 마가의 관계는 회복된 것으로 보인다. 빌레몬서 24절과 골로새서 4 : 10에 의하면 마가는 바울의 동역자로 옥에 갇힌 바울과 함께 있었다. 본문에서 바울은 마가를 데리고 와야 할 이유는 '그가 나의 일에 유익하기' 때문이라고 말한다. 여기서 '일'로 번역된 헬라어(διακονία, '디아코니아')는 '직무', '봉사' 등의 의미를 가진 말로 4 : 5이나 디모데전서 1 : 12 등에서 복음을 위한 사역과 관련하여 사용되었다. 그러나 여기서는 바울에 대한 개인적인 봉사를 가리킬 가능성도 있다.

[4 : 12] 12절에서 바울은 두기고를 디모데가 있는 에베소로 보냈다고 말한다. 다른 서신에서도 바울이 그를 서신의 수신인들에게 보낸다는 내용이 나온다(골 4 : 7 ; 엡 6 : 21-22 ; 딛 3 : 12). 본문에서 '보내었노라'라는 과거시제는 이 서신을 기록할 당시 이미 두기고는 에베소를 향하여 떠난 상태에 있음을 보여 준다. 그러나 본문의 과거를 서한체의 과거로 본다면(참조. 엡 6 : 22) 두기고는 이 서신을 지참하고 에베소의 디모데에게 보냄을 받은 사람일 가능성도 있다. 어떤 경우든 두기고를 에베소로 보낸 목적은 디모데가 바울을 만나기 위해 로마로 올 때 에베소에서 디모데의 직무를 대신하도록 하기 위한 것으로 보인다. 두기고는 사랑 받는 신실한 바울의 동역자로서(엡 6 : 21 ; 골

4 : 7) 그러한 직무를 담당하기에 적합한 인물이었을 것이다.

[4 : 13] 바울은 디모데에게 드로아 가보의 집에 둔 '겉옷'과 '책'(복수)을 가지고 오도록 요청한다. 바울이 가보의 집에 겉옷과 책들을 두게 된 역사적 상황에 대해서는 알 수 없다. 바울이 에베소로 가던 도중 드로아나 밀레도(참조. 20절)에 있을 때 체포되었을 가능성이 있다. '겉옷'은 털로 된 무거운 옷으로 흔히 여행자들에 의해 사용되었다. 이 옷은 바울의 투옥생활, 특히 겨울을 지내기 위해 필요했을 것이다(참조. 21절). '책'으로 번역된 헬라어(βιβλίον, '비블리온')는 어떤 종류의 책이나 문서도 가리킬 수 있는 용어이다. '특별히 가죽 종이에 쓴 것(복수)'이란 표현은 책들 중에서 가죽 종이에 쓴 것들이란 의미로도, 책과 동격으로 이해하여 책들, '즉 가죽종이에 쓴 것들'이란 의미로도 이해할 수 있다. 죽음을 앞둔 바울의 요청에 비추어 볼 때 그것들이 구약 두루마리나 예수의 생애와 교훈에 관한 기록물일 가능성이 있지만(Lock, 118) 단정할 수는 없다.

[4 : 14–15] 14~15절에서 바울은 자신에게 많은 해를 입힌 구리 세공업자 알렉산더에 대해 말한다. 알렉산더는 바울에 의해 출교를 당한 알렉산더(딤전 1 : 20)나 에베소의 소동에서 언급된 알렉산더(행 19 : 33)와 동일 인물일 가능성이 있지만 확언할 수는 없다(딤전 1 : 20 주해 참조). 그가 누구든 그는 디모데가 잘 알고 있는 인물임에 틀림없다. 알렉산더가 바울에게 입힌 해의 내용은 알 수 없지만, 그가 바울의 체포에 영향을 미쳤을 가능성이나 로마에서 있었던 첫 재판(16절)에서 바울에 대해 부정적인 증언을 했을 가능성을 생각해 볼 수 있다. 어쩌면 바울이 드로아에 둔 그의 외투와 책을 언급하면서 자신이 체포되던 당시의 상황을 떠올렸을지도 모른다(Fee, 295–296). 바울은 "주께서 그 행한 대로 그에게 갚으시리라."고 말한다. 악에 대한 심판을 하나님께 맡기는 것은 구약에서 흔히 발견된다(삼하 3 : 39 ; 시 28 : 4 ; 62 : 12).

바울은 디모데에게 이 알렉산더를 주의하라고 당부한다(15절). 알렉산더가 당시 어디에 있었는지는 알 수 없지만 알렉산더에 대한 특별한 경계를 요청한 것은 그가 에베소에 있었기 때문이었을 가능성이 있다. 물론 알렉산더가 드로아나 로마에 있어서 디모데가 로마로 오는 도중 드로아에 들렀을 때나 로마에 도착한 후 그를 경계하라는 말로 이해할 수도 있다. 바울은 자신이 당한 해를 디모데도 받을 가능성이 있다고 생각하는 것으로 보인다. "그가 우리 말을 심히 대적하였느니라"는 것은 바울의 복음에 대한 알렉산더의 적대 행위를 의미하는 것으로 보이나 바울 재판 시의 바울의 말에 대한 반박을 가리킬 가능성도 있다.

[4 : 16–18] 16~18절은 바울의 상황에 대한 설명을 담고 있다. 바울은 자신이 '처음 변명할 때'에 있었던 일을 언급한다(16절). '처음 변명할 때'는 '처음 나를 변론할 때'(새번역)란 의미로, '처음으로 재판정에 나갔을 때'(공역개정)를 가리킨다. 이것이 언제 있었던 일이었는지는 분명하지 않다. 여러 교부와 주석가들은 이때를 바울의 첫 번째 투옥상황, 즉 사도행전 24~28장에 나오는 이전의 투옥상황과 관련된 것으로 생각해 왔지만, 현대의 많은 주석가들은 현재의 투옥상황에서 있었던 1차 심리를 가리키는 것으로 본다. 바울은 그때 아무도 자신과 함께하지 않았으며 모두가 자신을 버렸다고 말한다. 이것은 바울의 심리적 상태를 반영하는 표현으로 볼 수도 있지만 실제로 바울의 친구들이 바울을 변호하기 위해 아무도 오지 않았음을 의미할 가능성이 높다(참조. Magee, "Paul's Response", 346). 이미 상황의 심각성으로 인해 아무도 바울을 지지하기 위해 적극적으로 나서지 않았던 것으로 보인다. 현재 바울과 함께하고 있는 누가는 당시 로마에 없었을 가능성이 있다. 그럼에도 바울은 '그들에게 허물을 돌리지 않기를' 원한다. 다시 말하면 바울은 하나님이 그 일로 인해 그들에게 책임을 묻지 않기를 바라고 있다. 그러한 바울의 태도는 십자가상에서의 예수(눅 23 : 34)나 순교를 당하던 스데반(행 7 : 60)의 모습을 연상시킨다.

바울은 모든 친구들이 자신을 버렸지만 '주께서' 자신 곁에 서서 힘을 주었다고 말한다(17a절). 여기서 '주'는 그리스도를 의미한다. 문두에 나오는

δέ('데', '그러나' : 개역개정에서는 번역되지 않음.)는 바울을 버린 사람들과 대조되는 주의 신실함을 강조한다. 바울을 능하게 한 그리스도 예수는(딤전 1 : 12) 바울이 사역을 마칠 때까지(참조. 딤후 4 : 7) 능력을 준다(참조. Mounce, 596). 17b절에서 바울은 그리스도가 자신에게 힘을 준 것은 자신을 통해 선포된 말씀이 '온전히' 전파되어 '모든 이방인'이 듣게 하려는 목적이 있다고 말한다. '모든 이방인'으로 번역된 헬라어는 '모든 민족'을 의미할 수도 있지만(Johnson, 442) 문맥으로 볼 때 '모든 이방인'을 가리키는 것으로 보인다. 선포된 말씀이 '온전히' 전파되어 '모든 이방인'이 말씀을 듣게 한다는 것은, 제국의 중심부인 로마에서 바울이 심문 과정을 통해 자신과 복음에 관하여 말함으로써, 모든 이방인에게 복음이 전파되는 효과를 거두게 됨을 의미하는 것으로 보인다. 17c절에서 바울은 "내가 사자의 입에서 건짐을 받았느니라"고 말하는데, 이 말의 정확한 의미는 분명하지 않다. 시편 22 : 21에서 그 표현은 심각한 위협으로부터의 구원을 가리킨다. 본문에서 '사자'가 구체적으로 무엇을 가리키는가에 대해 사탄, 네로 황제, 로마 제국, 죽음 등 다양한 견해가 제시되었다. 그러나 '사자'가 무엇을 가리키든, 사자의 입에서 건짐을 받았다는 것은 1차 심리 결과 바울이 바로 죽음에 처해지지 않았음을 의미하는 것으로 보인다. 물론 이것은 죽음이 연기되었음을 의미하는 것이지 죽음에서 완전히 벗어났음을 의미하지는 않는다. 바울은 오래지 않아 자신이 사형에 처해질 것임을 인식하고 있다(6-8절).

바울은 자신의 경험과 신앙을 바탕으로 자신이 '모든 악한 일'에서 건져내어질 것을 확신한다(18a절). 이는 바울이 죽음과 기타 모든 위험에서 항상 벗어나게 될 것임을 의미하는 것이 아니라, 그를 악의 공격으로부터 보호하여 '천국에 들어가도록' 구원한다는(18b절) 의미이다. 하나님의 섭리가 이루어지는 그 모든 과정이 인간의 눈에 드러나지는 않을지라도, 바울은 하나님의 궁극적인 보호와 인도를 의심치 않는다. 그러한 보호와 인도를 생각하면 바울은 하나님을 찬양하지 않을 수 없게 된다. "그에게 영광이 세세무궁토록 있을지어다 아멘"(18c절).

설교를 위한 묵상

죽음을 앞둔 바울은 외로운 가운데 있다. 비록 누가가 바울과 함께 있기는 하지만 바울의 동역자들이 여러 이유로 바울을 떠났다. 특히 데마는 세상을 사랑하여 바울을 버리고 떠났다. 바울이 로마에서 처음 재판정에 나갔을 때 아무도 그의 편에 서서 도와주지 않았다. 스토트는 동료들로부터 버림받은 바울의 모습 속에서 제자들로부터 버림을 받고 홀로 십자가를 진 예수 그리스도의 모습을 발견한다(1985, 160).
본문에 나타난 바울의 모습에서 그리스도인들은 바울이 의기소침해 있다고 느끼며, 그러한 모습은 대 사도로서의 모습과 어울리지 않는다고 생각할 수도 있을 것이다. 우리는 바울이 당시 어떠한 심정에 있었는지 정확히 알 수 없다. 그러나 설령 바울이 다소 의기소침한 상태에 있었다 할지라도 그것을 바울의 흠으로 생각해서는 안 된다. 어려운 처지에 있는 자신으로부터 동료 사역자들이 떠났을 뿐만 아니라 절박한 순간에 자신을 변호하기 위해 아무도 나타나지 않았을 때, 그가 가졌던 심정을 이해하지 못하는 것은 바울에게 인간의 삶을 요구하는 것이 아니라 신적인 삶을 요구하는 것이다. 바울은 한 인간으로서 어려운 상황에서 힘들어하기도 하고, 외로운 상황에서 사람을 만나기를 원하며, 겨울을 앞두고 따뜻한 옷을 필요로 한다.
자신 곁에 있었던 많은 사람들이 떠난 지금 바울은 디모데에게 속히 오라고 요청하며, 마가를 데리고 오도록 부탁한다. 본문은 인간관계가 변할 수 있다는 사실을 보여 준다. 바울의 여러 동역자들이 그를 떠났으며, 바울이 '처음 변명할 때'에 누구도 그를 돕지 않았다. 특히 데마는 바울의 동역자였으나 세상을 사랑하여 바울을 버렸다. 반면 바울과 마가는 한때 불편한 관계에 있었지만 그 후 그들의 관계는 회복되었으며, 이제 가장 어려운 삶의 시기를 맞고 있는 바울은 디모데에게 마가를 데리고 올 것을 요청한다. 바울은 한때 자신의 사역에 장애물이 되었던 마가를 지금 자신의 일에 '유익한' 자라고 말한다.
본문은 바울이 자신에게 해를 입힌 사람들과 자신을 버린 사람들에 대해 어떤 자세를 가졌는지를 잘 보여 준다. 알렉산더는 바울에게 큰 해를 입혔다. 그럼에도 바울은 그에 대한 심판을 오직 하나님에게 맡긴다. 또한 바울은 자신의 첫 재판 때 자기를 도와주지 않았던 사람들에 대해 섭섭한 마음이 있지만, 그것으로 인해 그들이 하나님으로부터 정죄당하기를 원치 않는다. 이러한 바울의 태도는 오늘날 그리스도인들에게 자신을 해하고 저버린 사람들을 어떻게 대해야 할 것인가에 대한 훌륭한 지침이 된다.

본문은 바울이 힘든 상황에서도 결코 쓰러지지 않았던 힘의 원동력이 어디에 있었는지를 잘 보여 준다. 그는 힘든 상황에서도 용기를 잃지 않았으며 그에게 주어진 사역에 최선을 다했다. 그는 체포되고 투옥되었지만 재판의 과정을 자신과 복음에 대하여 증언하는 기회로 삼았다. 그것은 그에게 모든 사람이 자기를 버릴지라도 자신은 결코 혼자가 아니라는 확신이 있었기 때문이었다. 본문을 통하여 바울은 변할 수밖에 없는 인간과 대비되는 그리스도의 신실함을 강조한다. 그리스도 예수는 바울과 함께하며 힘을 준다. 그리스도인이 때로는 쓰러지기도 하지만 다시 일어설 수 있는 것은 그리스도가 주는 힘 때문이다. 인간의 동역자로부터 배신을 당하거나 버림을 받을 수 있지만 예수 그리스도는 어떠한 상황 가운데서도 변함이 없는 이다.

바울과 함께하고 힘을 주는 그리스도 예수는 바울을 임박한 위험에서 벗어나게 하였다(17절). 바울은 주(主)가 자신을 모든 악한 일에서 건져 낼 것과 천국에 이르기까지 인도할 것을 확신한다(18절). 그런데 4 : 6~8은 바울이 임박한 자신의 죽음을 인식하고 있음을 보여 준다. 그럼에도 바울이 주가 모든 악한 일에서 건져 낼 것을 확신한다는 것은 무슨 의미일까? 그것은 하나님이 바울이 죽음에 처해지지 않도록 할 것이란 말은 아니다. 예수 그리스도의 보호와 인도가 모든 괴로움에서의 해방을 의미하는 것은 결코 아니다(참조. 박종기, 158). 예수는 믿는 자들에게 고난이 따를 것임을 강조하였으며(예. 마 5 : 10-12 ; 10 : 16-23), 바울도 디모데에게 고난에 대한 각오를 계속 요청했다(2 : 3 ; 4 : 5). 그리스도 예수의 함께함과 인도함의 과정이 인간의 눈에 명백하게 나타나지는 않을지라도 성도가 항상 확신해야 할 하나의 진리가 있다. 예수 그리스도는 성도를 모든 악의 세력으로부터 구하여 천국으로 인도한다는 것이다(18절).

제 VII 부

서신의 끝맺음

디모데후서 4 : 19-22

| 디모데후서 4 : 19–22 |

서신의 끝맺음

고대 헬라의 편지는 통상적으로 마지막 인사로 끝맺는다. 바울의 다른 서신들에서와 마찬가지로 디모데후서도 마지막에 끝인사가 나온다.

> [19]브리스가와 아굴라와 및 오네시보로의 집에 문안하라 [20]에라스도는 고린도
> 에 머물러 있고 드로비모는 병들어서 밀레도에 두었노니 [21]너는 겨울 전에 어
> 서 오라 으불로와 부데와 리노와 글라우디아와 모든 형제가 다 네게 문안하
> 느니라 [22]나는 주께서 네 심령에 함께 계시기를 바라노니 은혜가 너희와 함께
> 있을지어다

1. 개관 및 구조

바울서신들에 나오는 마지막 문안은 1) 바울 자신의 직접적인 문안, 2) 바

울과 함께 있는 사람들의 수신자에 대한 문안, 3) 수신자 주변의 사람들에 대한 문안 요청 등으로 구성된다. 디모데후서에는 2)항과 3)항의 문안이 나타나며(21b, 19절), 그 사이에 동료 사역자들에 관한 소식(20절)과 "어서 오라"는 마지막 부탁(21a절)이 나온다. 문안이 끝난 후 바울은 거의 대부분의 다른 서신에서처럼 축원으로 디모데후서를 끝맺는다(22절).

2. 본문 분석

[4 : 19] 바울은 디모데에게 브리스가와 아굴라, 그리고 오네시보로의 집에 문안해 주기를 요청한다. 브리스가(브리스길라)와 아굴라는 로마에 살다가 글라우디오 황제가 유대인을 로마에서 추방했을 때 고린도로 왔으며, 그곳에서 2차 선교여행 중이던 바울을 처음 만났다(행 18 : 1–3). 그 후 그들은 바울을 따라 에베소로 왔다(행 18 : 18–21 ; 참조. 고전 16 : 19). 바울이 3차 선교여행 중에 고린도에서 로마서를 쓸 당시 그들은 다시 로마에서 활동하고 있었다(롬 16 : 3–4). 본문에서 바울이 디모데에게 그들에 대한 문안을 요청함은 그들이 언젠가 다시 에베소로 돌아왔음을 말해 준다. 신약에서 이들의 이름이 언급될 때 대부분의 경우 아내인 브리스길라의 이름이 남편인 아굴라보다 먼저 나온다. 이것은 당시의 관습에서 볼 때 특이하기 때문에 학자들은 브리스길라가 복음을 위한 사역에 더 적극적이었거나 더 중요한 역할을 했을 가능성과 브리스길라가 더 높은 사회적 지위를 가졌을 가능성 등을 생각해 보기도 한다. 바울은 또한 오네시보로의 집에 대한 문안을 요청한다. 오네시보로 개인에 대한 문안 대신 그의 집에 대한 문안 요청은 당시 오네시보로가 에베소에 있지 않았으며 이미 죽었을 가능성이 있음을 보여 준다(1 : 16–18 주해 참조).

[4 : 20] 바울은 이어 에라스도와 드로비모에 관한 소식을 전한다. 바울은 에라스도에 대해 그가 고린도에 있다고 말한다. 에라스도라는 이름은 신약의 다른

곳에서 두 번 언급된다. 사도행전 19 : 22에서 에라스도는 바울에 의해 디모데와 함께 마게도냐로 파송된 사람으로, 로마서 16 : 23에서 에라스도는 고린도시의 재무관으로 각각 언급된다. 세 에라스도가 동일인인지(박수암, Lock)의 여부는 분명하지 않지만, 사도행전 19장의 에라스도는 본문의 에라스도와 동일인일 가능성이 높다(Fee, Knight). 바울은 드로비모에 관해서 그가 병이 들어 밀레도에 두었다고 말한다. 드로비모는 에베소 사람으로(행 21 : 29) 디모데, 두기고 등과 함께 바울의 사역에 참여하기도 했다(행 20 : 4). 그는 바울의 예루살렘 방문 때에도 동행했으며, 바울은 헬라인인 드로비모를 성전에 데리고 들어갔다고 오인받아 큰 어려움에 빠지기도 했다(행 21 : 27-36). 바울이 병든 드로비모를 밀레도에 두게 된 역사적 정황은 알 수 없다.

[4 : 21] 바울은 동역자인 에라스도와 드로비모의 소식을 전한 후 디모데에게 "겨울 전에 어서 오라"고 요청한다(21a절 ; 참조. 9절). 겨울 전에 오라는 것은 디모데가 가지고 올 외투가 필요한 이유도 있겠지만 그보다는 겨울에는 뱃길이 끊어지기 때문으로 보인다(참조. 고전 16 : 6). 이어 바울은 '으뷸로와 부데와 리노와 글라우디아와 모든 형제'로부터의 문안을 디모데에게 전한다(21b절). '형제'는 남녀 모두를 포함하며, '모든 형제'는 로마의 그리스도인들을 가리킨다. 그들 중 특별히 네 명의 이름을 기록한 것은 아마 그들이 디모데와 친분이 있거나 로마교회의 지도자들이었을 가능성이 있다. 이들의 이름은 신약의 다른 곳에서는 나오지 않는다. 세 번째로 언급된 리노는 초기 교회의 전승에 나오는 로마의 첫 감독 리노(Irenaeus, *Against Heresies* 3.3.3, ANF 1, 416 ; Eusebius, *Chruch History* 5.6.1, NPNF 2nd ser. 1, 221)와 동일인물일 가능성이 있다. 네 번째로 언급된 글라우디아는 여성의 이름으로 만일 이들이 로마교회의 지도자 위치에 있었던 사람들이라면 글라우디아의 이름이 그중에 있다는 것은 큰 의미를 갖는다. 이 사람들에 대한 바울의 언급은 누가만 자신과 함께 있다는 진술(11절)과 모순된다고 생각할 필요는 없다. 바울이 누가만 함께 있다고 말했을 때는 핵심 동역자나 자신 곁에 상주하는 사람을 염두에

두고 말했을 것이며, 본문에 나오는 네 사람은 로마교회에 있는 바울의 지인들로, 바울의 핵심 동역자이거나 바울 곁에 상주하는 사람들로 볼 필요는 없기 때문이다.

[4 : 22] 바울은 그의 다른 편지들에서와 같이 디모데후서를 축원의 말로 끝맺는다. 이 축원은 디모데 개인을 향한 부분과 교회를 향한 부분으로 나누어진다. 바울은 먼저 '주'가 디모데의 '심령'에 함께 있기를 기원한다. 여기서 '심령'(πνεῦμα, '프뉴마')은 인격 전체를 가리킨다. 바울은 이어서 '은혜가 너희와 함께' 있기를 빈다. '은혜'는 바울이 애용하는 용어로 바울의 첫인사나 맺는말에서 일반적으로 나타난다. '너희'라는 복수는 교회를 가리키는 것이 분명하며, 이것은 디모데후서가 개인적 서신의 성격이 강할지라도 에베소교회에 대한 관심이 이 서신의 저변에 있음을 보여 준다. 어쩌면 바울은 에베소교회가 이 서신을 읽을 것으로 생각했을지도 모른다.

설교를 위한 묵상

바울의 마지막 말은 문안(19, 21b절), 동역자에 대한 소식(20절), 마지막 요청(21a절), 축원(22절)으로 이루어져 있다. 바울은 디모데를 통해 에베소에 있는 브리스가와 아굴라 그리고 오네시보로의 집에 문안을 보낸다. 또한 로마의 그리스도인들은 바울을 통해 디모데에게 문안을 보낸다. 이러한 문안은 지역교회를 초월하여 세계의 교회가 하나이며 모두가 '하나님의 집'(딤전 3 : 15)의 구성원임을 보여 준다.
브리스가와 아굴라 부부, 그리고 오네시보로는 바울에게 잊을 수 없는 사람들이다. 브리스가와 아굴라는 바울의 선교활동을 적극적으로 지원해 주었던 동역자로, 로마서 16 : 4에서 바울은 그들을 '내 목숨을 위하여 자기들의 목까지도 내놓았던' 자들이라고 한다. 오네시보로는 바울이 국가에 대한 범죄자로 정죄받고 옥에 갇혀 있을 때 다른 사람들과는 달리 바울을 부끄러워하지 아니하고 그를 찾아 격려한 사람이었다(1 : 16-18). 비록 오네시보로는 당시 이미 세상을 떠났을 가능성이 높지만 바울은 그의 가정을 잊지 않고 있다. 어려울 때 함께해 주고 희생을 감수하였던 브리스길라 부부와 오네시보로는 버림받고 어려운 상황에 처해 있는 바울에게 그리운 사람들이다. 이러한 동역자들과 함께하는 교회 지도자들은 행복할 것이다. 그리고 다른 이에게 그러한 소중한 동역자로 오래 기억될 수 있다면 그 또한 행복한 사람일 것이다. 본문에서 바울은 병이 든 드로비모를 밀레도에 남겨 두었다고 말한다. 사도행전은 바울에게 질병을 치유하는 은사가 있었음을 보여 주며(행 14 : 8-10 ; 19 : 11-12 ; 28 : 7-10 ; 참조. 20 : 7-12), 바울 자신도 자기에게 능력을 행하는 은사가 있다고 말한다(고후 12 : 12). 그렇다면 왜 바울은 드로비모를 치유하지 못했을까? 여기서 우리는 은사는 그것을 가진 사람이 원할 때마다 항상 기계적으로 나타나는 것이 아님을 깨닫게 된다. 은사의 주체는 인간이 아니라 성령이며, 성령은 인간의 계획과 인간의 시간표에 따라 활동하는 이가 아니다. 오늘날 은사를 특정한 사람이 원할 때면 언제든지 나타나는 것으로 생각하는 사람들이 많다. 이러한 사고에 대해 본문은 다시 한번 깊이 생각해 보기를 요구한다.

이 서신은 다른 바울서신에서처럼 축복을 기원하는 말로 끝난다. 바울이 기원하는 주의 함께함과 주의 은혜는 바울 자신이 깊이 체험한 것으로, 그의 축원은 결코 상투적인 것이 아니다. 바울의 축원은 오늘날 목회자들의 축원이 간절한 축원이 되기 위해서 무엇이 필요한지를 암시해 준다.

디도서

제 I 부

인 사

디도서 1 : 1–4

| 디도서 1 : 1–4 |

인 사

디도서는 바울서신으로 일컬어지는 모든 다른 서신들과 같이 인사로 시작한다. 이는 그레코–로만 시대의 일반적인 서신의 양식을 따른 것이다. 인사는 발신인, 수신인, 인사말의 순서로 구성되어 있는데, 이것도 당시의 일반적인 양식과 일치한다.

> 1하나님의 종이요 예수 그리스도의 사도인 나 바울이 사도 된 것은 하나님이
> 택하신 자들의 믿음과 경건함에 속한 진리의 지식과 2영생의 소망을 위함이
> 라 이 영생은 거짓이 없으신 하나님이 영원 전부터 약속하신 것인데 3자기
> 때에 자기의 말씀을 전도로 나타내셨으니 이 전도는 우리 구주 하나님이 명
> 하신 대로 내게 맡기신 것이라 4같은 믿음을 따라 나의 참 아들 된 디도에게
> 편지하노니 하나님 아버지와 그리스도 예수 우리 구주로부터 은혜와 평강이
> 네게 있을지어다

1. 개관 및 구조

헬라어 본문에서 디도서의 인사는 한 문장으로 이루어져 있다. 이 인사는 발신인(1절), 수신인(4a절), 인사말(4b절)의 세 부분으로 구성되어 있다는 점과 각 부분이 부가적인 설명으로 확장되어 있다는 점에서 다른 서신들에 나오는 인사와 크게 다르지 않다. 그러나 디도서의 인사는 그 길이에 있어서 다소 이례적이라 할 수 있다. 이 인사는 바울서신 중 로마서의 인사를 제외하고는 가장 긴 것으로, 이는 발신인에 대한 설명이 매우 긴 데서 기인한다. 이 발신인에 대한 설명은 바울 자신의 사도직에 초점을 두고 있다.

2. 본문 분석

[1 : 1a] 바울은 인사에서 발신인인 자신을 '하나님의 종'과 '예수 그리스도의 사도'로 지칭한다. 바울이 자신을 '하나님의 종'으로 지칭하는 것은 이례적이다. 바울은 종종 자신을 '그리스도의 종'으로 지칭하기는 하지만(롬 1 : 1 ; 빌 1 : 1 ; 참조. 갈 1 : 10) '하나님의 종'으로 지칭하는 경우는 이곳뿐이다. 그러나 '하나님의 종'이란 표현은 당시의 그리스도인들에게 생소한 표현이 아니었다. 이 용어는 구약에 자주 나오며, 아브라함(시 105 : 42), 모세(민 12 : 7), 다윗(시 89 : 3), 선지자들(렘 25 : 4 ; 겔 38 : 17) 등에게 적용되었다.

바울은 또한 자신을 '예수 그리스도의 사도'로 지칭한다. 바울이 자신의 사도직을 말할 때는 흔히 자신의 사도직의 근원을 강조하지만(고전 1 : 1 ; 고후 1 : 1 ; 갈 1 : 1 ; 엡 1 : 1 ; 골 1 : 1 ; 딤전 1 : 1 ; 딤후 1 : 1), 여기서는 사도직의 목적을 강조한다. 개역개정에서 목적을 의미하는 것으로 번역된 헬라어 전치사(κατά, '카타')는 기준('……에 따라')을 의미하는 것으로 이해할 수도 있지만(Dibelius-Conzelmann, Lock), 목적으로 이해하는 것이 더 자연스럽다(박수암, Brox, Fee, Marshall, Mounce, Quinn, Stott).

[1 : 1b–2a] 바울은 사도직의 목적을 세 가지로 요약한다. 1) 바울의 사도직은 '하나님이 택하신 자들의 믿음'을 위한 것이다. '하나님이 택하신 자들'은 구약에서 이스라엘을 지칭했던 용어로, 하나님의 백성인 그리스도를 믿는 자들을 지칭한다. '믿음'을 위한 바울의 사역은 전도를 통해 믿는 자가 되게 하는 것과 가르침을 통해 온전한 그리스도인으로 성장하게 하는 것 모두를 포함한다. 2) 바울의 사도직은 '경건함에 속한 진리의 지식'을 위한 것이다. 목회서신에서 '진리'는 주로 복음과 관련하여 사용되며, 여기서 '진리의 지식'은 복음에 대한 믿음의 인식적 측면을 가리킨다. 그런데 이 진리의 지식은 '경건함에 속한' 것이다. '속한'으로 번역된 전치사(κατά, '카타')는 기준 또는 목적을 나타내며, 어느 경우든 진리에 대한 지식은 경건한 삶과 분리될 수 없음을 말해 준다. 목회서신은 그리스도인의 믿음이 경건으로 표출되어야 함을 반복적으로 강조한다. 3) 바울의 사도직은 '영생의 소망'을 위한 것이다. '소망' 앞에 위치한 전치사(ἐπί, '에피')를 '믿음'과 '지식'을 수식하는 것으로 보고 '소망에 근거한' 믿음과 지식(NIV) 또는 '소망을 향한' 믿음과 지식(Fee)으로 이해할 수도 있지만, 1절의 '믿음' 앞에 나온 전치사 '카타'와 병행하여 사도직의 목적을 계속 말한다고 보는 것이 자연스럽다(Kelly, Mounce).

[1 : 2b–3] 2b~3a절은 영생에 대해 설명한다. 이 설명에서 바울은 영생의 확실함을 강조한다. 영생은 '하나님이 영원 전부터 약속하신 것'이다. 특히 하나님을 수식하는 '거짓이 없으신'이란 형용사는 하나님의 성품에 근거하여 약속의 확실함을 부각한다. '영원 전부터'란 어구는 '먼 옛날'로 이해하여 구약시대를 가리키는 것으로 보기도 하지만(박익수, Lock), 창조 이전을 가리키는 것으로 보는 것이(이상근, Hanson, Marshall) 3a절의 내용과 잘 조화된다. 하나님의 영원한 목적과 그 목적의 현재적 성취(3a절) 사이의 대조는 바울서신에서 자주 나타나는 주제이며(롬 16 : 25–26 ; 고전 2 : 6–10 ; 엡 3 : 7–11 ; 골 1 : 26–27), 디모데후서 1 : 9~10에도 나타난다.

바울은 하나님이 "자기 때에 자기의 말씀을 전도로 나타내셨다"라고 말한다. 이 어구에 나오는 '자기 때'는 '적합한 때'를 의미하며, '때'(καιρός, '카이로스')는 보통 하나님이 정한 때를 가리키기 때문에 '자기 때'는 결국 하나님이 정한 적절한 때를 의미한다. '자기의 말씀'은 복음의 메시지를 가리키며, 자기의 말씀을 '나타내셨다'는 것은 영생의 약속을 복음을 통하여 실현하였음을 의미한다. 그리고 그것은 '전도'(선포)를 통해 사람들에게 계시된다. 3b절에서 바울은 자신이 이 선포를 위해 부름을 받았다고 말한다. 다시 말하면 바울의 선포는 이미 실현된 영생의 약속에 관한 것이며, 그 선포의 직무는 바울 자신의 의지에 따른 것이 아니다. 그 직무는 '우리 구주 하나님'의 명령을 따른 것이다. '구주'라는 표현은 목회서신에서 하나님이나 예수 그리스도 모두에게 사용된다(딤전 1 : 1 주해 참조). 바울은 자신의 사도직에 대해 그 근원보다는 목적을 강조하지만, 그 목적을 말하는 가운데 사도직의 근원이 하나님에게 있음을 분명히 한다.

[1 : 4a] 발신인에 대한 설명을 통해 자신의 사도직에 대해 말한 바울은 이제 통상적인 인사의 양식에 따라 수신인을 기록한다. 수신인은 디도로서 바울은 그를 '같은 믿음을 따라 나의 참 아들 된' 자라고 일컫는다. '같은 믿음을 따라'에서 '따라'로 번역된 전치사(κατά, '카타')는 목적을 나타내는 것으로 보는 것도 가능하지만 개역개정처럼 기준을 나타내는 것으로 보는 것이 자연스럽다. '같은 믿음'은 바울이 유대인이었으며 디도가 이방인이었음을 고려할 때 더욱 의미가 깊다. '참 아들'이란 용어는 디도에 대한 친밀감을 표현하는 동시에 디도와 그의 사역에 권위를 부여하는 기능도 한다(딤전 1 : 2 주해 참조). '하나님의 종'이며 '예수 그리스도의 사도'인 바울의 참 아들로서 디도는 복음을 위한 사역자로서의 권위를 갖는다. 디도를 '아들'로 지칭함은 디도가 바울을 통해 그리스도교로 개종하였을 가능성을 보여 주지만, 디모데의 경우와 마찬가지로 확실하지 않다(딤전 1 : 2 주해 참조).

[1 : 4b] 발신인과 수신인에 대해 기록한 후 바울은 이제 마지막으로 인사말을 기록한다. 발신자와 수신자에 대한 설명이 그리스도교 색채를 띤 것과 같이

이 인사말도 그리스도교 색채를 강하게 띠고 있다. 바울은 '하나님 아버지와 그리스도 예수 우리 구주로부터 은혜와 평강이' 수신인인 디도에게 있기를 기원한다. 이 인사는 단순한 인사라기보다 축복을 기원하는 성격이 강하며, 바울서신에 일반적으로 나오는 인사와 거의 일치한다. 그러나 그리스도 예수를 '주'로 일컫는 대신 '구주'로 일컫는 것은 특이하다. '구주'라는 칭호는 3절에서 하나님에 대하여 사용되었으나 여기서는 그리스도 예수에 대해 사용되었다. 디모데전서와 디모데후서에서는 '은혜와 긍휼과 평강'으로 나타나지만 디도서에서는 바울의 일반적인 인사 형태인 '은혜와 평강'으로 나타난다. 일부 사본(A, C^2, K 등)에 '긍휼'이 첨가된 것은 목회서신의 다른 두 책에 영향을 받은 것으로 보인다.

설교를 위한 묵상

바울은 당시 서신의 일반적인 양식에 따라 인사로 디도서를 시작한다. 이 인사는 바울의 통상적인 인사의 양식대로 발신인, 수신인, 인사의 각 부분이 확장되어 있다. 바울은 발신인인 자신에 대한 긴 설명을 통하여 자신이 받은 사도직의 목적을 밝힌다. 그의 사도직은 택한 자들의 믿음, 진리에 대한 이해와 경건, 영생의 소망을 위한 것이다. 바울은 특별히 영생에 대한 하나님의 약속을 강조하며, 영원 전부터 있었던 그 약속이 복음을 통하여 성취되었음을 강조한다. 그리고 자신의 사도직은 바로 그 복음을 선포하는 것으로서 하나님으로부터 받은 것이라고 말한다.

이러한 바울의 사도직에 대한 자의식은 오늘날의 교회 지도자에게 큰 교훈을 준다. 교회 지도자는 자신이 받은 직분의 목적과 근원을 분명히 인식하고 있어야 한다. 그 직분은 하나님이 택한 자들을 위한 것이다. 그렇다면 교회 지도자는 하나님의 백성인 택함 받은 자들을 사역의 목적으로 삼아야 하며, 그들을 자신의 꿈을 성취하기 위한 도구로 삼아서는 안 된다. 또한 교회 지도자는 자신의 직분이 하나님과 그리스도 예수로부터 온 것임을 명심해야 한다. 자신이 '하나님의 종'과 '예수 그리스도의 사도'라는 인식과 복음 선포가 하나님으로부터 받은 사명이라는 의식은 모든 교회 지도자들에게 기본적으로 요구되는 것이다. 그리고 그러한 인식과 의식은 하나님의 은혜를 깊이 체험했을 때 가능하다.

본문은 특별히 영생의 약속이 의심할 바 없는 것임을 강조한다. 영생은 거짓이 없는 하나님이 영원 전부터 약속한 것이며, 그 약속은 이미 그리스도 예수를 통한 복음 속에서 현재화 되어 있고 종말에 완성될 것이다. 이러한 영생에 대한 소망은 그리스도교 신앙의 핵심으로, 세상의 어떤 소망보다 소중하며 그 성취가 확실하다. 바울은 "만일 그리스도 안에서 우리가 바라는 것이 다만 이 세상의 삶뿐이면 모든 사람 가운데 우리가 더욱 불쌍한 자이리라"(고전 15 : 19)고 말한다. 오늘날 그리스도교 신앙에서 영생에 대한 소망이 약화되고 있는 것은 그리스도교의 심각한 문제라 할 수 있다. 만일 그리스도교 신앙에서 영생에 대한 소망이 소멸된다면 그리스도교 신앙은 하나의 윤리에 지나지 않을 것이다(4절에 나오는 수신자와 인사말에 대한 해설과 메시지는 디모데전서 1 : 1-2에 대한 해설과 메시지 참조).

제 Ⅱ 부

장로/감독의 선정과 거짓 교사들에 대한 대응

디도서 1 : 5-16

A. 장로의 선정과 자질(1 : 5-9)

B. 거짓 교사들과 그들에 대한 대처(1 : 10-16)

| 디도서 1 : 5-16 |

장로/감독의 선정과 거짓 교사들에 대한 대응

바울서신에는 통상적으로 인사 후 감사가 나온다. 그러나 디도서에서는 디모데전서에서와 같이 감사가 생략되고 바로 서신의 본론이 시작된다(1 : 5). 본론(1 : 5-3 : 11)의 첫 부분에서 바울은 장로/감독을 선정할 때 고려해야 할 자질(1 : 5-9)과 거짓 교사들에 대한 대응(1 : 10-16)에 대해 다룬다. 이 두 부분이 서로 밀접히 연결되어 있다는 것은 10절의 첫머리에 나온 접속사 'γάρ'('가르', '왜냐하면')가 잘 나타내 준다.

A. 장로의 선정과 자질(1 : 5-9)

5내가 너를 그레데에 남겨 둔 이유는 남은 일을 정리하고 내가 명한 대로 각
성에 장로들을 세우게 하려 함이니 6책망할 것이 없고 한 아내의 남편이며

방탕하다는 비난을 받거나 불순종하는 일이 없는 믿는 자녀를 둔 자라야 할
지라 [7]감독은 하나님의 청지기로서 책망할 것이 없고 제 고집대로 하지 아니
하며 급히 분내지 아니하며 술을 즐기지 아니하며 구타하지 아니하며 더러운
이득을 탐하지 아니하며 [8]오직 나그네를 대접하며 선행을 좋아하며 신중하며
의로우며 거룩하며 절제하며 [9]미쁜 말씀의 가르침을 그대로 지켜야 하리니
이는 능히 바른 교훈으로 권면하고 거슬러 말하는 자들을 책망하게 하려 함
이라

1. 개관 및 구조

이 단락은 디도가 그레데에 남겨진 목적을 설명하고(5절), 장로/감독을 세울 때 고려하여야 할 자질을 설명한다(6-9절). 장로/감독은 책망할 것이 없는 사람으로 무엇보다 가정에서 그 자질이 나타나야 한다(6절). 그들은 악덕을 피하고(7절) 필요한 덕목을 갖추어야 하며(8절), 권면과 책망이라는 본분을 잘 수행하기 위해 말씀의 가르침에 굳게 서 있어야 한다(9절). 이 단락에서 언급된 장로/감독의 자격 요건은 디모데전서 3 : 1~7에 나오는 내용과 많은 부분 공통된다. 동일한 용어로 표현된 5개 항목이 나오며, 그 외에도 내용적으로 상응하는 여러 항목들이 발견된다(Fiore, 76-77 참조). 그러나 디도서가 디모데전서보나 항목늘을 열거하는 데 있어서 보다 조직적이다(가정 – 악덕 목록 – 미덕 목록 – 의무). 디모데전서와는 달리 디도서에는 감독의 의무에 대한 기술이 나오며(9절), 감독의 후보로 초신자를 제외하라는 언급은 나오지 않는다(참조. 딤전 3 : 6). 후자는 그레데의 교회 역사가 길지 않은 데 기인한 것일 수 있다(Spicq Ⅱ, 600).

2. 분문 분석

[1 : 5] 바울은 디도에게 그를 그레데에 남겨 둔 목적을 되새기게 함으로써 서신의 본론을 시작한다. '내가 너를 그레데에 남겨 둔'이란 표현은 이전에 바울이 디도와 함께 그레데에 있었음을 암시해 준다. 디도를 남겨 둔 목적은 '남은 일을 정리하고 내가 명한 대로 각 성에 장로들을 세우게 하려 함'이다. 헬라어 본문에서 '내가 명한 대로'라는 어구는 5절의 마지막에 위치해 있어서 개역개정처럼 장로들을 세우는 일을 가리키는 것인지(공역개정, 새번역, TNIV), 아니면 뒤이어 나오는 장로의 선정에 있어서 살펴야 할 자질들을 가리키는 것인지는(TEV, CEV) 분명하지 않다. '세우다'로 번역된 단어(καθίστημι, '카디스테미')에는 '지명하다'의 의미도 있다(공역개정, TEV). 그 경우 디도가 장로를 지명한다는 의미인지는 역시 확실하지 않다.

본문에 나타난 역사적 상황을 정확히 재구성하기는 어렵다. 그레데는 동지중해에 위치한 에게해 남쪽에 있는 비교적 큰 섬으로, 기원전 2세기 이후 많은 유대인들이 이 섬에 거주했다(참조. Tacitus, *Histories* 5.2). 바울이 그레데에 머물렀거나 그곳 주민들에게 복음을 전파했다는 외부 증거는 나타나지 않는다. 사도행전 저자는 재판을 받기 위한 바울의 로마행을 기록하면서 그레데를 언급하지만(행 27 : 7, 12, 13, 21), 본문의 내용과는 관련이 없다. 본문으로 미루어 볼 때 바울과 디도는 그레데를 경유하는 선교여행을 한 것으로 보이며 그때 바울은 그레데에서 이루고자 하는 일을 마치기 전 그곳을 떠났던 것으로 보인다. 바울은 디도를 그곳에 남겨 두고 그 일을 완수하도록 했는데, 그 일은 교리적 가르침도 포함될 수 있지만 기본적으로 교회의 질서와 조직과 관련된 것으로 추정된다. 퀸(Quinn)은 그레데교회의 문제가 오랫동안 지속되었던 것으로 생각하고 기존 질서를 개혁하려는 것으로 이해하지만(83), 많은 학자들은 그레데의 교회가 짧은 역사로 인해 아직 충분히 성숙한 상태에 이르지 못한 것으로 본다.

[1 : 6–9] 6~9절은 장로/감독이 갖추어야 할 자질을 설명한다. 장로는 '책망할 것이 없는' 자이어야 한다(6a절). 이 자질은 여러 항목 중 하나라기보다 모든 자질을 포괄하고 요약하는 것으로 이해하는 것이 옳다. 뒤따르는 6b, 6c절은 이 사실이 무엇보다도 먼저 가정생활에서 나타나야 함을 강조한다. 그는 '한 아내의 남편'(딤전 3 : 2 주해 참조)이어야 하며 '믿는 자녀'를 두어야 한다. 여기서 '믿는'으로 번역된 형용사(πιστός, '피스토스')는 '믿는'(신앙이 있는)이란 의미와 '신실한'이란 의미가 있다. 목회서신에서 이 형용사는 후자의 의미로 사용되는 경우도 있지만(예. 딤후 2 : 2) 전자의 의미로 사용되는 경우가 많다. 그런데 그 자녀는 '방탕하다는 비난을 받거나 불순종하는 일'이 없어야 한다. 이는 그 자녀들이 성실하고 순종하는 이들이어야 함을 의미한다. 장로/감독이 되려는 사람의 가정 문제는 디모데전서에 나오는 감독(딤전 3 : 2, 4)과 집사(딤전 3 : 12)의 자질에서도 강조되었다.

5절에서 '장로'란 명칭을 사용했던 바울은 7절에서는 '감독'이란 명칭을 사용한다. 장로와 감독의 차이는 분명하지 않다. 감독은 장로들 중 특별히 가르치는 직무를 담당했던 이들을 가리키는 것으로 보기도 한다. 그러나 본문에서 장로와 감독은 구분되지 않고 동의어로 사용되었을 가능성이 있다. 이것은 7절이 '왜냐하면 감독은'이라는 말로 시작하는 것에서도 나타난다(개역개정에는 '왜냐하면'이 번역되지 않음). '장로'가 지위나 신분에 초점을 둔 용어인 반면 '감독'은 기능이나 역할에 초점을 둔 용어일 가능성도 있다. 5절에서 사용된 '장로들'이란 복수가 7절에서 '감독'이란 단수로 사용되었기 때문에 '감독'은 한 사람이었다고 단정할 필요는 없다. 복수 '장로들'(5절)도 6절에서 총칭단수(generic singular)로 전환되었기 때문이다.

감독은 '하나님의 청지기'이기 때문에 '책망할 것이 없어야' 한다(7a절). '청지기'(οἰκονόμος, '오이코노모스')는 집안일을 관리하는 사람(일반적으로 종)으로, '하나님의 청지기'는 하나님의 집을 관리하는 사람을 뜻한다. 특히 당시에는 교회가 가정집에서 모였기 때문에 청지기라는 용어는 더욱 의미가 깊다. 바울이 6절에서 강조했던 '책망할 것이 없는'이란 말을 7절에서 다시 강조한 것은 의미심장하다.

7b~8절은 감독에게 나타나지 않아야 할 악덕과 나타나야 할 덕목을 열거한다. 먼저 바울은 감독이 피해야 할 악덕 다섯 개를 열거하는데(7b절), 모두 형용사나 명사 앞에 부정어(μή, '메')를 둔 형태로 나타난다. 이 항목들은 디모데전서 3 : 3에 나오는 항목들과 공통된 내용이 많다. 처음에 나오는 '제 고집대로 함'은 고압적이고 남을 지배하려는 태도를 의미한다. 하나님의 집에서 청지기는 '주인'이 아닌 '종'의 자세를 가져야 한다(참조. 막 10 : 41-45). 마지막 항목인 더러운 이득에 대한 탐욕은 디모데전서 3장에 나온 감독과 집사의 경우에도 언급되었으며, 베드로전서 5장에 나온 장로들에 대한 권면에도 나온다.

8절에서 바울은 감독에게 있어야 할 덕목 여섯 개를 열거한다. 여섯 개의 항목은 모두 한 단어로 된 형용사들이다. '나그네를 대접함'과 '신중함'은 동일한 용어로, '절제함'은 다른 용어로 디모데전서 3 : 2에서도 언급되었다. 나그네에 대한 대접은 당시 교회에서와 사회에서 높이 평가되었다(딤전 3 : 2 주해 참조). '선행을 좋아함'도 당시 매우 중시했던 덕목으로 목회서신은 선한 일을 반복적으로 강조한다(1 : 16 ; 3 : 1 ; 딤전 5 : 10 ; 딤후 2 : 21 ; 3 : 17). '신중한'으로 번역된 헬라어(σώφρων, '소프론')는 '신중한', '사려 깊은'의 의미도 있으나 종종 절제, 특히 격정에 대한 통제를 의미하기도 한다. '절제함'(ἐγκρατής, '엥크라테스')은 주로 욕구에 대한 통제를 의미하며 종종 성적인 욕구에 대한 통제도 내포한다. '의로움'은 헬라 세계에서 신에 대한 충성심과 관련하여 사용되기도 하였으며, 신약에서 하나님으로부터 오는 선물로서의 의를 가리키기도 하지만, 여기서는 올바른 삶을 가리키는 것으로 보인다. '의로움'은 흔히 '거룩함'과 짝을 이루어 나타나며 각각 사람과 하나님을 향한 올바른 행위를 가리킨다(참조. 눅 1 : 75 ; 엡 4 : 24 ; 살전 2 : 10). 헬라의 도덕가들은 신중함(prudence), 의로움(justice), 절제(temperate), 강인함

(fortitude)을 다른 모든 덕목의 기본으로 생각하였는데(Collins, 324), 본문에서 바울이 강조하는 덕목들도 이와 크게 다르지 않다.

마지막으로 언급되는 감독의 자질은 직무와 관련된 것이다. 그는 '미쁜 말씀의 가르침을 그대로 지키는' 사람이어야 한다(9a절). '미쁜 말씀'은 선포된 하나님의 말씀을 가리키며, '지키다'(ἀντέχομαι, '안테코마이')는 '굳게 붙들다', '충성을 다하다'라는 의미이다. 감독이 말씀을 굳게 지키는 자라야 하는 이유는 감독은 가르치는 자로서 권면하고 책망하는 사역을 수행해야 하기 때문이다(9b절). 그는 '바른'(건전한) 교훈으로 사람들을 권면해야 하고, 바른 교훈에 역행하는 사람들을 책망해야 한다. 다음 단락(1 : 10–16)은 바른 교훈에 역행하는 사람들과 그들에 대한 대처방법을 설명한다.

설교를 위한 묵상

바울은 감사 부분을 생략하고 서신의 본론을 시작하며 디도에게 장로/감독을 세우는 데 대한 지침을 준다. 바울은 그들이 책망할 것이 없는 사람이어야 함을 두 번이나 반복하여 말한다(6–7절). 특히 이것은 여러 항목 중의 하나가 아니라 전체의 자질을 포괄하고 요약하는 것이다. 책망할 것이 없어야 한다는 것은 디모데전서 3장에서 감독의 자질과 집사의 자질을 열거할 때에도 언급되었다(2, 10절). 비록 장로/감독도 사람이기 때문에 모든 점에서 완전하지는 못할지라도, 다른 사람들에게 그들의 삶으로 인해 비난을 받는 사람이어서는 안 된다. 장로/감독은 '하나님의 청지기', 즉 하나님의 집을 관리하는 사람이다. 거룩한 하나님의 종으로 거룩한 집을 관리하는 사람이 성결과 역행하는 삶으로 사람들의 비난을 받는다면 그는 하나님의 청지기가 될 자격이 없다.

장로/감독의 자질은 먼저 가정에서 나타나야 한다. 그는 아내에 대해 신실해야 하며 그의 자녀는 믿음이 있고 방탕하지 않으며 순종하는 자라야 한다. 디모데전서에서도 감독과 집사의 자질을 설명하는 가운데 이러한 요건이 강조된다(3 : 2, 4, 12).

가정생활에서 나타나야 할 이러한 요건은 현대의 교회 지도자들이 갖추기에 결코 쉬운 것이 아니다. 오늘날 부부간의 관계는 너무나 쉽게 파괴되고 있다. 특히 자녀의 인성과 신앙 교육은 부모의 노력만으로 이루어지지 않는다. 자녀의 신앙과 인격 형성에 대한 부모의 영향력은 시대가 갈수록 약화되고 있다. 본문은 이러한 시대를 살고 있는 그리스도인들, 특히 교회의 지도자들에게 어려운 시대적 상황 속에서도 모범적인 가정생활을 영위할 수 있도록 최선을 다할 것을 요구한다.

바울은 장로/감독이 피해야 할 악덕과 갖추어야 할 덕목들을 언급한다. 이 목록은 그들이 교회 내에서는 물론 세상 사람들에게서도 존경을 받아야 한다는 것을 암시해 준다. 디도서에는 '외인에게도 선한 증거를 얻은 자'라는 요건(딤전 3 : 7)이 나오지 않을지라도 교회 외부의 평판을 중시하고 있다는 점은 의심의 여지가 없다. 특히 2장에 나오는 그리스도인의 삶에 대한 교훈에서 바울은 선교적 관심과 함께 외부의 평판을 강조한다(2 : 5, 8, 10). 복음은 믿는 자들이 믿지 않는 사람들로부터 칭송을 들을 때 효과적으로 전파될 수 있다. 하물며 교회의 지도자들의 경우에야 더 말할 필요가 없다.

B. 거짓 교사들과 그들에 대한 대처(1 : 10-16)

10불순종하고 헛된 말을 하며 속이는 자가 많은 중 할례파 가운데 특히 그러
하니 11그들의 입을 막을 것이라 이런 자들이 더러운 이득을 취하려고 마땅하
지 아니한 것을 가르쳐 가정들을 온통 무너뜨리는도다 12그레데인 중의 어떤
선지자가 말하되 그레데인들은 항상 거짓말쟁이며 악한 짐승이며 배만 위하
는 게으름뱅이라 하니 13이 증언이 참되도다 그러므로 네가 그들을 엄히 꾸짖
으라 이는 그들로 하여금 믿음을 온전하게 하고 14유대인의 허탄한 이야기와
진리를 배반하는 사람들의 명령을 따르지 않게 하려 함이라 15깨끗한 자들에

게는 모든 것이 깨끗하나 더럽고 믿지 아니하는 자들에게는 아무것도 깨끗한 것이 없고 오직 그들의 마음과 양심이 더러운지라 [16]그들이 하나님을 시인하나 행위로는 부인하니 가증한 자요 복종하지 아니하는 자요 모든 선한 일을 버리는 자니라

1. 개관 및 구조

이 단락은 앞 단락(1 : 5-9)과 밀접히 연결되어 있다. 이것은 10절의 첫머리에 나오는 γάρ('가르', '왜냐하면')란 접속사(개역개정에는 번역되지 않음)에 의해서 잘 드러난다. 이 단락은 9절에 나온 '거슬러 말하는 자들'을 상술(詳述)하며, 권면하고 책망하는 일을 잘 수행할 수 있는 장로/감독의 필요성을 설명해 준다. 한편 이 단락은 3 : 10~11과 함께 에베소교회처럼 그레데의 교회에도 거짓 교사들이 실재했음을 보여 준다. 이 단락에 나오는 거짓 교사들에 대한 묘사는 디모데전 · 후서에 나오는 거짓 교사들에 대한 묘사와 공통점이 많다(특히 딤전 3 : 3-7과 본문과의 비교에 대해서는 Knight, 296 ; Mounce, 15 참조).

2. 본문 분석

[1 : 10-11] 앞 절에서 말씀에 굳게 서서 진리를 거슬러 말하는 자들을 책망할 수 있는 사람을 장로/감독으로 세워야 한다고 말한 바울은 10절에서 그 이유를 설명한다. 그것은 '불순종하고 헛된 말을 하며 속이는 자'가 많기 때문이다. '불순종'은 하나님의 뜻과 복음의 진리를 따르지 않음을 의미하며, '헛된 말'은 목표를 벗어나(딤전 1 : 6) 불경건으로 이끄는 말(딤후 2 : 16)을 가리킨다. 사람들을 속이는 것은 목회서신 전체에서 강조되는 거짓 교사의 특성이다(참조. 딤전 4 : 2 ; 딤후 3 : 13). '많다'라는 것은 이들로 인한 문제가 심각하

며 문제의 해결이 결코 쉽지 않음을 암시해 준다. 그런데 바울은 그와 같은 자들이 '할례파'에 특히 많다고 말한다. '할례파'는 유대인을 가리킬 때(롬 4 : 12) 또는 여기서처럼 유대인 그리스도인을 지칭할 때 흔히 사용된다(참조. 골 4 : 11). 이 '할례파'가 그레데의 교회에서 이방인들도 구원을 받기 위해서 반드시 할례를 받아야 한다고 주장했을 가능성이 없지 않지만(예. 갈라디아서) 문맥으로 볼 때 그들이 강조했던 것은 할례 여부에 관한 것이라기보다는 유대적 기원을 가진 여러 가지 세부 규정(참조. 14-16절)에 관한 것으로 보인다.

거짓 교사들의 가르침이 옳지 못하다면 당연히 그들의 입을 막아야 한다(11a절). '입을 막다'로 번역된 단어(ἐπιστομίζω, '에피스토미조')는 어원적으로 '입에 어떤 것을 두다'라는 뜻으로 '입을 닫게 하다', '침묵하게 하다'라는 의미로 사용된다. 그들은 "마땅하지 아니한 것을 가르친다"(11b절). '마땅하지 아니한 것'은 '가르쳐서는 안 되는 것'(새번역 ; 참조. 공역개정)을 의미한다. 거짓 교사는 가르쳐야 할 것은 가르치지 않고 가르치지 않아야 할 것을 가르친다. 더욱이 그들의 가르침은 진리나 경건, 또는 하나님의 영광을 추구하는 데 있는 것이 아니라 '더러운 이득'을 추구하는 데 목적이 있다. 교회 사역자는 물질적 지원을 받아야 할 권리가 있지만(딤전 5 : 17-18) 재물에 대한 탐욕은 경계해야 한다(1 : 7 ; 딤전 3 : 3, 8). 바울은 그들의 잘못된 가르침이 '가정들을 온통 무너뜨리고'(직역. '온 가정들을 무너뜨리고') 있다고 말한다. 초대교회가 넓은 공간이 있는 부유한 신자의 집에서 모임을 갖는 가정교회의 형태였기 때문에 '가정'은 가정교회를 가리킬 수도 있다. 그러나 여기서 '가정'은 교회 신자들의 가정을 가리키며, 가정을 무너뜨린다는 것은 거짓 교사들의 영향으로 가족 구성원 간에 갈등이 생기고 가정이 파괴되는 현상을 의미하는 것으로 보는 것이 더 자연스럽다.

[1 : 12] 바울은 그레데의 한 선지자가 내렸던 그레데 사람들에 대한 평가를 인용한다. 그 평가는 "그레데인들은 항상 거짓말쟁이며 악한 짐승이며 배만 위하는 게으름뱅이라"라는 것이다. 이 말은 기원전 600년경에 살았던 에피메니

데스(Epimenides)의 말로 알려져 있다. 바울은 이 말을 통해 모든 그레데 사람들의 모습이 이 평가와 일치한다는 것을 강조하려는 것은 아니다. 바울이 그레데교회의 장로/감독으로 자격 요건을 갖춘 사람들을 세우라는 것은 그레데 사람 중에 신실하고 선한 사람들이 있음을 암시한다. 바울은 이 말을 통해 거짓 교사들의 거짓말하는 특성은 그들 자신이 선지자로 여기는 에피메니데스의 말에 잘 드러나 있다는 점을 강조하고 있다(이 인용에 대한 다양한 견해에 대해서는 Faber, 136-137 참조).

[1 : 13-14] 사람에 따라서는 에피메니데스가 그레데인이었기 때문에 그의 말도 역시 거짓일 수 있다고 생각할 수도 있을 것이다. 그러나 바울은 에피메니데스의 평가가 옳다고 선언한다(13a절). 그리고 그는 "그들을 엄히 꾸짖으라"고 명한다(13b절). 그들을 꾸짖어야 할 목적은 '그들로 하여금 믿음을 온전하게' 하기 위함이다(13c절). 그런데 13b절과 13c절에 나오는 '그들'이 누구를 가리키는지 분명하지 않다. 10절에서부터 거짓 교사들에 대한 문제를 다루고 있기 때문에 문맥으로 볼 때 가장 자연스런 해석은 그들을 거짓 교사들로 보는 것이다(박익수, Collins, Quinn). 목회서신은 거짓 교사의 회개가 가능하다고 보기 때문에(참조. 딤후 2 : 25-26) 꾸짖음의 목적이 '그들로 하여금 믿음을 온전하게' 하기 위함이라는 말도 '그들'을 거짓 교사로 보는 것과 모순되지 않는다. 그러나 나이트(Knight)는 '그들로 하여금 믿음을 온전하게'라는 표현에서 '그들'을 거짓 교사들에 의해 미혹된 그리스도인으로 이해하는 것이 더 자연스럽다고 주장한다. 나아가 14절은 책망받아야 할 사람들을 진리를 배반하는 사람들과 구분하는 듯한 느낌을 주기 때문에 '그들'을 거짓 교사들에 의해 미혹된 그레데의 신자들로 본다(299-300). 학자들 중에는 거짓 교사와 그들에 의해 미혹된 신자 모두를 가리킨다고 보기도 한다(박수암, Fee, Marshall).

그들을 꾸짖어야 할 또 다른 목적은 '유대인의 허탄한 이야기와 진리를 배반하는 사람들의 명령을 따르지 않게' 하기 위함이다(14절). '허탄한 이야기'(μῦθος, '뮈도스')는 디모데전서 1 : 4과 4 : 7에서 '신화'로 번역되었다. '유대인의'라는 말은 '허탄한 이야기'가 유대적 기원을 가지고 있는 것임을 보여준다. 디모데전서 1 : 4에서 '신화'와 함께 나온 '족보'는 여기에서 언급되지 않았지만 '허탄한 이야기'에 포함된다고 할 수 있다. '허탄한 이야기'와 함께 언급된 '진리를 배반하는 사람들의 명령'은 복음의 진리를 이해하지 못하는 사람들의 명령으로, 여러 가지 세세한 종교적 규정들에 대한 준수 요구를 의미하는 것으로 보인다. 그것은 하나님의 명령이 아니라 '사람들'의 명령이다(참조. 마 15 : 9 ; 막 7 : 7 ; 골 2 : 22).

[1 : 15] 바울은 거짓 교사들이 가르치는 어떤 금지 규정을 비판한다. 여기서 말하는 정과 부정은 유대인의 정결법, 특히 음식물에 대한 금지규정과 관련된 것으로 보인다. "깨끗한 자들에게는 모든 것이 깨끗하다."는 것은 음식 자체는 모두 깨끗하다는 예수의 말씀(막 7 : 19)이나 바울의 말(롬 14 : 20)과 상통한다(참조. 딤전 4 : 3-4). 여기서 '깨끗한 자들'은 도덕적으로 깨끗한 사람들, 그리고 궁극적으로는 그리스도 예수를 믿음으로 깨끗함을 받은 사람들을 가리킨다. 반면 바울은 "더럽고 믿지 아니하는 자들에게는 아무것도 깨끗한 것이 없다."고 말한다. 깨끗한 사람들에게는 모든 것이 깨끗한 것처럼 도덕적으로 더러운 사람들에게는 아무리 정결 의식을 준수할지라도 깨끗해지지 못한다. 거짓 교사들은 '마음과 양심'이 더러워져 있어 그들에게는 모든 것이 더러울 수밖에 없다. 특히 '믿지 아니하는 자들'이란 말은 의미심장하다. 이 표현은 단지 불신자를 가리킬 수도 있지만 거짓 교사들을 지칭하는 말일 가능성이 높다. 그들은 그리스도 예수를 통하여 깨끗함을 받았다는 복음의 진리를 알지 못하고 정결의 규정에 의해 깨끗함을 받기 위해 노력한다.

[1 : 16] 마운스(395, 402)가 디도서의 중심 구절로 이해하는 16절에서 바울은 거짓 교사들을 신랄하게 비판한다. 그들은 '하나님을 시인하나 행위로는 부인하는' 자들이다(16a절). '하나님을 시인하다'란 말은 '하나님을 안다고 말하다'라는 의미이다. 이 어구에 사용된 οἶδα('오이다', '알다')는 종종 친밀한 관

계 속에 있음을 나타낸다(BDAG, 693-694). 그들은 말로는 하나님을 잘 안다고 하지만 '행위로는 부인하는' 자들이다. 다시 말하면 그들의 행위는 그들의 말과 일치하지 않으며, 오히려 그들에게 하나님을 아는 지식이 없음을 보여준다. 그들은 '가증한 자요 복종하지 아니하는 자요 모든 선한 일을 버리는 자'이다(16b절). '가증한'(βδελυκτός, '브델뤼크토스')이라는 말은 흔히 우상숭배를 묘사하는 데 사용된다(W. Foerster, *TDNT I*, 598). 거짓 교사들이 신봉하는 신화나 금욕주의가 그들의 우상이 되고 있다. 또한 그들은 '복종하지 아니하는' 자들, 다시 말하면 사람의 말을 지키기 위해 최선을 다하면서도 하나님의 명령에는 순종하지 아니하는 자들이다. 그리고 그들은 '모든 선한 일을 버리는' 자들이다. 여기서 '버리는'으로 번역된 헬라어(ἀδόκιμος, '아도키모스')는 '기준을 통과하지 못한', '실격한'의 의미이다. 결국 이들은 선한 일을 할 수 있는 기준에 미달된 자들로, 그들이 한 일은 하나님의 기준으로 볼 때 어떤 것도 선한 일이 될 수 없다.

설교를 위한 묵상

바울은 자격 요건을 갖춘 장로/감독을 세우는 일이 중요한 이유를 본 단락에서 설명한다. 그 이유는 그레데의 교회에 있는 거짓 교사들로 인해 복음의 진리가 위협받고 있다는 것이다. 비록 거짓 교사의 문제가 디모데전·후서에 나오는 에베소교회의 경우만큼 심각한 문제로 나타나지는 않는다고 해도, 이 문제는 그레데의 교회에 큰 악영향을 끼치고 있다. 그들은 주로 유대인인 그리스도인으로서 여러 의식과 세세한 규정을 강조하며 복음의 진리를 왜곡하고 있다. 특히 바울은 도덕과 양심의 중요성을 말하며 거짓 교사의 정결 의식에 대한 강조를 비판한다. 사람은 정결 의식으로 깨끗해지는 것이 아니며, 내적이고 도덕적인 정결이 결여되어 있다면 어떤 정결 의식도 무의미하다. 믿음으로 죄에서 깨끗함을 받고 마음과 양심이 정결하게 된 사람은 부정한 것도 정결하게 바꾸는 사람들이다. 예수 그리스도는 부정한 것에 접촉해서 부정해진 것이 아니라 부정한 것을 정하게 하였다.

본문은 거짓 교사들이 가르침을 통해 재물에 대한 탐욕을 채우고 있다고 비판한다. 그들이 추구하는 것은 진리가 아니라 재물이며, 하나님의 영광이 아니라 자신의 이익이다. 그들은 종교를 이용하여 돈을 추구하는 자들이다. 교회 지도자가 재물에 대한 탐욕에서 벗어나지 않으면 바른 진리를 전하는 하나님의 종이 될 수 없다. 종교가 재물과 결탁될 때 걷잡을 수 없는 타락의 길로 접어든다는 것은 역사가 명백히 증명한다.

본문은 그리스도교가 전파되는 곳에는 새로운 변화가 있어야 함을 말해 준다. 그레데 사람들은 좋지 않은 평가를 받아 왔지만 바울은 그러한 전통적인 인식을 운명적인 것으로 이해하지 않는다. 그레데에 복음이 들어왔다는 것은 그레데 사람들에게 붙여진 낙인을 지우고 새로운 그레데 사람의 이미지를 구축할 기회가 왔음을 의미하기도 한다. 복음은 듣는 이들의 인격을 변화시키기 때문이다. 앞으로 디도의 사역을 통해 교회가 복음의 진리에 굳게 설 수 있다면 그레데의 교회뿐만 아니라 그레데 사람들에 대한 평가도 달라질 것이다.

본문에서 바울은 고백과 삶, 말과 행위가 일치하지 않는 데 대하여 매우 강하게 비판한다. 그리스도인의 믿음은 순종을 요구하며, 순종으로 나타나지 않는 믿음은 참 믿음이 아니다. 사람들은 이것을 흔히 야고보서의 사상이라고 하며, 바울의 사상과는 구별된다고 말한다. 그러나 이는 로마서나 갈라디아서에서 나타난 바울의 사상과 완전히 일치하는 것이다.

본문에 나타난 거짓 교사의 잘못된 가르침에 대한 바울의 비판은 오늘날의 교회 지도자들이 복음의 진리에 기초해 가르쳐야 함을 말해 준다. 스토트는 본문을 통하여 참된 가르침이 되기 위한 세 가지 평가 기준을 제시한다(1998, 254).

"우리는 모든 가르침에 대해 다음 세 가지 질문을 던져야 한다. 첫째, 그것의 근원은 하나님인가 아니면 인간인가? 계시인가 아니면 전통인가? 둘째, 그것의 본질은 내적인가 아니면 외적인가? 영적인가 아니면 의식적인가? 셋째, 그것의 결과는 변화된 삶인가 아니면 단지 형식상의 신조인가? 참된 종교는 그 근원에 있어서 신적이며, 본질에 있어서 영적이며, 영향력에 있어서 도덕적이다."

제 Ⅲ 부

그리스도인의 삶과 태도

디도서 2 : 1–3 : 11

A. 믿는 자들의 다양한 그룹에 대한 교훈(2 : 1–10)

B. 그리스도인의 경건한 삶의 기초(2 : 11–15)

C. 세상을 향한 그리스도인의 삶(3 : 1–8)

D. 거짓 교사들에 대한 태도(3 : 9–11)

| 디도서 2 : 1-3 : 11 |

그리스도인의 삶과 태도

1 : 5~16에서 장로/감독의 자질(1 : 5-9)과 거짓 교사의 문제(1 : 10-16)에 대해 설명한 바울은 본론의 두 번째 부분(2 : 1-3 : 11)에서 그리스도인의 삶과 태도에 대해 설명한다. 그는 먼저 교회의 다양한 그룹들이 각각 어떻게 처신해야 하는지를 말하고(2 : 1-10) 그렇게 처신해야 할 신학적 근거를 설명한다(2 : 11-15). 이어서 바울은 그리스도인들이 세상을 향해 가져야 할 삶의 태도(3 : 1-8)와 거짓 교사들에게 취해야 할 태도(3 : 9-11)에 관해 말한다.

A. 믿는 자들의 다양한 그룹에 대한 교훈(2 : 1-10)

1오직 너는 바른 교훈에 합당한 것을 말하여 2늙은 남자로는 절제하며 경건하
며 신중하며 믿음과 사랑과 인내함에 온전하게 하고 3늙은 여자로는 이와 같

이 행실이 거룩하며 모함하지 말며 많은 술의 종이 되지 아니하며 선한 것을
가르치는 자들이 되고 [4]그들로 젊은 여자들을 교훈하되 그 남편과 자녀를 사
랑하며 [5]신중하며 순전하며 집안일을 하며 선하며 자기 남편에게 복종하게
하라 이는 하나님의 말씀이 비방을 받지 않게 하려 함이라 [6]너는 이와 같이
젊은 남자들을 신중하도록 권면하되 [7]범사에 네 자신이 선한 일의 본을 보이
며 교훈에 부패하지 아니함과 단정함과 [8]책망할 것이 없는 바른말을 하게 하
라 이는 대적하는 자로 하여금 부끄러워 우리를 악하다 할 것이 없게 하려
함이라 [9]종들은 자기 상전들에게 범사에 순종하여 기쁘게 하고 거슬러 말하
지 말며 [10]훔치지 말고 오히려 모든 참된 신실성을 나타내게 하라 이는 범사
에 우리 구주 하나님의 교훈을 빛나게 하려 함이라

1. 개관 및 구조

본문은 교회 내의 여러 그룹들이 가져야 할 태도를 설명한다. 바울은 디모데전서 5 : 1~2에서처럼 성별과 연령에 기초하여 교훈의 대상을 나눈다. 그는 서론적인 언급을 한(1절) 후 나이 많은 남자(2절), 나이 많은 여자(3-4a절), 젊은 여자(4b-5절), 젊은 남자(6절)에게 필요한 교훈을 준다. 젊은 남자에 대해 교훈하면서 바울은 디도를 위한 교훈도 첨가한다(7-8절). 마지막으로 바울은 앞의 네 그룹과는 성격이 다른 종에 대해 교훈한다(9-10절). 이 단락에 언급된 그리스도인의 자질들은 앞 단락에 나왔던 거짓 교사들의 특성과 대조를 이룬다. 바울이 그리스도인의 삶이 그리스도교의 평판에 미치는 영향을 반복적으로 강조하고 있음은(5, 8, 10절) 주목할 만하다.

2. 분문 분석

[2 : 1] 이 단락의 서론 역할을 하는 1절은 '오직 너는'(σὺ δέ, '수 데' : '그러나

너는')으로 시작한다. 강조를 위해 사용된 '너'(σύ)가 대조 접속사(δέ)와 함께 나타나는 이 표현은 목회서신에서 종종 나오며(딤전 6 : 11 ; 딤후 3 : 10, 14 ; 딤후 3 : 10의 경우 개역개정에는 나타나지 않음.), 여기서는 디도가 앞 단락에서 언급한 거짓 교사들과는 대조되는 행동을 해야 함을 시사해 준다. 바울은 디도에게 "바른 교훈에 합당한 것을 말하라."고 명령한다. '바른 교훈'은 '건전한 교훈'을 의미하며(딤전 1 : 10 주해 참조), 앞 단락에 나온 '사람들의 명령'(1 : 14)과 대조를 이룬다. '말하다'는 여기서 '가르치다'의 의미로 사용되었다. 다시 말하면 디도는 건전한 교훈에 입각하여 사람들을 가르쳐 그들로 하여금 거짓 교사들과는 구별되는 삶을 살도록 해야 한다.

[2 : 2] 바울이 첫 번째로 교훈을 주는 대상은 '늙은 남자'이다. 그들의 삶은 '절제하며 경건하며 신중해야' 한다. '경건한'으로 번역된 형용사(σεμνός, '셈노스')는 '존경할 만한'(TNIV), '위엄 있는'(공역개정, 새번역), '진지한'(CEV) 등의 의미로 사용된다(딤전 3 : 8 주해 참조). '신중한'(σώφρων, '소프론', 1 : 8 주해 참조) 행동은 여기뿐 아니라 젊은 여자들(5절)과 젊은 남자들(6절)의 경우에서도 강조된다. 나이 많은 남자는 또한 '믿음과 사랑과 인내함에 온전해야' 한다. '믿음'과 '사랑'과 '인내'는 디모데전서 6 : 11과 디모데후서 3 : 10에서도 함께 나타난다(참조. 살전 1 : 3). '온전하다'(ὑγιαίνω, '휘기아이노')에는 '건전(건강)하다'(공역개정), '기초가 잘 다져지다'(참조. 새번역)라는 의미가 내포되어 있다.

[2 : 3] 바울의 두 번째 교훈의 대상은 '늙은 여자'이다. 그들은 '행실이 거룩해야' 한다. '거룩한'으로 번역된 형용사(ἱεροπρεπής, '히에로프레페스')는 '성전에 적합한', '성직에 종사하는 사람다운'이란 문자적 의미를 가지고 있지만, 여기서는 '거룩한', '경건한'의 의미로 사용되었다. 바울은 계속하여 나이 많은 여자들은 '모함하지 말며 많은 술의 종이 되지 아니해야' 한다고 말한다. 모함하지 않아야 함은 여집사의 자격요건이기도 하다(딤전 3 : 11). '술'에 대한 문제가 반복적으로 나오는 것으로(참조. 1 : 7 ; 딤전 3 : 3, 8 ; 딛 1 : 7) 미

루어 당시 교회에서 술은 심각한 문제였던 것으로 보인다. 바울은 마지막으로 나이 많은 여자들은 '선한 것을 가르치는 자'가 되어야 한다고 말한다. 여기서 '가르치다'란 말은 공적인 활동으로서의 가르침이 아니라 일상적인 활동을 통한 가르침을 의미한다. 그들은 자신이 살아오면서 축적한 경험을 이야기해 주거나 삶의 본보기를 보여 줌으로써 젊은 사람들, 특히 젊은 여인들에게 훌륭한 교사가 될 수 있다.

[2 : 4-5] 나이 많은 여자에 대하여 '선한 것을 가르치는 자'로서의 역할을 언급한 바울은 그들로 하여금 '젊은 여자들'을 교훈하도록 한다(4a절). '교훈하다'(σωφρονίζω, '소프로니조')란 말은 '훈련하다', '가르치다', '조언하다', '격려하다' 등의 의미를 갖고 있다. 나이 많은 여자들이 젊은 여자들을 교훈하여 갖추도록 해야 할 자질들(4b-5a절)은 당시 세속 사회에서도 존중되던 것들이다. 첫 두 자질은 '그 남편과 자녀를 사랑해야' 한다는 것이다. 남편을 사랑하고 자녀를 사랑함은 당시 훌륭한 여인들에 대한 칭송에 흔히 나타난다. 젊은 여인들에게 있어야 할 다른 자질들은 '신중하며 순전하며 집안일을 하며 선하며 자기 남편에게 복종하는' 것이다. '신중함'은 2절에서 나이 많은 남자의 경우에도 필요한 덕목으로 언급되었다. '순전함'(ἁγνός, '하그노스')은 흔히 제의와 관련하여 '정결한', '거룩한'의 의미로 사용되며 여성과 관련하여 종종 '정결한', '정숙한'이 의미로 사용된다. '집안일을 하며 선하며'라는 어구에서 '선한'이란 형용사를 '집안일을 하는'이란 말을 수식하는 것으로 이해하여 '집안 살림을 잘하는'(공역개정) 또는 '좋은 주부가 되는'(TEV)의 의미로 해석할 수도 있다. 그러나 지금까지 열거된 항목들이 한 단어로 이루어진 것이란 점을 고려할 때, 개역개정과 대부분의 번역이 지지하는 대로 두 개의 자질을 말하는 것으로 이해하는 것이 타당하다. 마지막으로 언급된 젊은 여자의 자질은 '자기 남편에게 복종하는' 것으로, 남편에 대한 아내의 복종은 신약에 나오는 가정률에서 강조되는 덕목이다(엡 5 : 22-24 ; 골 3 : 18 ; 벧전 3 : 1).

바울은 젊은 여자들이 그러한 자질들을 갖추어야 할 이유를 설명한다. 그것은 '하나님의 말씀이 비방을 받지 않게 하려 함'이다(5b절). 그리스도를 믿는 젊은 여인들이 갖추어야 할 미덕을 갖추지 못하면 외부인들은 하나님의 말씀이나 복음의 메시지를 비방하게 된다. 물론 이 말이 그리스도인들이 바르게 살아야 할 유일한 이유가 외부인들의 좋은 평판을 얻기 위해서라는 의미는 아니다. 그러나 그리스도인의 삶을 통해 비그리스도인들에게 좋은 평판을 얻어 하나님의 영광을 드러내는 것은 그리스도인에게 주어진 하나의 주요한 의무임에 틀림없다(참조. 마 5 : 16).

[2 : 6] 바울은 성과 연령에 따른 마지막 그룹인 '젊은 남자들'에 대해 교훈한다. 그런데 다른 그룹에 대해 여러 덕목들을 열거했던 것과는 달리 여기서는 '신중함'이란 오직 하나의 덕목만을 언급한다. 이 덕목은 2절과 5절에서도 언급되었으나 그곳에서는 형용사형(σώφρων, '소프론')이 사용된 반면 여기서는 동사형(σωφρονέω, '소프로네오')이 사용되었다. 한편, 7절의 초두에 나오는 '범사에'라는 어구는 6절의 내용에 연결되는 것으로도(REB, NJB ; 박수암, Debelius-Conzelmann, Fee, Marshall, Quinn, Spicq), 개역개정처럼 7절의 내용에 연결되는 것으로도(공역개정, 새번역, NIV, TEV, NRSV ; 이상근, Lock) 이해할 수 있다. 이 어구가 6절에 연결된다면 젊은 남자의 자질로 신중함이 더욱 강조된다.

[2 : 7-8] 7~8절에는 바울이 디도에게 직접 권면하는 내용이 나온다. 젊은 남자들이 갖추어야 할 자질을 말하는 대목에서 디도에게 주는 권면이 나오는 것은 디도가 젊은 남자들에 속했기 때문일 것이다. 바울은 디도에게 "(범사에) 네 자신이 선한 일의 본을 보이라"고 말한다(7a절). '선한 일'은 거짓 교사들에게서 전혀 발견할 수 없는 것으로(1 : 10), 디도는 그것을 나타내어 본을 보여야 한다. 본을 보이는 것은 바울서신에서 자주 발견되는 주제이다(고전 11 : 1 ; 빌 3 : 17 ; 살전 1 : 7 ; 살후 3 : 9 ; 딤전 4 : 12). 바울은 계속하여 "교훈에 부패하지 아니함과 단정함과 책망할 것이 없는 바른말을 하게 하라"고 권고한다(7b-8a절). '교훈', 즉 가르침의 사역은 디도에게 있어서 본질적인

것으로 '부패하지 아니함'(ἀφθορία, '아프도리아')과 '단정함'(σεμνότης, '셈노테스')으로 해야 한다. '아프도리아'는 '순수함', '정결함'을, '셈노테스'는 '정직함', '진지함', '품위 있음'을 의미한다. 다시 말하면 디도는 가르침에 있어서 거짓 교사와는 달리(참조. 1 : 10–16) 바른 동기와 바른 태도를 가져야 한다. '책망할 것이 없는 바른말'에서 '책망할 것이 없는'이란 '책잡힐 것이 없는'을 의미하며, '바른말'(건전한 말)은 복음에 부합하는 말을 의미한다. 그런데 개역개정 8a절 마지막에 나오는 '하게 하라'는 번역은 7b~8a절에 나오는 권고가 디도를 통해 젊은 남자들에게 주는 것으로 보이게 한다. 그러나 7b~8a절의 내용은 간접적으로는 젊은 남자에게 주는 권고의 효과가 있을지라도 직접적으로는 바울이 디도의 행위와 가르침과 관련해 주는 권고이기 때문에 '하라'로 번역함이 적절하다.

젊은 여자들에게 주는 교훈에서처럼(5절) 디도에게 주는 교훈도 디도가 행위와 가르침에 있어서 모범을 보여야 하는 이유를 설명하며 끝맺는다. 그 이유는 '대적하는 자로 하여금 부끄러워 우리를 악하다 할 것이 없게 하려 함'이다(8b절). '대적하는 자'는 교회 내의 거짓 교사나 그리스도를 믿지 않는 자들을 가리킬 수 있지만 두 부류 모두를 가리키는 것으로 보인다. "부끄러워 우리를 악하다 할 것이 없게 하려 함이라"고 번역된 어구는 "우리를 악하다 할 것이 없어 부끄러움을 당하게 하려 함이라"는 의미이다(참조. 공역개정, 새번역, NIV, TEV). 비난을 일삼는 그들은 디도에게서 악한 행위를 찾아 비난의 근거를 확보해야 하지만 그렇게 하지 못함으로 인해 부끄러움을 당할 것이다. '우리를 악하다 할 것이 없게'라는 어구에서 단수 '너' 대신 복수 '우리'를 사용한 것은 주목할 만하다. '우리'는 바울과 디도를 포함한 그리스도교 공동체의 모든 구성원을 가리키며, 이는 한 그리스도인, 특히 한 교회 지도자의 잘못은 전체 교회에 영향을 미친다는 사실을 암시해 준다(Knight, 313).

[2 : 9–10] 9~10절에는 '종들'에 대한 권고가 나온다. 지금까지 성별과 연령을 기준으로 여러 그룹들에게 권고가 주어졌기 때문에, 종에 대한 권고는 다소

의외로 생각될 수 있다. 그러나 당시 헬라 세계에 세워진 교회에는 많은 노예들이 구성원으로 있었기 때문에 종에 대한 권고가 필요했던 것으로 생각된다. 바울은 종들을 향하여 "자기 상전들에게 범사에 순종하라"고 말한다(9a절). 여기서 '상전들'을 그리스도인인 상전들을 언급하는 것으로(Fee, 190) 한정할 필요는 없다. '범사에'라는 어구는 문법적으로 개역개정에서처럼 '순종하다'라는 단어에 연결될 수도 있지만(공동개정, 새번역, TNIV), 뒤에 나오는 '기쁘게 하다'에 연결될 수도(TEV, NRSV) 있다.

바울은 이어서 종이 가져야 할 네 개의 자질을 언급한다(9b–10a절). 그것은 '기쁘게 하고 거슬러 말하지 말며 훔치지 말고 오히려 모든 참된 신실성을 나타내는' 것이다. '기쁘게 하는'이란 형용사(εὐάρεστος, '유아레스토스')는 신약의 다른 곳에서 항상 하나님과 관련하여 사용되었기 때문에(롬 12 : 1, 2 ; 14 : 18 ; 고후 5 : 9 ; 엡 5 : 10 ; 빌 4 : 18 ; 골 3 : 20 등) 여기서도 종이 하나님을 기쁘게 해야 한다는 의미로 볼 수도 있지만(참조. Mounce, 415) 문맥으로 볼 때 주인을 향한 자세로 이해하는 것이 타당하다. '거슬러 말하는' 것은 말대꾸를 하거나 뒤에서 비방하는 것을 가리킨다. '훔치다'(νοσφίζομαι, '노스피조마이')라는 용어는 강도, 사기, 횡령 등을 통해 남의 재산을 부정하게 취하는 경우에도 사용되었다. 주인의 물건을 '훔치는' 것은 당시 종들에게 쉽게 다가오는 유혹이었다. 종들은 주인의 재산에 접근이 용이했을 뿐만 아니라 주인의 집에 필요한 물건을 사는 일을 담당하기도 했기 때문이다. 바울은 그러한 유혹에 빠지지 말고 오히려 신실함을 나타내라고 말한다.

마지막으로 바울은 종들이 그렇게 행해야 하는 것은 '범사에 우리 구주 하나님의 교훈을 빛나게 하려 함'이라고 말한다(10b절). 바울은 이제 세 번째로 교회의 평판에 대한 관심을 드러낸다(참조. 5, 8절). '교훈'은 말씀 또는 복음의 메시지를 가리키며, '빛나다'로 번역된 단어(κοσμέω, '코스메오')는 원래 '장식하다', '매력적으로 만들다'란 의미를 가진 동사이다. 종들의 선한 행위는 믿지 않는 자들이 하나님의 말씀이나 복음의 메시지에 이끌리는 결과를 가져올 것이다.

설교를 위한 묵상

이 단락에서 바울은 교회 내의 여러 그룹들 각각에게 필요한 자질을 설명한다. 또한 디도를 향해서도 그가 갖추어야 할 자질을 설명한다. 이 단락은 종종 신약에 나오는 가정률(엡 5 : 22-6 : 9 ; 골 3 : 18-4 : 1 ; 벧전 2 : 18-3 : 7)의 하나로 간주되기도 한다. 그러나 가정률이 일반적으로 가정 구성원들 간의 상호관계에 초점을 두는 반면, 여기서는 전반적으로 각 그룹들이 갖추어야 할 자질에 초점을 둔다.

본문은 그리스도인들에게 가정의 중요성을 일깨워 준다. 본문의 초점이 가족의 상호관계에 있지는 않을지라도 젊은 여자와 종에 대한 권면에서 가정의 구성원으로서 가져야 할 자질과 자세가 강조된 점은 주목할 만하다. 사실 성경은 가정의 중요성을 매우 강조한다. 창조 이야기, 족장들의 이야기, 예수의 비유 등에는 가정을 소재로 한 내용이 많이 있으며, 지혜문서나 신약의 서신 등에도 가정에 관한 교훈이 자주 나온다. 오늘날 가정이 파괴되어 가는 현실을 바라보면서 그리스도인들은 가정을 보살펴야 할 강한 의무를 느껴야 한다. 본문을 문자적으로 적용하여 그러한 의무의 실천을 여인들에게만 요구하거나, 가부장적 사고로 남성에 대한 여성의 복종을 강요하는 것은 옳지 않다. 본문에 대한 그러한 문자적 이해는 디도서의 시대 배경과 오늘의 상황이 동일하지 않다는 사실과 성경의 적용에 있어서 역동성과 유연성이 필요하다는 사실을 간과한 데서 기인한다(김호경, 22-23). 가정을 보살필 책임과 의무는 가정의 구성원 모두에게 있다.

본문은 그리스도인들이 바르게 살아야 할 필요성을 강조한다. 그리스도인이란 그리스도를 따르는 자로서 마땅히 그리스도 예수의 삶을 본받아야 한다. 특히 교회의 지도자들은 그러한 삶을 살기 위해 더욱 노력해야 한다. 하나님을 안다고 말하지만 행위로는 부인하는 거짓 교사와는(1 : 16) 달리, 참된 교회 지도자에게는 앎과 실천, 믿음과 행위 사이의 괴리가 없어야 한다. 바울은 디도에게 행동에 있어서 모범을 보이고, 가르침에 있어서 그 동기나 태도나 내용이 온전하도록 권고한다.

본문에서 강조되는 그리스도인의 덕목은 당시 헬라 문화에서 강조되던 덕목과 일치하는 것이 많다. 분명히 바울은 사회의 미덕을 존중할 뿐만 아니라 복음과 합치되는 덕목들을 적극적으로 수용한다. 교회는 세상에 존재하면서 이 땅의 사람들을 하늘의 시민으로 만들기 위하여 하나님의 도구가 되어야 할 사명을 가지고 있다. 본문에서 강조되는 교회에 대한 외부의 평판도 이 사명과 무관하지 않다. 바울은 교회에 대한 평판의 중요성을 반복적으로 강조한다(5, 8, 10절).

이는 교회가 세상으로부터 좋은 평판을 얻기 위해 세상과 타협해야 한다는 것이 아니다. 본질적으로 교회와 세상은 일치될 수 없는 측면이 있다. 세상은 '의'를 위해 헌신하는 자를 박해하며(마 5 : 10, 12), 예수를 위하여 헌신하는 자를 핍박한다(마 10 : 22). 무릇 믿음 안에서 경건하게 살고자 하는 자는 박해를 받는다(딤후 3 : 12). 바울은 사회에서 칭송하는 덕목들을 함부로 무시하지 않았지만, 그렇다고 해서 복음의 메시지에 위배되는 것을 받아들이지도 않았다. 바울은 교회에 대한 세상의 평판을 중시했지만, 세상의 평판을 얻기 위해 복음의 메시지를 약화시키지는 않았다.

B. 그리스도인의 경건한 삶의 기초(2 : 11-15)

11모든 사람에게 구원을 주시는 하나님의 은혜가 나타나 12우리를 양육하시되
경건하지 않은 것과 이 세상 정욕을 다 버리고 신중함과 의로움과 경건함으
로 이 세상에 살고 13복스러운 소망과 우리의 크신 하나님 구주 예수 그리스
도의 영광이 나타나심을 기다리게 하셨으니 14그가 우리를 대신하여 자신을
주심은 모든 불법에서 우리를 속량하시고 우리를 깨끗하게 하사 선한 일을
열심히 하는 자기 백성이 되게 하려 하심이라 15너는 이것을 말하고 권면하며
모든 권위로 책망하여 누구에게서든지 업신여김을 받지 말라

1. 개관 및 구조

본문은 각각 한 문장으로 이루어진 11~14절과 15절로 나누어진다. 11~14절은 헬라 세계에서 사용되던 용어들을 많이 포함하고 있으며, 앞 단락(1-10절)에서 강조한 그리스도인의 경건한 삶에 대한 신학적 근거를 제공한다. 여기서 바울은 '모든 사람'의 구원과 관련된 '은혜'를 언급함으로 시작하며(11절), 그 은혜가 그리스도인의 삶에 미치는 영향(12절)과 그 은혜로 인하여 그리스도인이 갖게 된 재림에 대한 소망(13절)에 대하여 서술한다. 그리고 다시 한 번 예수 그리스도의 '속량'의 은혜가 그리스도인이 행하는 '선한 일'의 기반임을 요약 기술한다(14절). 15절은 앞에서 말한 내용을 가르치고 맡겨진 사역에 충실하라는 바울의 권고를 담고 있다. 15절은 이 단락의 마무리로도(새번역, NIV, TEV ; Brox, Fee, Knight, Lock, Spicq), 다음 단락의 시작으로도(개역개정 ; Collins, Quinn) 볼 수 있지만, 이 단락을 마무리하면서 다음 단락으로의 전환을 예비하는 것으로 보는 것이 일반적이다.

2. 분문 분석

[2 : 11-14] 11~14절은 그리스도인들이 2~10절에서 권고하는 대로 살아야 하는 이유를 설명한다. 11절 첫머리에 이유를 나타내는 접속사(γάρ, '가르' ; 개역개정에는 번역되지 않음.)가 쓰인 것은 이 대목이 앞선 권고에 대한 이유를 설명하는 내용임을 보여 준다. 바울은 11절에서 그리스도인들이 미덕을 실천하며 순종의 삶을 살아야 함은 '모든 사람에게 구원을 주시는 하나님의 은혜' 때문이라고 말한다. 하나님의 은혜가 순종을 불러일으킨다는 것은 다른 바울의 서신에도 나타난다(예. 롬 6 : 15-18 ; 고후 1 : 12). '모든 사람에게 구원을 주시는'이란 표현은 보편구원론을 의미하는 것이 아니라 구원이 미치는 범위를 나타낸다(딤전 2 : 4 주해 참조). 바울은 모든 사람에게 구원을 주는 은혜가

'나타났다'고 말한다. 헬라어 본문에서 '나타나다'(ἐπιφαίνω, '에피파이노')라는 단어는 문장의 처음, 즉 강조의 위치에 있다. 이 동사는 감추어져 있던 것이 보이게 되는 것을 가리키며, 신이나 왕 또는 영웅 등의 출현을 말할 때 종종 사용되었다. 하나님의 은혜는 예수 그리스도를 통한 구원의 사건을 통해서 '나타났다'(14절 참조).

12절에서 바울은 '은혜'가 그리스도인의 삶에 미치는 영향을 설명하면서 은혜가 그리스도인을 '양육한다'고 말한다. '양육하다'로 번역된 단어(παιδεύω, '파이듀오')는 '교훈하다', '가르치다', '훈련하다', '징계하다' 등의 의미를 가지고 있으며, 여기서는 일차적으로 '가르치다'의 의미로 사용되었다. 그 가르침은 한편으로는 악한 것을 버리게 하고 다른 한편으로는 선한 것을 취하게 한다. 버려야 할 것은 '경건하지 않은 것과 이 세상 정욕'이다. '경건하지 않은 것'(ἀσέβεια, '아세베이아')은 문자적으로 경건과 반대되는 것을 가리키며, '이 세상 정욕'은 성적 욕망을 포함하여 세상의 특성과 부합하는 다양한 욕망을 가리킨다. 그리스도인들이 삶에서 취해야 할 것은 '신중함과 의로움과 경건함'이다. 이 세 덕목은 플라톤주의와 스토아사상에서 기본적으로 강조하는 네 가지 덕목(신중[절제], 정의 , 경건, 용기)에 속한 것들이기도 하다.

12절이 그리스도인의 현재의 삶을 묘사한다면 13절은 그리스도인의 종말론적 기대를 묘사한다. 그리스도인은 '복스러운 소망과 우리의 크신 하나님 구주 예수 그리스도의 영광이 나타나심을 기다리는' 사람이다. 11절의 '나타나심'이 예수 그리스도의 과거 사건을 가리키고 있는 반면, 여기서 그리스도의 '나타나심'은 미래의 사건을 가리킨다. 그리스도인은 과거와 미래의 두 '나타나심' 사이의 시기에 살고 있다. 13절의 해석과 관련하여 두 가지 논란이 있다. 1) '복스러운 소망' 다음에 나오는 접속사 καί('카이')는 일반적으로 '그리고'라는 의미로 사용되지만 때에 따라서는 '즉'(곧)의 의미로 사용되기도 한다. 따라서 개역개정처럼 '복스러운 소망과……'로 이해할 수도 있지만 '복스러운 소망 즉……'으로 이해할 수도 있다(새번역). '복스러운 소망'과 '예수 그리스도의 영광이 나타나심'은 동일한 것으로, '즉'(곧)으로 번역하는 것이 더 자연스럽다. 2) '우리의 크신 하나님 구주 예수 그리스도의 영광'으로 번역된 헬라어는 몇 가지 해석이 가능하다. ① '크신 하나님과 우리 구주 예수 그리스도의 영광'(두 인격을 지칭 : 새번역, 공동개정 ; Dibelius-Conzelmann, Kelly) ② '우리의 크신 하나님과 구주(이신) 예수 그리스도의 영광'(한 인격을 지칭, '크신 하나님과 구주'는 예수 그리스도를 가리킴 : 개역개정, NIV, NRSV, REB ; 박수암, 이상근, Hanson, Lock, Marshall, Mounce, Quinn, Spicq, Towner) ③ '크신 하나님의 영광이신 우리 구주 예수 그리스도'(한 인격을 지칭, '하나님의 영광'은 예수 그리스도를 가리킴 : Fee 2009, 656-661). 세 가지 해석이 모두가 가능하나 ②의 견해가 문맥상으로나 문법적으로 가장 자연스럽다(이에 대한 상세한 논의는 Bowman, 733-752 ; Mounce, 426-431 참조). 그렇다면 이 구절은 예수 그리스도의 신성을 분명히 선언하는 의미를 갖는다.

14절에서 바울은 다시 한번 과거에 있었던 그리스도의 역사적 사건이 그리스도인의 현재 삶에 미치는 영향에 대해 기록한다. '그가 우리를 대신하여 자신을 주심'이란 표현에 나타난 그리스도의 대속적인 죽음은 디모데전서 2 : 6에도 언급될 뿐만 아니라 복음서나(막 10 : 45) 다른 바울서신에서도(갈 1 : 4) 강조된다. 바울은 그리스도 사건의 목적은 '모든 불법에서 우리를 속량하시고 우리를 깨끗하게 하시기' 위함이라고 말한다. 불법에서 속량하여 깨끗하게 하는 목적은 '선한 일을 열심히 하는 자기 백성이 되게 하기' 위함이다. 구약에서 이스라엘을 지칭하는 '자기 백성'이란 표현을 교회에 대하여 사용한 것은 교회가 새 이스라엘로서의 지위와 사명을 부여받았음을 암시한다(참조. 롬 2 : 25-29 ; 빌 3 : 3). 새 이스라엘로서의 교회는 '선한 일을 열심히 하는' 특성을 갖는다. 결국 '선한 일'은 그리스도를 통한 구원의 목적에 포함된 것으로 그리스도인에게 선택적인 요소가 아니다. '선한 일'은 그레데의 거짓 교사들에게는 없는 것으로(1 : 16), 그리스도인은 이 점에서 그들과 확연히 구별되어야 한다.

[2 : 15] 11~14절에서 왜 그리스도인이 경건한 삶을 살아야 하는지를 말한 바울은 15a절에서 "너는 이것을 말하고 권면하며 모든 권위로 책망하라"고 말한다. 목회서신의 명령에 반복적으로 나오는(딤전 4 : 11, 15 ; 5 : 7 ; 6 : 2, 11) '이것'(직역 : '이것들')이란 단어는 여기서 2~14절의 내용을 가리키는 것으로 보인다. '말하다'는 여기서 1절에서처럼 '가르치다'의 의미로 사용되었다. 교회의 구성원들을 '권면하고' 잘못된 자들을 '책망하는' 일은 디도의 기본적인 직무이다(1 : 13 ; 2 : 6). 그런데 헬라어 본문에서 이 어구의 마지막에 나오는 '모든 권위로'라는 말이 개역개정에서처럼 '책망'에만 연결되는지, '권면'과 '책망'에 연결되는지(TNIV, TEV), '가르침', '권면', '책망' 모두에 연결되는지(공역개성)는 분명하지 않다.

마지막으로 바울은 디도에게 "누구에게서든지 업신여김을 받지 말라"고 명령한다(15b절). "누구든지 네 연소함을 업신여기지 못하게 하라"는 디모데전서 4 : 12의 명령과 비교할 때, 여기서는 '연소함'이란 말이 생략되었다. 그것은 디도가 디모데보다 나이가 많았음을 암시하는 것으로 볼 수도 있다(Fee, 198). 이 명령은 디도에게 주어진 것이지만 이 서신을 읽는 교회 구성원들에게는 디도를 업신여기지 말라는 권고로 받아들여질 것이다(참조. 고전 16 : 11).

설교를 위한 묵상

거짓 교사와 달리 그리스도인은 경건하고 선하게 살아야 함을 강조한 바울은(2 : 1-10) 이제 그리스도인이 그렇게 살아야만 하는 신학적 근거를 제시한다. 그 근거는 예수 그리스도를 통한 구원사건에 나타난 하나님의 은혜로, 그리스도인의 행위는 바로 그 은혜에 대한 응답이라고 할 수 있다. 바울의 신앙과 윤리를 설명할 때 흔히 사용되는 '직설법'과 '명령법'이란 용어를 사용하여 말한다면, 이 단락은 앞 단락(2 : 1-10, 보다 넓게는 1 : 10-2 : 10)의 '명령법'에 대한 '직설법'을 제시한다고 할 수 있다. 바울의 서신에서 직설법 다음에 명령법이 나오는 것이 보다 일반적이지만 여기서는 명령법 다음에 직설법이 나오고 있다.

본문은 하나님의 구속 역사를 경험한 사람은 필연적으로 변화된 삶을 추구하게 된다고 말한다. 그리스도인의 순종하는 삶은 예수 그리스도를 통해 나타난 하나님의 은혜를 기반으로 한다. 흔히 로마서는 행함이 아닌 믿음을 강조하는 것으로 알려져 있지만, 또 한편으로 은혜 아래 있는 사람에게 필연적으로 나타나야 할 순종을 강조하고 있다는 사실을(롬 6 : 15-23) 기억해야 한다. '필연적'으로 나타나야 할 것이 나타나지 않는다면 그는 구속의 역사를 경험하지 못했기 때문이라고 할 수 있으며, 그 믿음은 죽은 믿음이라고 볼 수밖에 없다(참조. 약 2 : 17).

본문은 두 번에 걸친 예수 그리스도의 '나타나심'과 그리스도인의 삶의 관계를 설명한다. 과거에 나타난 그리스도는 자신의 목숨을 대속물로 줌으로써 구원 받은 그리스도인들이 '경건하지 않은 것과 이 세상 정욕'을 버리고 '신중함과 의로움과 경건함'으로 살도록 하였다. 그러나 이것이 구원의 완성은 아니다. 그리스도인은 완전한 구원을 위해 두 번째 나타날 그리스도를 기다리며 살고 있다. 그 구원의 완성에 대한 소망은 그리스도인들로 하여금 인내하고 순종하며 승리할 수 있도록 이끌어 준다. 과거의 '나타나심'을 통해 경험한 은혜와 미래의 '나타나심'에 대한 영광의 소망은 그리스도인들에게 순종의 삶을 가능케 하는 강력한 힘의 원천이다.

C. 세상을 향한 그리스도인의 삶(3 : 1-8)

1너는 그들로 하여금 통치자들과 권세 잡은 자들에게 복종하며 순종하며 모
든 선한 일 행하기를 준비하게 하며 2아무도 비방하지 말며 다투지 말며 관용
하며 범사에 온유함을 모든 사람에게 나타낼 것을 기억하게 하라 3우리도 전
에는 어리석은 자요 순종하지 아니한 자요 속은 자요 여러 가지 정욕과 행락
에 종 노릇 한 자요 악독과 투기를 일삼은 자요 가증스러운 자요 피차 미워한

자였으나 [4]우리 구주 하나님의 자비와 사람 사랑하심이 나타날 때에 [5]우리를
구원하시되 우리가 행한 바 의로운 행위로 말미암지 아니하고 오직 그의 긍
휼하심을 따라 중생의 씻음과 성령의 새롭게 하심으로 하셨나니 [6]우리 구주
예수 그리스도로 말미암아 우리에게 그 성령을 풍성히 부어 주사 [7]우리로 그
의 은혜를 힘입어 의롭다 하심을 얻어 영생의 소망을 따라 상속자가 되게 하
려 하심이라 [8]이 말이 미쁘도다 원하건대 너는 이 여러 것에 대하여 굳세게
말하라 이는 하나님을 믿는 자들로 하여금 조심하여 선한 일을 힘쓰게 하려
함이라 이것은 아름다우며 사람들에게 유익하니라

1. 개관 및 구조

그리스도인이 나타내야 할 '선한 일'을 강조한 바울은 이 단락에서 특히 세상을 향해 나타내야 할 '선한 일'에 대해 설명한다. 1~2절은 외부세계에 대한 그리스도인의 행위와 태도를 말하고, 3~7절은 그 신학적 근거인 하나님의 구원에 대해 설명한다. 헬라어 본문에서 3절과 4~7절은 각각 한 문장을 이룬다. 3절은 믿는 자들도 한때 믿지 않는 자들과 같은 상태에 있었음을 말하고, 4~7절은 그러한 상태에 있는 자들에게 임한 하나님의 구원을 설명한다. 8절에는 요약적인 권면이 나오는데, 이 권면이 이 단락에 속하는지에 대해서는 의견이 일치하지 않는다. 학자에 따라 8절을 다음 단락에 포함시키거나(박수암, 박익수, Brox, Marshall), 8a절("이 말이 미쁘도다")을 이 단락의 마지막으로 보고 8b절 이하를 다음 단락에 포함시키기도 한다(Collins, Quinn). 그러나 대다수의 학자들은 8절이 이 단락에 포함되는 것으로 이해한다(Fee, Knight, Lock, Towner).

2. 본문 분석

[3 : 1–2] 1~2절에서 바울은 그리스도인들이 외부세계를 향하여 적절한 태도를 가지도록 권고한다. 바울은 이 권고를 "너는 그들로 하여금 …… 기억하게 하라"라는 말로 시작한다(1절). 우리말은 헬라어와 어순이 달라 '기억하게 하라'라는 단어가 2절에 나와 있다. '기억하게 하라'는 말은 바울이 권고할 내용을 그레데의 그리스도인들이 이미 알고 있음을 암시한다. 바울은 먼저 "통치자들과 권세 잡은 자들에게 복종하라"고 말한다(참조. 롬 13 : 1–7 ; 딤전 2 : 1–2 ; 벧전 2 : 13–17). '권세 잡은 자'(ἀρχή, '아르케')는 흔히 천사나 악마와 같은 세력이나 존재를 가리키는 데 사용되지만, 여기서는 세상의 통치자를 일컫는다(G. Delling, *TDNT* I, 482–484 ; 참조. 눅 12 : 11). 다음으로 바울은 '순종하라'고 권고한다. 비록 명시적으로 나타나지는 않았지만, 여기서 순종의 대상은 '순종하다'라는 동사(πειθαρχέω, '페이다르케오')가 권위를 가진 자에 대한 순종의 의미를 함축하고 있음을 감안할 때(LSJM, 1353) 통치자들과 권세 잡은 자들로 이해함이 타당하다. 다음으로 바울은 "모든 선한 일 행하기를 준비하게 하라."고 말한다. 이것도 국가에 대해 시민으로서의 의무를 적극적으로 수행하라는 의미로 볼 수 있지만(Guthrie, Kelly, Scott, Stott) 일반 사람들을 향한 행위로 이해하는 것이 더 자연스럽다(Brox, Fee, Knight, Mounce).

이어서 바울은 "아무도 비방하지 말며 다투지 말며 관용하며 범사에 온유함을 모든 사람에게 나타내라."고 권고한다(2절). '비방하다'(βλασφημέω, '블라스페메오')란 단어는 신성을 모독하는 행위를 가리키기도 하기 때문에(딤전 1 : 20 ; 행 26 : 11) 비방하지 말라는 것을 이교도들이 섬기던 신들에 대해서 모독적인 언사를 삼가라는 뜻으로 이해할 수 있지만(박익수, 474), 그보다는 사람을 향한 비방을 금지하는 의미로 이해하는 것이 문맥상 올바르다. '다투지 아니함'과 '관용함'은 감독에게 요구되는 자질이기도 하다(딤전 3 : 3). '범사에 온유함'(참조. 공역개정, 새번역, TEV)이란 어구는 '모든 온유함'(KJV), '진정한 겸손'(NIV) 등으로 번역되기도 한다.

[3 : 3] 그리스도인들이 외부세계를 향해 가져야 할 태도를 설명한 바울은(1-2절) 이제 3~7절에서 그 이유를 신학적인 측면에서 설명한다. 3절 첫머리에 나오는 '왜냐하면'(γάρ, '가르' ; 개역개정에는 번역되지 않음.)이란 단어는 3~7절이 1~2절에 대한 이유임을 분명히 보여 준다. 3절은 그리스도인이 믿기 이전에 어떤 존재였던가를 7개의 악덕을 통해 설명한다. '우리도 전에는'이란 어구가 보여 주듯 3절은 그리스도인의 현재와 과거의 삶을 대조하며, 다른 한편으로는 그리스도인과 비그리스도인의 현재 삶을 대조한다. 이 악덕의 목록에서 '가증스러운 자'로 번역된 단어(στυγητός, '스튀게토스')는 '미워하는 자'(능동)로도 '미움을 받는 자'(수동)로도 해석이 가능하지만 후자로 이해하는 것이 일반적이다. 그 미움은 하나님으로부터 온 것이라기보다 사람들로부터 온 것으로 보인다(공역개정, 새번역, TEV).

[3 : 4-7] 4~7절에서 바울은 타락한 인간에(3절) 대한 하나님의 반응을 기록한다. 그 반응은 놀랍게도 인간에 대한 하나님의 구원이다(참조. 롬 5 : 8 ; 엡 2 : 3-5). 4절 첫머리에 나오는 반의 접속사(δέ, '데')는 인간의 행동에 대한 하나님의 반응이 일반적인 예상과는 다름을 시사해 준다. 4~7절은 찬송시나 신조 또는 예전 자료에서 인용한 내용일 가능성이 있다. 특히 8절에 나오는 "이 말이 미쁘도다"란 어구는 4~7절이 인용일 경우에 더 자연스럽다. 물론 4~7절의 내용 일부는 자료에 첨가된 것일 수 있다(참조. Collins, 360-361). 많은 학자들은 4~7절을 세례와 관련된 자료에서 온 것으로 추측하는데, 그것은 내면적인 변화와 성령의 역할에 대한 강조가 세례의식과 잘 조화되기 때문이다.

4절은 구원의 때에 대해 말한다. 그때는 '우리 구주 하나님의 자비와 사람 사랑하심이 나타날 때'이다. 목회서신에서 하나님은 흔히 '구주'로 일컬어진다(딤전 1 : 1 ; 2 : 3 ; 4 : 10 ; 딛 1 : 3 ; 2 : 10). '자비'(χρηστότης, '크레스토테스' : '선함', '관용', '친절')와 '사랑'은 헬라 세계와 헬라 유대주의에서 신적 존재들과 인간 통치자들이 갖추어야 할 최고의 덕목으로 간주되었다. '나타날 때'(직역 : '나타났을 때')는 예수 그리스도의 인격과 사역을 통해 나타난 때를 가리킨다(참조. 2 : 11).

5절은 하나님의 자비와 사랑이 나타났을 때에 있었던 하나님의 구원에 대해 설명한다. 그 구원은 인간의 '의로운 행위로 말미암지 아니하고 오직 그의 긍휼하심을 따라' 이루어졌다. 구원의 근거가 인간의 행위에 있지 않다는 것은 바울의 핵심사상이다(롬 3 : 27-28 ; 갈 2 : 16 ; 엡 2 : 8-9 ; 빌 3 : 9 ; 딤후 1 : 9). 구원이 하나님의 '긍휼하심'에서 비롯된다는 것은 구약에서 강조되는 사상으로, 바울은 '은혜'라는 용어를 더 자주 사용하지만(롬 3 : 24 ; 갈 1 : 6 ; 엡 2 : 5, 8 ; 참조. 7절) 때로는 '긍휼'이란 용어를 사용하기도 한다(롬 11 : 30-32 ; 참조. 딤전 1 : 12-16). 그런데 바울은 구원이 '중생의 씻음과 성령의 새롭게 하심으로' 이루어졌다고 말한다. 이 어구는 다양한 해석의 가능성이 있어 보다 세심한 고찰이 필요하다.

1) '씻음'은 세례를 가리키는 것으로 이해할 수 있으나, 의식으로서의 세례보다는 내면적, 영적 씻음에 초점을 두고 있다. 2) '새롭게 하심'은 중생한 그리스도인이 계속적으로 이루어 가야 할 '성화'를 가리키는 것으로 볼 수도 있지만 중생과 함께 이루어진 일회적 사건으로 보는 것이 문맥에 더 가깝다. 3) 개역개정처럼 '중생'이 '씻음'에 연결되고, '새롭게 함'이 '성령'에 연결된다고 볼 수도 있지만, '중생'과 '새롭게 함'이 모두 '씻음' 또는 '성령'에 연결되는 것으로도 이해할 수 있다. 이상의 여러 가능성을 고려한다면 이 어구는 '중생과 새롭게 함을 가져오는 성령의 씻음을 통해'로 이해함이 가장 자연스러울 것이다. 그리스도인의 중생과 새롭게 됨은 성령의 사역으로 가능하다(롬 8장 ; 갈 5장).

관계대명사로 이어지는 6절은 5절에 나온 '성령'에 대해 설명한다. 그 성령은 하나님이 그리스도인에게 '풍성히 부어 주신' 것이다. '붓다'(ἐκχέω, '엑케오')라는 동사는 사도행전에서 요엘서를 인용하여(욜 2 : 28-29, LXX, 3 : 1-2 ; 참조. 롬 5 : 5) 오순절 성령강림을 묘사하는 데 사용된 용어이기도 하다(행 2 : 17-18 ; 참조. 행 2 : 33). '풍성히'란 말은 하나님이 성령을 후하고도 아낌없이 부어 줌을 나타낸다(참조. 딤전 6 : 17, '후히'). 그런데 바울은 성령을 부어 준 하나님의 행위는 '우리 구주 예수 그리스도로 말미암아' 된 것이라고 말한다. 예수 그리스도를 통해 성령이 나타난다는 사상은 신약에서 종종 발견된다(참조. 마 3 : 11 ; 막 1 : 8 ; 눅 3 : 16 ; 요 7 : 37-39 ; 14 : 26 ; 15 : 26 ; 20 : 22-23). 본문에 하나님과 그리스도와 성령이 모두 언급된 점과 4절에서 하나님에 대하여 사용된 '구주'라는 칭호가 여기서 예수 그리스도에게 사용된 점은 주목할 만하다.

7절은 목적을 나타내는 접속사(ἵνα, '히나')로 시작된다. 이 목적절이 5절에 나온 '구원하다'에 연결되어 구원의 목적을 나타내는 것인지, 6절에 나온 '붓다'에 연결되어 성령을 부어 준 목적을 나타내는 것인지는 분명하지 않지만, 근본적인 의미에 있어서는 큰 차이가 없다. 그 목적은 '우리로 …… 상속자가 되게 하려는' 것이며, 상속자는 '그의 은혜를 힘입어 의롭다 하심을 얻어 영생의 소망을 따라' 될 수 있다. 하나님의 은혜로 의롭다 함을 얻는다는 것은 바울의 핵심 사상이다. '영생의 소망'이란 표현은 구원의 온전한 성취가 미래의 영역에 속함을 말해 준다.

[3 : 8] 8절은 목회서신에서 반복적으로 나오는 "이 말이 미쁘도다"(다른 곳에서는 "미쁘다 이 말이여"로 번역됨.)라는 말로 시작한다(참조. 딤전 1 : 15 ; 3 : 1 ; 4 : 9 ; 딤후 2 : 11). 학자들은 '이 말'이 가리키는 내용을 3~7절(Dibelius-Conzelmann), 5b~6절(Kelly), 5~7절(Lock, Spicq)로 보기도 한다. 그러나 이 표현이 나오는 다른 곳에서 '이 말'은 하나의 긴 문장을 가리킨다는 점을 고려한다면, 여기서 '이 말'은 대다수의 학자들이 주장하는 대로 4~7절을 가리킬 가능성이 높다(Brox, Ellicott).

바울은 이어 "이 여러 것에 대하여 굳세게 말하라"고 명령한다. '이 여러 것'은 1~7절에서 준 교훈(특히 4-7절)을 가리키며, '굳세게 말하다'라는 단어(διαβεβαιόομαι, '디아베바이오오마이')는 '확신을 가지고 말하다', '강조하다',

'주장하다'란 의미를 가지고 있다. 디도가 1~7절의 교훈을 굳세게 말해야 할 이유는 "하나님을 믿는 자들로 하여금 조심하여 선한 일을 힘쓰게 하려 함"에 있다. 여기에 다시 한번 목회서신의 '선한 일'에 대한 관심이 나타난다. '선한 일'에 대한 관심은 바울의 다른 서신에서도 나오지만(고후 9 : 8 ; 엡 2 : 10 ; 골 1 : 10 ; 살후 2 : 17) 목회서신에서 특히 강조된다(딤전 3 : 1 ; 5 : 10 ; 딤후 2 : 21 ; 3 : 17 ; 딛 1 : 16 ; 2 : 7, 14 ; 3 : 1, 14). 목회서신에서 '선한 일'은 마땅히 나타나야 할 행동과 태도를 가리킨다.

마지막으로 바울은 "이것은 아름다우며 사람들에게 유익하다"고 말한다. '이것'(직역, '이것들')은 앞에 나온 가르침을 가리킨다고 볼 수도 있지만(CEV), '선한 일'을 가리킬 가능성이 높다(공역개정, 새번역, TEV). '사람들'은 그리스도인과 비그리스도인 모두를 포함하지만 초점은 비그리스도인에게 있다(참조. 2절). 그리스도인의 선한 행위가 주는 유익 가운데 하나는 비그리스도인에게 긍정적 영향을 끼쳐 그들이 복음의 진리에 대하여 매력을 느낄 수 있게 하는 것이다. 그런 점에서 그리스도인들의 선한 삶은 하나님의 능력을 증거하고 나타낸다고 할 수 있다.

설교를 위한 묵상

본문은 2 : 1~15과 많은 점에서 공통점을 갖는다. 둘 다 그리스도인으로서의 올바른 행위를 서술하고, 그에 대한 신학적 근거를 제시하며, 구원과 삶의 분리는 하나님의 구원에 대한 온전한 의미를 간과하는 것임을 강조한다. 본문은 구원을 받은 그리스도인들이 세상에서 어떻게 살아야 할 것인지에 초점을 두고 있다.

바울은 먼저 통치자와 권세 잡은 자에게 복종하고 순종할 것을 권고한다. 현대 그리스도인들은 이 권고의 적용을 두고 어려움을 느낄 것이다. 그들은 통치자들이 나쁜 정책을 추진할 때, 종교적으로 박해를 가할 때, 그리스도교 신앙과 배치되는 행동을 요구할 때에도 순종과 복종을 해야 하는지에 대해 질문을 던질 것이다. 그러나 본문은 이 세상 통치자들은 궁극적으로 하나님이 세운 자들이므로 그들에게 복종하는 것이 옳다는 원칙을 이야기하는 것이다(롬 13 : 1-7 ; 벧전 2 : 13-17 ; 딤전 2 : 1-2). 나아가 본문은 그리스도인들이 국가의 질서에 순종함으로써 교회에 대한 세상의 인식을 긍정적으로 만들고 박해를 감소시키며 사람들의 복음에 대한 접근을 보다 용이하게 할 수 있음을 시사해 준다. 본문은 통치자들이 하나님의 뜻에 거역할 때에도 그들에 대해 순종해야 한다고 말하는 것은 아니다. 초대교회의 그리스도인들은 로마황제를 숭배하라는 명령을 따를 수 없었다. "하나님 앞에서 너희의 말을 듣는 것이 하나님의 말씀을 듣는 것보다 옳은가 판단하라"는 베드로와 요한의 말(행 4 : 19)은 복종과 순종의 기준이 어디에 있는지를 분명히 보여 준다.

본문에서 바울은 그리스도인들도 한때 세상 사람들과 같은 존재였음을 기억하라고 권고한다. 바울은 일곱 개의 악덕을 열거하며 그리스도를 믿고 새롭게 된 사람과 믿지 않고 여전히 악을 행하며 사는 사람들의 삶의 방식에 근본적으로 차이가 있음을 강조한다. 그러한 차이는 믿는 자들이 믿지 않는 자들과 함께 살아가기가 어려우며, 비방과 다툼을 피하고 관용하며 범사에 온유한 태도로 그들을 대하는 것이(2절) 쉽지 않음을 암시한다(Knight, 335). 그러나 바울은 그리스도인들이 세상 사람들을 볼 때 경멸의 대상으로 볼 것이 아니라 구원의 대상으로 보아야 한다고 말한다. 그리스도인이 세상으로부터 자신을 격리하는 것은 세상을 더욱 타락하게 하는 것이며, 세상에서 하나님의 영광을 드러내야 할 책무를 망각하는 것이다.

바울은 그리스도인의 선한 행위에 대한 신학적 근거로서 하나님의 긍휼과 은혜를 강조한다. 그리스도인의 선한 행위는 구원의 조건이 아니라 구원을 받은 자에게서 마땅히 나타나야 할 결과이다. 이 말은 그리스도인이 진정으로 하나님의 긍휼과 은혜를 체험한다면 그의 삶이 변화될 수밖에 없음을 암시한다. 따라서 이는 오늘날 그리스도인이 변화된 삶을 살도록 하기 위해서는 그리스도를 통한 하나님의 구원에 대해 깊이 체험할 수 있도록 도와주어야 함을 시사한다. 교회 지도자는 수없이 많은 윤리적 명령들을 쏟아내는 것으로 그리스도인들의 삶이 변화될 것이라 기대해서는 안 된다. 구원에 대한 체험, 그 구원에 나타난 하나님의 긍휼과 사랑과 은혜에 대한 체험 없이는 진정한 순종이 나타날 수 없음을 인식해야 한다.

본문은 그리스도인의 변화에 대해 '중생'(새로운 출생)과 '새롭게 하심'이란 용어를 사용하며, 새로운 존재로서의 그리스도인을 강조한다. 바울은 그러한 새로운 존재를 가능케 하는 힘은 성령으로부터 나온다고 말한다. 오늘날 그리스도인이 새로운 존재로서 변화된 삶을 살기 위해서는 '거룩한' 영의 도움이 절대적으로 필요하다.

D. 거짓 교사들에 대한 태도(3 : 9-11)

> 9그러나 어리석은 변론과 족보 이야기와 분쟁과 율법에 대한 다툼은 피하라
> 이것은 무익한 것이요 헛된 것이니라 10이단에 속한 사람을 한두 번 훈계한
> 후에 멀리하라 11이러한 사람은 네가 아는 바와 같이 부패하여 스스로 정죄한
> 자로서 죄를 짓느니라

1. 개관 및 구조

이 단락은 앞 단락(3 : 1-8)과 긴밀히 연결되어 있다. 9절 첫머리에 나오는 '그러나'라는 단어가 보여 주는 대로 9절은 8절의 내용과 대조를 이룬다. "이것은 무익한 것이요 헛된 것이니라"라는 말은 8절에 나오는 "이것은 아름다우며 사람들에게 유익하니라"라는 말과 뚜렷하게 대조된다. 이 단락은 1 : 10~16에서와 같이 거짓 교사의 문제를 다룬다. 본문 9절은 거짓 교사들의 잘못된 행위를 서술하고 10~11절은 그들에 대하여 어떻게 대응할 것인지를 설명한다.

2. 분문 분석

[3 : 9] 8절에서 '선한 일'에 힘쓰라고 한 바울은 이제 9절에서 악한 일을 피하

라고 권고한다. 디도가 피해야 할 것은 '어리석은 변론과 족보 이야기와 분쟁과 율법에 대한 다툼'이다. 1) '변론'(ζήτησις, '제테시스')은 디모데전서 6 : 4에서 거짓 교사의 특성으로(참조. 딤전 1 : 4/ἐκζήτησις, '에크제테시스') 언급된다. '변론'을 버리라는 디모데후서 2 : 23의 권고도 거짓 교사의 변론을 전제하고 있다(딤후 2 : 23 주해 참조). 2) '족보 이야기'는 디모데전서 1 : 4에서 거짓 교사들이 '끝없이 몰두하는' 주제로 언급된다. 3) '분쟁'(ἔρις, '에리스')은 바울서신의 악의 목록에 흔히 나오는 것으로(롬 1 : 29 ; 13 : 13 ; 고후 12 : 20 ; 갈 5 : 20 ; 롬 13 : 13과 고후 12 : 20에서는 '다툼'으로 번역됨.), 디모데전서 6 : 4에서는 거짓 교사의 특성으로 기술된다. 4) '율법에 대한 다툼'에서 '다툼'은 디모데후서 2 : 23에서 '어리석고 무식한 변론'의 결과로 언급된다(참조. 딤전 6 : 4 ; 딤후 2 : 14). '율법에 대한'이란 수식어는 '다툼'의 원인이 율법과 관련된 것임을 시사한다(참조. 1 : 14–16 ; 딤전 1 : 6–7 ; 4 : 3–5). 비록 9절에 거짓 교사를 직접 언급하지는 않았을지라도 바울은 거짓 교사를 염두에 두고 있음에 틀림이 없다. 바울은 거짓 교사들의 행위를 '무익한 것이요 헛된 것'이라고 선언한다. 이러한 행위는 '아름다우며 사람들에게 유익한' 행위와(8절) 대조를 이룬다.

[3 : 10–11] 9절에서 암시적으로 언급되었던 거짓 교사는 10~11절에서 명시적으로 다루어진다. 바울은 그들을 '이단에 속한 사람'으로 규정한다(10절). '이단에 속한'으로 번역된 형용사(αἱρετικός, '하이레티코스')는 '분열을 일으키는'이라는 의미를 가지고 있으며, 이 단어와 동일한 어근을 가진 명사(αἵρεσις, '하이레시스')는 사두개파나 바리새파를 지칭할 때나(행 5 : 17 ; 15 : 5) 유대인들이 그리스도인들을 공격할 때 사용되기도 했다(행 24 : 5). KJV과 일부 번역(공역개정, NEB)은 이 단어를 '이단'으로 번역하였으나 최근의 번역들은 '분열을 일으키는'으로 번역하는 경향이 있다(새번역, TNIV, TEV, NRSV). 이단이 잘못된 교리에 초점을 둔 보다 후기의 용어인 점을 고려할 때 '분열을 일으키는'이란 번역이 더 자연스럽다.

바울은 그러한 거짓 교사들을 "한두 번 훈계한 후에 멀리하라"고 권고한다. '한두 번'으로 번역된 헬라어는 '한두 번', 즉 '한 번 또는 두 번'(공역개정, 새번역, CEV)을 의미하기보다 '한 번 그러고 나서 두 번째', 즉 '(적어도) 두 번'(TNIV, TEV, NRSV)을 의미하는 것으로 보인다. 거짓 교사들을 훈계하라는 것은 그들이 잘못에서 벗어날 수 있다는 희망을 가져야 함을 말해 준다(딤후 2 : 25–26 ; 참조. 고후 2 : 5–11 ; 살후 3 : 14–15). 그러나 바울은 그들이 훈계를 듣지 않고 잘못을 계속한다면 그들을 '멀리하라'고 말한다(참조. 마 18 : 15–17 ; 롬 16 : 17 ; 살후 3 : 14). '멀리하라'는 권고가 교제를 끊으라는 의미인지 아니면 출교시키라는 의미인지는 분명하지 않다.

바울은 11절에서 권고를 듣지 않는 사람을 멀리해야 할 이유를 설명한다. 그것은 그러한 사람은 '부패하여 스스로 정죄한 자로서 죄를 짓기' 때문이다. '부패하다'(ἐκστρέφω, '에크스트레포')란 동사는 '바른길에서 벗어나게 하다'란 의미를 가졌으며, 완료 수동태는 '잘못된 길을 걸어왔다'라는 의미를 나타낸다(BDAG, 309). '스스로 정죄한 자'란 자신의 행위를 통해 자신이 죄인임을 나타내고 있다는 의미이다. '죄를 짓다'라는 단어에 사용된 현재 시제는 계속적으로 죄를 짓는 상태임을 나타낸다. 훈계를 듣지 않고 계속적으로 죄를 범하고 있는 그들은 실상 자신들이 죄인임을 스스로 고백하는 것이다.

설교를 위한 묵상

바울은 이 단락에서 거짓 교사들에게로 초점을 이동한다. 거짓 교사의 문제는 서신 본론의 초반에(1 : 10–16) 다루었던 문제이기도 하다. 바울은 디도에게 '변론'과 '족보 이야기'와 '분쟁'과 '다툼'을 피하라고 권고한다. 이 네 가지는 모두 거짓 교사들과 관련된 것으로 공동체의 평화를 깨뜨리고 분열을 조장하는 행위들이다. 비록 '족보 이야기' 자체는 분쟁이나 다툼은 아니지만 디모데전서 1 : 4은 이 족보 이야기가 '변론'을 일으키는 하나의 요인이었음을 말해 준다. 10절에 나오는 '이단에 속한 사람'도 분열을 일으키는 사람을 의미한다. 디도는 바로 공동체의 평화와 하나 됨을 위한 청지기로 부름을 받았기에 거짓 교사가 하는 행위들을 피해야 한다. 교회 지도자뿐만 아니라 공동체의 모든 구성원은 교회의 평화와 하나 됨을 유지하기 위해 노력할 의무가 있다.

분문은 잘못된 견해를 지녔거나 잘못된 행동을 하는 사람들에 대해서 훈계하라고 권고한다. 그 훈계의 목적은 근본적으로 그들이 잘못을 깨닫고 돌아와 하나가 되도록 하는 데 있다. 그러나 11절에 나오는 거짓 교사들에 대한 묘사는 그들이 돌아올 가능성이 크지 않음을 시사해 준다. 바울은 최선을 다한 설득에도 불구하고 그들이 돌아오지 않을 경우 그들을 계속 용납해서는 안 된다고 말한다(참조. 마 18 : 15-17). 왜냐하면 그들의 잘못이 공동체에 큰 해악을 끼칠 수 있기 때문이다. 교회 지도자는 언제까지 설득하고 언제 그들을 멀리해야 할 것인지를 결정하는 데 있어서 지혜로워야 한다.

제 Ⅳ 부

서신의 끝맺음

디도서 3 : 12-15

| 디도서 3 : 12-15 |

서신의 끝맺음

디도서는 개인적 교훈과 인사로 끝난다. 이러한 끝맺음은 바울서신에서 흔히 볼 수 있다. 12~13절에 나오는 개인적 교훈은 바울이 디도서를 쓰고 있는 역사적 상황을 추론하는 데 도움을 준다.

> 12내가 아데마나 두기고를 네게 보내리니 그때에 네가 급히 니고볼리로 내게
> 오라 내가 거기서 겨울을 지내기로 작정하였노라 13율법교사 세나와 및 아볼
> 로를 급히 먼저 보내어 그들로 부족함이 없게 하고 14또 우리 사람들도 열매
> 없는 자가 되지 않게 하기 위하여 필요한 것을 준비하는 좋은 일에 힘쓰기를
> 배우게 하라 15나와 함께 있는 자가 다 네게 문안하니 믿음 안에서 우리를 사
> 랑하는 자들에게 너도 문안하라 은혜가 너희 무리에게 있을지어다

1. 개관 및 구조

본문은 개인적 교훈(12-13절), 서신의 핵심 교훈(14절), 문안(15a절)과 축원(15b절)으로 이루어져 있다. 세나와 아볼로의 지원에 대한 개인적 교훈은 자연스럽게 서신 전체의 주요 주제인 '선한 일'에 대한 권고로 이어지며, 뒤이어 문안과 축원이 나온다.

2. 분문 분석

[3 : 12-13] 12~13절은 바울의 상황에 대하여 어느 정도 정보를 제공해 준다. 12절에서 바울은 '아데마나 두기고를' 그레데에 있는 디도에게 보내겠다고 말한다. 아데마는 신약의 다른 곳에 나오지 않으며 두기고는 아시아 출신 바울의 동역자로(행 20 : 4), 에베소서와 골로새서를 전달한 사람이기도 하다(엡 6 : 21 ; 골 4 : 7). '아데마나 두기고'라는 표현은 아직 둘 중 누구를 보낼지 확정하지 않았음을 보여 준다. 바울이 아데마나 두기고를 디도에게 보내려는 목적은 "그때에 네가 급히 니고볼리로 내게 오라"는 말에 잘 나타난다. 바울은 그들 중 한 사람이 그레데에 도착하면 그에게 사역을 맡기고 디도는 자기에게로 '급히'('최선을 다해') 니고볼리로 오기를 원한다. 바울이 당시 어디에 있었는지는 알 수 없지만 그는 머지 않아 니고볼리에 도착해 거기서 '겨울을 지내기로' 계획했던 것은 분명하다. '승리의 도시'란 어원을 지닌 '니고볼리'라는 이름을 가진 도시는 여러 개 있었다. 대부분의 학자들은 본문의 니고볼리는 아가야 서쪽 해변에 위치한 에피루스의 니고볼리를 가리키는 것으로 본다. 아테네에서 북서쪽 200마일 정도의 거리에 위치한 이 도시는 기원전 31년 옥타비아누스(아우구스투스)가 악티움 해전에서 안토니우스에게 승리한 것을 기념하기 위해 세운 도시로 상업과 교역의 중심지였다.

13절에서 바울은 디도에게 "율법교사 세나와 및 아볼로를 급히 먼저 보내어 그들로 부족함이 없게 하라"고 요청한다. 세나와 아볼로는 아마 바울의 서신을 가지고 그레데에 간 사람들로 보인다. 율법교사 세나는 신약의 다른 곳에서는 언급되지 않는다. '율법교사'(νομικός, '노미코스')는 복음서에서 유대 율법의 전문가를 가리키지만(마 22 : 35 ; 눅 7 : 30 ; 10 : 25 등) 여기서는 로마 법의 전문가를 지칭할 수도 있다. 아볼로는 사도행전과 고린도전서에 나오는 아볼로(행 18 : 24-19 : 1 ; 고전 1 : 12 ; 3 : 4-23 ; 4 : 6 ; 16 : 12)와 동일인으로 추측된다. '급히 먼저 보내어'란 어구에서 '먼저 보내다'로 번역된 헬라어(προπέμπω, '프로펨포')는 원활한 여행이 될 수 있도록 음식이나 돈 등을 제공하는 것을 의미한다(BDAG, 873). 따라서 '급히 먼저 보내어'란 말은 서둘러 주선하여 그들이 가고자 하는 곳으로 보내 주라는 뜻이다. "그들로 부족함이 없게 하라"는 말은 다음 목적지로 향하는 여행을 준비하는 데 있어서 모자람이 없도록 하라는 의미이다. 여행자를 도와주는 것은 당시 교회에서 마땅히 해야 할 일로 인식되었다(참조. 행 21 : 5 ; 롬 15 : 24 ; 고전 16 : 6 ; 고후 1 : 16 ; 요삼 6절).

[3 : 14] 바울은 '선한 일'에 힘쓰라는 이 서신의 주제를 다시 한번 강조한다(1 : 16 ; 2 : 7, 14 ; 3 : 1, 8). "우리 사람들도 …… 좋은 일에 힘쓰기를 배우게 하라"는 권면에서 '우리 사람들'은 그레데의 그리스도인들을 가리킨다. '좋은 일'로 번역된 헬라어는 지금까지 '선한 일'로 번역된 말과 동일하다. '좋은 일'을 수식하는 '필요한 것을 준비하는'이란 어구는 문자적으로 '긴요한 필수품을 (마련하기) 위해'라는 뜻이다. 그 필수품 마련이 자신의 삶을 위한 것인지 남을 위한 것인지 분명하지 않으나 문맥으로 보아(특히 13절) 후자가 더 타당하다고 생각된다. '배우게 하라'는 명령은 현재형으로 계속 배워야 함을 나타낸다. '열매 없는 자가 되지 않게 하기 위하여'란 어구에서 '열매'는 남을 도와주는 실천적 행위를 가리킨다. 열매는 나무 자체가 필요해서 맺는 것이 아니라 다른 사람의 필요를 채우기 위한 것이다(Quinn, 268).

[3 : 15] 15a절은 문안을 담고 있다. 바울은 자신과 함께 있는 자들이 디도에게 보내는 문안을 전한다. 그리고 "믿음 안에서 우리를 사랑하는 자들에게 너도 문안하라"고 말한다. '믿음 안에서'(ἐν πίστει, '엔 피스테이')는 '신실함으로'도

이해할 수 있다. '믿음 안에서'와 '우리를 사랑하는'이란 표현은 거짓 교사들처럼 복음의 진리를 거역하고 바울의 가르침에 충실하지 못한 자들을 문안의 대상에서 배제한다는 뜻을 함축한다고 볼 수 있다. 15b절에는 "은혜가 너희 무리에게 있을지어다"라는 축원이 나온다. '너희 무리에게'(직역 : '너희 모두에게')라는 말은 이 서신의 공적 성격을 암시하거나 적어도 이 서신이 그레데의 교회에서 읽혀질 가능성을 염두에 두고 있음을 보여 준다. '은혜'에 대한 기원은 모든 바울서신의 마지막 축원에 공통적으로 나타난다(딤전 6 : 21 주해 참조).

■■ 설교를 위한 묵상

니고볼리에서 겨울을 지낼 계획인 바울은 디도를 그곳에서 만나기를 원한다. 디도가 떠난 뒤 디도의 사역을 맡기 위해 아데마나 두기고를 보낼 예정이다. 바울은 디도에게 세나와 아볼로가 그레데에 도착했을 때 그들이 다음 목적지로 속히 갈 수 있도록 도와주기를 요청한다. 그리고 자신과 함께 있는 자들이 보내는 문안을 디도에게 전하고, 디도와 함께 있는 사람들에게 문안해 주기를 부탁하며 그들에게 은혜가 있기를 축원한다.

우리는 본문을 읽으며 성도의 교제가 아름답고 중요함을 깨닫게 된다. 바울은 디도와 그레데의 그리스도인이 세나와 아볼로를 적극적으로 도와줌으로써 그들에게 부족함이 없도록 하라고 요청한다(13절). 그레데의 교회가 그들을 환대해야 하는 것은 그들이 바울의 편지를 전달해 준 사신이기 때문이 아니라 그리스도 안에서 맺어진 형제이기 때문이다. 14절에서도 바울은 목회서신의 주요 주제라 할 수 있는 '선한 일'에 힘쓸 것을 다시 한번 당부하면서, 이 선한 일에는 다른 성도에게 필요한 것을 공급해 주는 행위도 포함됨을 강조한다. 성도의 교제는 문안 인사에서도 나타난다. 바울과 함께 있는 자들이 디도에게 문안하고 디도가 그레데의 그리스도인들에게 바울의 문안을 전하는 것은(15a절) 세상 모든 그리스도인들이 비록 육신은 떨어져 있더라도 그리스도 안에서 한 형제자매라는 사실을 보여 준다. 사도신경을 통해 '성도의 교제'에 대한 신앙을 고백할 때마다 우리는 세계의 모든 그리스도인들이 하나라는 인식을 되새겨야 한다. 그리하여 진실로 그리스도인들 모두에게 '은혜'가 있기를 간절히 기원하는 마음을 가져야 한다(참조. 15b절).

| 참고문헌 |

※ 한 저자에 의해 기록된 문헌이 두 개 이상일 때 문헌의 인용 시 출판연도나 책명에 대한 별도의 표기가 없는 경우 * 표시가 있는 문헌을 가리킴.

권오현. 「목회서신 주석」. 서울 : 대한기독교서회, 2000.

김도일. "믿음으로 선한 싸움을 싸워 구원을 얻으라 : 디모데전서 1~2장 주해와 적용." 「디모데전후서 · 디도서 : 어떻게 설교할 것인가」. 두란노 HOW 주석. 67-73. 서울 : 두란노아카데미, 2008.

김호경. "예수를 본받아 : 디도서 2장 1-14절." 「성경연구」 145(2006. 12) : 12-24.

민경식. "디모데후서 2장 21절의 지시대명사 번역에 대한 고찰." 「신학논단」 59(2010. 3) : 81-103.

박수암. 「신약주석 갈라디아서 살전-딛」. 서울 : 대한기독교서회, 2007.

박익수. 「성서주석 : 디모데전·후서, 디도서」. 대한기독교서회 창립 100주년 기념주석. 서울 : 대한기독교서회, 1994.

박종기. 「산상설교 : 그때와 지금」. 서울 : 한국장로교출판사, 2007.

박창환. "믿을 만한 말씀 : 디모데전서 1장 12-17절." 「성경연구」 82(2001. 9) : 14-27.

______. "자족(自足)과 경건 : 디모데전서 6장 6-19절." 「성경연구」 118(2004. 9) : 41-54.

______. "아름다운 전통의 수호와 전달 : 디모데후서 1장 1-14절." 「성경연구」 11(1995. 10) : 35-44.

이상근. 「신약주해 살전-디도」. 제7판. 서울 : 대한예수교장로회총회교육부, 1979.

이종윤. 「신약개론」. 개혁주의신학총서. 서울 : 개혁주의신행협회, 1988.

조경철. "목회서신이 가르치는 거짓 가르침(이단)에 대한 대처 방식." 「신학과 세계」 52(2005. 3) : 41-69.

Achtemeier, Paul J, Joel B, Green, and M. M. Thompson. *Introducing the New Testament : Its Literature and Theology*. 소기천, 윤철원, 이달 역. 「현대적인 방법을 적용한 새로운 신약성서개론」. 서울 : 대한기독교서회, 2004.

Augustinus, Aurelius. *The City of God*. 조호연 역. 「하나님의 도성」 I, 제3판. 서울 : 크리스챤 다이제스트, 1993.

______. *On the Creed*. NPNF, First Series 3, 367-75. Edited by P. Schaff. 1887. Reprint, Peabody : Hendrickson, 2004.

Bassler, Jouette M. *1 Timothy, 2 Timothy, Titus*. Abingdon New Testament Commentaries. Nashville, TN : Abingdon Press, 1996.

Batten, Alicia J. "Neither Gold nor Braided Hair (1 Timothy 2.9 ; 1 Peter 3.3) : Adornment, Gender and Honour in Antiquity." *NTS* 55 (2009) : 484-501.

Bowman, Robert M, Jr. "Jesus Christ, God manifest : Titus 2 : 13 Revisited." *Journal of the Evangelical Theological Society* 51(2008) : 733-752.

Brown, Raymond E. *An Introduction to the New Testament*. 김근수, 이은순 공역. 「신약개론」. 서울 : 기독교문서선교회, 2003.

Brox, Norbert. *Die Pastoralbriefe : 1 Timotheus, 2 Timotheus, Titus*. Regensburger Neues Testament. Regensburg : Verlag F. Pustet,

1989.

Bruce, F. F. *The Pauliine Circle*. 윤종석 역. 「바울 곁의 사람들」. 서울 : 기독지혜사, 2002.

Calvin, John. *The Second Epistle of Paul the Apostle to the Corinthians and the Epistles to Timothy, Titus and Philemon*. Translated by T. A. Smail. Grand Rapids : Eerdmans, 1964, 1973.

Chrysostom, John. *The Homilies on Galatians, Ephesians, Philippians, Colossians, Thessalonians, Timothy, Titus, and Philemon*. NPNF, First Series 13. Edited by P. Schaff. 1889. Reprint, Peabody : Hendrickson, 2004.

*Collins, Raymond F. *1 & 2 Timothy and Titus : A Commentary*. New Testament Library. Louisville : Westminster John Knox Press, 2002.

______. "The Case of a Wandering Doxology : Rom 16 : 25–27." In *New Testament Textual Criticism and Exegesis : Festschrift J. Delobel*, edited by Adelbert Denaux, 293–303. Sterling, Va. : Peeters, 2002.

Dibelius, Martin, and Hans Conzelmann. *The Pastoral Epistles*. Hermeneia. Philadelphia : Fortress, 1972.

Dunn, James D. G. *Baptism in the Holy Spirit : A Re-examination of the New Testament Teaching on the Gift of the Spirit in Relation to Pentecostalism Today*. Studies in Biblical Theology Second Series. London : SCM Press, 1970.

Eusebius. *Church History*. NPNF, Second Series 1, 1–403. Edited by P. Schaff and H. Wace, 1889. Reprint, Peabody : Hendrickson, 2004.

Ellicott, C. J. *The Pastoral Epistles of St. Paul*. 3rd ed. London : Longmans, 1864.

Elliott, J. H. "Ministry and Church Order in the New Testament : A Traditio-Historical Analysis (1 Pt 5,1-5 & Parallels)." *CBQ* 32(1970) : 367-391.

Faber, Riemer. "'Evil Beasts, Lazy Gluttons' : A Neglected Theme in the Epistle to Titus." *Westminster Theological Journal* (2005) : 135-145.

*Fee, Gordon D. *1 and 2 Timothy, Titus*. New International Biblical Commentary. Peabody, Mass. : Hendrickson Publishers, 1988.

______. *Pauline Christology : An Exegetical-Theological Study*. 홍인규 외 역. 「바울의 기독론 : 목회적 감각의 해석학적-신학적 연구」. 서울 : 기독교문서선교회, 2009.

Fiore, Benjamin. *The Pastoral Epistles : First Timothy, Second Timothy*, Titus. Sacra Pagina Series. Collegeville, Minn. : Liturgical Press, 2007.

Glasscock, Ed. "'The Husband of One Wife' Requirement in 1 Timothy 3 : 2." *Bibliotheca Sacra* 140 (1983) : 244-258.

Guthrie, Donald. *The Pastoral Epistles : An Introduction and Commentary*, 2nd ed. Tyndale New Testament Commentaries. Grand Rapids : Eerdmans, 1990.

Hanson, A. T. *The Pastoral Epistles*. New Century Bible Commentary. London : Marshall, Morgan & Scott, 1982.

Harding, Mark. *What are They Saying about the Pastoral Epistles?* New York : Paulist Press, 2001.

Harrill J. Albert. "The Vice of Slave Dealers in Greco-Roman Society : The Use of a Topos in 1 Timothey 1 : 10." *JBL* 118(1999) : 97-122.

Harrison, P. N. *Problem of the Pastoral Epistles*. Oxford : Oxford University Press, 1921.

Irenaeus. *Against Heresies*. ANF 1, 307-567. Edited by A. Roberts and

J. Donaldson. Reprint, Peabody : Hendrickson, 2004.

Irwin, Brian P. "The Laying on of Hands in 1 Timothy 5 : 22 : A New Proposal." *Bulletin for Biblical Research* 18 (2008) : 123-129.

Jeremias, Joachim. *Die Briefe an Timotheus und Titus.* Neue Testament Deutsch. Göttingen : Vandenhoeck und Ruprecht, 1975.

*Johnson, Luke Timothy. *The First and Second Letters to Timothy.* Anchor Yale Bible. New Heaven : Yale University Press, 2001.

______. *The Writings of the New Testament : An Interpretation.* 채천석 역. 「최신 신약개론」. 중판. 서울 : 크리스챤다이제스트, 2000.

______. *1 Timothy, 2 Timothy, Titus.* 안효선 역. 「디모데전 · 후서, 디도서」. 웨스트민스터 신약강해. 서울 : 에스라서원, 2000.

______. *Letters to Paul's Delegates : 1 Timothy, 2 Timothy, Titus.* Valley Forge, Penn. : Trinity Press International, 1996.

Kelly, J. N. D. *A Commentary on the Pastoral Epistles.* Black's New Testament Commentaries. London : A. & C. Black, 1963. Reprint, Grand Rapids : Baker Book House, 1981.

Knight, George W., III. *The Pastoral Epistles : A Commentary on the Greek Text.* The New International Greek Testament Commentary. Grand Rapids, Mich. : W. B. Eerdmans, 1992.

Lock, Walter. *The Pastoral Epistles.* ICC. Edinburgh : T&T Clark, 1924, 1973.

Lohse, Eduard. *Die Entstehung des Neuen Testaments.* 박두환, 이영선 역. 「신약성서 어떻게 이루어졌는가」. 천안 : 한국신학연구소, 1998.

MacLeod, David J. "Christology in Six Lines : An Exposition of 1 Timothy 3 : 16." *Bibliotheca Sacra* 159 (2002) : 334-348.

Magee, Gregory S. "Paul's Response to the Shame and Pain of Imprisonment in 2 Timothy." *Bibliotheca Sacra* 165 (2008) : 338-353.

______. "Uncovering the 'Mystery' in 1 Timothy 3." *Trinity Journal* 29 (2008) : 247–265.

Malherbe, Abraham J. "'In Season and out of Season' : 2 Timothy 4 : 2." *JBL* 103 (1984) : 235–243.

Marshall, I. Howard, in collaboration with Philip H. Towner. *A Critical and Exegetical Commentary on the Pastoral Epistles.* International Critical Commentary. Edinburgh : T&T Clark, 2004.

McKenzie, Alyce M. "2 Timothy 1 : 3–7." *Interpretation* 60 (2006) : 318–320.

Metzger, Bruce M. *A Textual Commentary on the Greek New Testament*, 2nd ed. Stuttgart : Deutsche Bibelgesellschaft, 1994.

Miller, James D. *The Pastoral Letters as Composite Document.* Society for New Testament Studies Monograph Series 93. Cambridge : Cambridge University Press, 1997.

Mounce, William D. *Pastoral Epistles.* Word Biblical Commentary. Nashville : Thomas Nelson, 2000.

Murphy-O'Connor, J. *Paul the Letter-Writer : His World, His Options, His Skills.* Collegeville, Minn. : Liturgical Press, 1995.

______. "Redactional Angels in 1 Tim 3 : 16." *Revue biblique* 91(1984) : 178–187.

Oberlinner, Lorenz. *Die Pastoralbriefe.* Vol. 1, Kommentar zum ersten Timotheusbrief. Freiburg : Herder, 1994.

______. *Die Pastoralbriefe.* Vol. 2, Kommentar zum zweiten Timotheusbrief. Freiburg : Herder, 1995.

Oden, Thomas C. *First and Second Timothy and Titus.* 김도일 역. 디모데전후서 · 디도서. 현대성서주석. 서울 : 한국장로교출판사, 2002.

Page, Sydney. "Marital Expections of Church Leaders in the Pastoral

Epistles." *JSNT* 50 (1993) : 105–120.

Park, Jong-Ki. *Obedience and Prophecy in Matthew : Rhetorical Function of Mt 7 : 15–23 in Matthew's Narrative*. Wanju-Kun : Hanil University Press, 2005.

Prior, Michael. *Paul the Letter-Writer and the Second Letter to Timothy*. JSNTSup 23. Sheffield : JSOT Press, 1989.

*Quinn, Jerome D. *The Letter to Titus : A New Translation with Notes and Commentary and an Introduction to Titus, I and II Timothy, the Pastoral Epistles*. The Anchor Bible. New York : Doubleday, 1990 ; New Heaven : Yale University Press, 2005.

_______. "The Last Volume of Luke : The Relation of Luke-Acts to the Pastoral Epistles." In *Perspectives on Luke-Acts*, edited by C. Talbert, 62–75. Danville, Va. : Associtation of Baptist Professors of Religion, 1978.

Roloff, Jürgen. *Der Erste Brief an Timotheus*. Evangelisch-katholischer Kommentar zum Neuen Testament. Zürich : Benziger, 1988.

Saarinen, Risto. *The Pastoral Epistles with Philemon & Jude*. Brazos Theological Commentary on the Bible. Grand Rapids : Brazos Press, 2008.

Scott, E. F. *The Pastoral Epistles*. Moffatt New Testament Commentary. London : Hodder and Stoughton, 1936, 1957.

Smith, Craig A. "A Study of 2 Timothy 4 : 1–8 : The Contribution of Epistolary Analysis and Rhetorical Criticism." *Tyndale Bulletin* 57 (2006) : 151–54.

Spicq, Ceslaus. *Saint Paul : Les Épîtres Pastolrales*, 4th ed. 2vols. Paris : Gabalda, 1969.

Stott, John R. W. *The Message of 1 Timothy & Titus : Guard the Truth*. 김현회 역. 「디모데전서 · 디도서 강해 : 진리를 굳게 지키라」. 서울 : 한국기독학생회출판부, 1998.

______. *Gurad the Gospel : The Message of II Timothy*. 김영배 역. 「복음을 지키라 : 디모데후서 강해」. 서울 : 도서출판 엠마오, 1985.

Tacitus. *The Histories*. Translated by K. Wellesley. Penquin Classics. Reprint with revisions, Harmondsworth : Penguin, 1986.

*Towner, Philip H. *The Letters to Timothy and Titus*. The New International Commentary on the New Testament. Grand Rapids : William B. Eerdmans, 2006.

______. "The Present Age in the Eschatology of the Pastoral Episltes." *NTS* 32(1986) : 427–448.

______. "Pauline Theology or Pauline Tradition in the Pastoral Epistles : The Question of Method." *Tyndale Bulletin* 46 (1995) : 287–314.

Young, Frances M. *The Theology of the Pastoral Letters*. New Testament Theology. Cambridge : Cambridge University Press, 1994.

| 한국장로교총회창립 100주년기념 표준주석 |

구약

집필부분	집필자
창세기	김중은 박사
출애굽기	이종록 박사
레위기	정중호 박사
민수기	김진명 박사
신명기	김회권 박사
여호수아	강사문 박사
사사기/룻기	허성군 박사
사무엘상·하	김선종 박사
열왕기상·하	김태훈 박사
역대상	배희숙 박사
역대하	함　택 박사
에스라/느헤미야	민경진 박사
에스더	이미숙 박사
욥기	하경택 박사
시편	이승현 박사
잠언	천사무엘 박사
전도서	채은하 박사
아가	강승일 박사
이사야	조성욱 박사
예레미야	강성열 박사
예레미야애가	박동현 박사
에스겔	이은우 박사
다니엘	배정훈 박사
호세아/요엘	김정철 박사
아모스	최인기 박사
오바댜/요나	김유기 박사
미가	오택현 박사
나훔/하박국/스바냐	윤동녕 박사
학개/스가랴/말라기	김근주 박사

신약

집필부분	집필자
마태복음	최재덕 박사
마가복음	차정식 박사
누가복음	오덕호 박사
요한복음	김문경 박사
사도행전	이　달 박사
로마서	장흥길 박사
고린도전서	조광호 박사
고린도후서	박흥순 박사
갈라디아서	이종윤 박사
에베소서	석원식 박사
빌립보서/빌레몬서	김덕기 박사
골로새서	김철홍 박사
데살로니가전·후서	김형동 박사
디모데전·후서/디도서	박종기 박사
히브리서	소기천 박사
야고보서	이승호 박사
베드로전·후서	왕인성 박사
요한1·2·3서/유다서	최흥진 박사
요한계시록	김춘기 박사

Presbyterian Church of Korea Standard Commentary

100

| 한국장로교총회창립 100주년기념 표준주석 |

디모데전·후서/디도서

초판인쇄 2017년 3월 5일
초판발행 2017년 3월 15일

기획·편찬 표준주석편찬위원회 박종기
편 집 인 대한예수교장로회총회교육자원부
발 행 인 채형욱
발 행 소 한국장로교출판사
주 소 03129 / 서울 종로구 대학로 19, 409호(연지동, 한국기독교회관)
전 화 (02)741-4381 / 팩스 741-7886
영 업 국 (031)944-4340 / 팩스 944-2623
등 록 No. 1-84(1951. 8. 3.)

ISBN 978-89-398-9992-6 / 978-89-398-0681-8(세트)
Printed in Korea

값 19,000원

편 집 장 정현선
교정·편집 이슬기 김효진 표지디자인 최종혜
업무부장 박호애 영업부장 박창원